5. Arbeitsseiten

Auf den Arbeitsseiten erarbeitest du dir die Inhalte der einzelnen Themen. Die fett gedruckten Wörter sind **Fachbegriffe**. Ihre Bedeutung solltest du dir besonders einprägen.

Die **INFO**-Kästen auf den Arbeitsseiten enthalten Informationen, die das Verständnis von bestimmten Zusammenhängen erleichtern.

In **ERSTAUNLICH**-Kästen erfährst du weitere, bemerkenswerte Einzelheiten zu dem Thema.

Über QR-Codes in **INTERNET**-Kästen gelangst du zu Webseiten, auf denen du mehr zu dem Thema der jeweiligen Arbeitsseite erfahren kannst.

Mithilfe der **Aufgaben** kannst du die Inhalte der einzelnen Themen erarbeiten.
Die Aufgaben **1.**, **2.** usw. bilden die Regelanforderungen und sollten von euch allen bearbeitet werden.

140 ▶ Die blauen Pfeile an Aufgaben verweisen auf die passende Methodenseite im Anhang des Buches.

W Dieses Zeichen vor einer Aufgabe bedeutet, dass es sich um eine **Wahlaufgabe** handelt. Wähle eine der angegebenen Möglichkeiten aus (**A**, **B**, ...).

Z **Zusatzaufgaben** sind zur vertiefenden Behandlung eines Themas gedacht. Sie sind manchmal etwas schwieriger und nicht immer mit dem Buch allein lösbar.

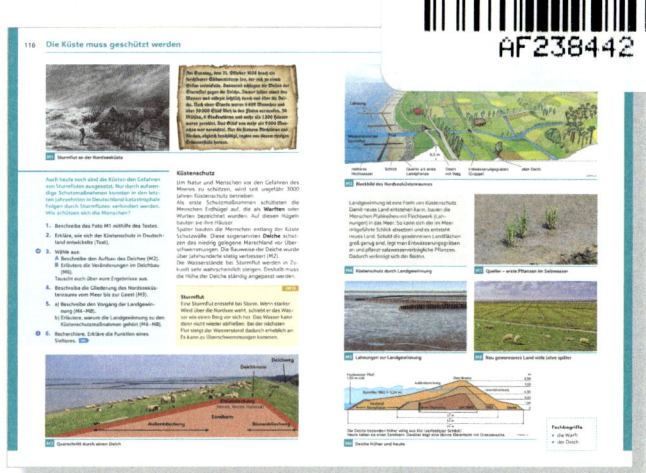

WES-115780-025

QR-Codes: Scanne den QR-Code oder gib den darunter stehenden Webcode **WES-115780-XXX** unter westermann.de/webcode ein.

▣ Film

Dieses Symbol findest du in der Kopfzeile von vielen Doppelseiten. Es weist darauf hin, dass du zu dem Seitenthema einen passenden Filmbeitrag aufrufen kannst. Gehe dazu auf die Seite **www.westermann.de/diercke-115780** und gib den folgenden Onlineschlüssel ein:

4UYZ-V74D-D4AY

Du kannst auch den QR-Code aus der Kopfzeile scannen und dann den Onlineschlüssel eingeben.

Atlaslinks

Durch Eingabe des Karten-Codes auf der Webseite schueler.diercke.de gelangst du auf die passende Seite im Atlas. Dort erhältst du weitere Informationen zu den Karten und Hinweise zu ergänzenden Atlaskarten. Den Code findest du ganz unten auf den Buchseiten. So sieht er aus:

schueler.diercke.de | **100852-011-03** (**100852** ist Teil der ISBN des Atlas, **-011** verweist auf Seite 11 im Atlas und **-03** steht für die dort abgebildete Karte Nummer 3.)

---

6. Hilfen im Anhang

Der Anhang auf den Seiten 134 bis 176 hält für dich verschiedene Hilfen für die Arbeit mit diesem Buch bereit.
Die **Methodenseiten** ab Seite 134 vermitteln dir Schritt für Schritt Methodenkompetenz. Die blauen Kästen sind sozusagen die Gebrauchsanweisungen für die Methoden.
Ab Seite 152 findest du das **Minilexikon**. Hier werden dir die Fachbegriffe in alphabetischer Reihenfolge erklärt.
Ein ausführlicher Kartenteil stellt ab Seite 160 eine Sammlung detailreicher Karten zu Baden-Württemberg und Deutschland zur Verfügung.

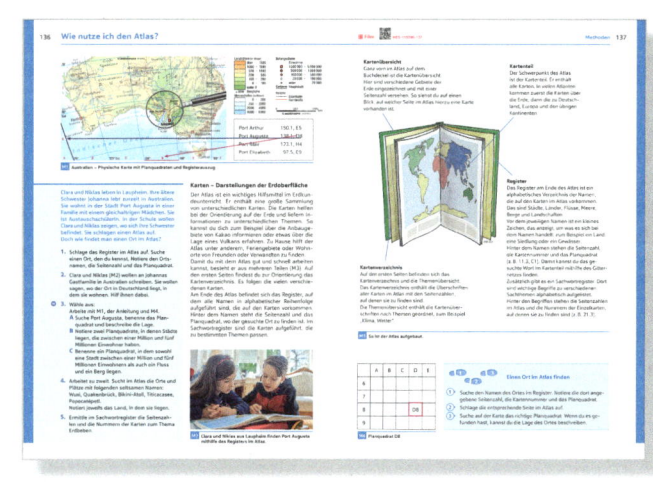

Diercke
Geographie

Baden-Württemberg
Band 5

Autoren:
Matthias Bahr
Timo Frambach
Peter Gaffga
Uwe Hofemeister
Thomas Kisser

unter Mitwirkung
der Verlagsredaktion

Mit Beiträgen von: Erik Elvenich, Peter Köhler, Thomas Krämer, Dr. Norma Kreuzberger, Wolfgang Latz, Dr. Alexandra Siegmund, Henning Teschner, Monika Wendorf.

© 2023 Westermann Bildungsmedien Verlag GmbH, Georg-Westermann-Allee 66, 38104 Braunschweig
www.westermann.de

Druck A¹ / Jahr 2023
Alle Drucke der Serie A sind im Unterricht parallel verwendbar.

Redaktion: Patrick Thies
Druck und Bindung: Westermann Druck GmbH, Georg-Westermann-Allee 66, 38104 Braunschweig

ISBN 978-3-14-115780-2

ÜBERSICHT: **METHODEN**

ÜBERSICHT: **KARTENTEIL**

ÜBERSICHT: **ORIENTIERUNG**

ÜBERSICHT: **AKTIV**

Orientierungsübung mit Karte und Kompass

Erkundung im Nahraum

Modell anfertigen

Befragung durchführen

Arbeit mit digitalen Karten

M1 Wichtige Arbeitsweisen im Erdkundeunterricht (Auswahl)

Du bist jetzt Schülerin oder Schüler einer fünften Klasse. Eines deiner neuen Unterrichtsfächer ist Erdkunde. Auf dieser Doppelseite erfährst du, wie vielfältig dieses Fach ist und was du in diesem Fach alles lernen wirst.

1. a) Notiere, welche Arbeitsmittel im Fach Erdkunde verwendet werden (M1, M2).
   b) Nenne Beispiele, wofür die Arbeitsmittel verwendet werden (M1, M2).

2. Berichte, wann und wo du im Alltag mit Erdkunde in Berührung kommst (M2).

3. Wähle zwei der Teilbereiche der Erdkunde aus M3 aus. Beschreibe an Beispielen, was hier jeweils untersucht wird.

Ⓦ 4. Wähle aus:
   A Schreibe die Buchstaben des Wortes Erdkunde untereinander. Notiere zu jedem dieser acht Buchstaben einen Begriff, den du mit Erdkunde verbindest.
   B Erkläre in eigenen Worten, was Erdkunde für dich bedeutet. Schreibe einen kurzen Text.
   Tauscht euch anschließend in Partnerarbeit aus.

Ⓩ 5. Stelle aus deiner Sicht dar, weshalb der kleine Prinz in M5 der Meinung ist, dass Geograph „endlich ein richtiger Beruf" ist (M4, Info).

Erdkunde – das Fach zum Forschen und Entdecken

Erdkunde ist ein spannendes und vielfältiges Fach. Du lernst in diesem Fach verschiedene Räume der Erde kennen und siehst, wie die Menschen unter ganz unterschiedlichen Bedingungen wohnen, arbeiten und ihren Alltag gestalten. Im Fach Erdkunde erfährt man, wie die Menschen die Natur verändern und wie dadurch **Naturräume** zu **Kulturräumen** umgestaltet werden. Du lernst dabei auch, welche Folgen das für unsere Erde hat. Das hilft uns, die Welt besser zu verstehen und zu erkennen, wie unsere Erde besser geschützt werden kann.

M2 Schülerinnen und Schüler bei der Arbeit mit dem Globus und dem Atlas

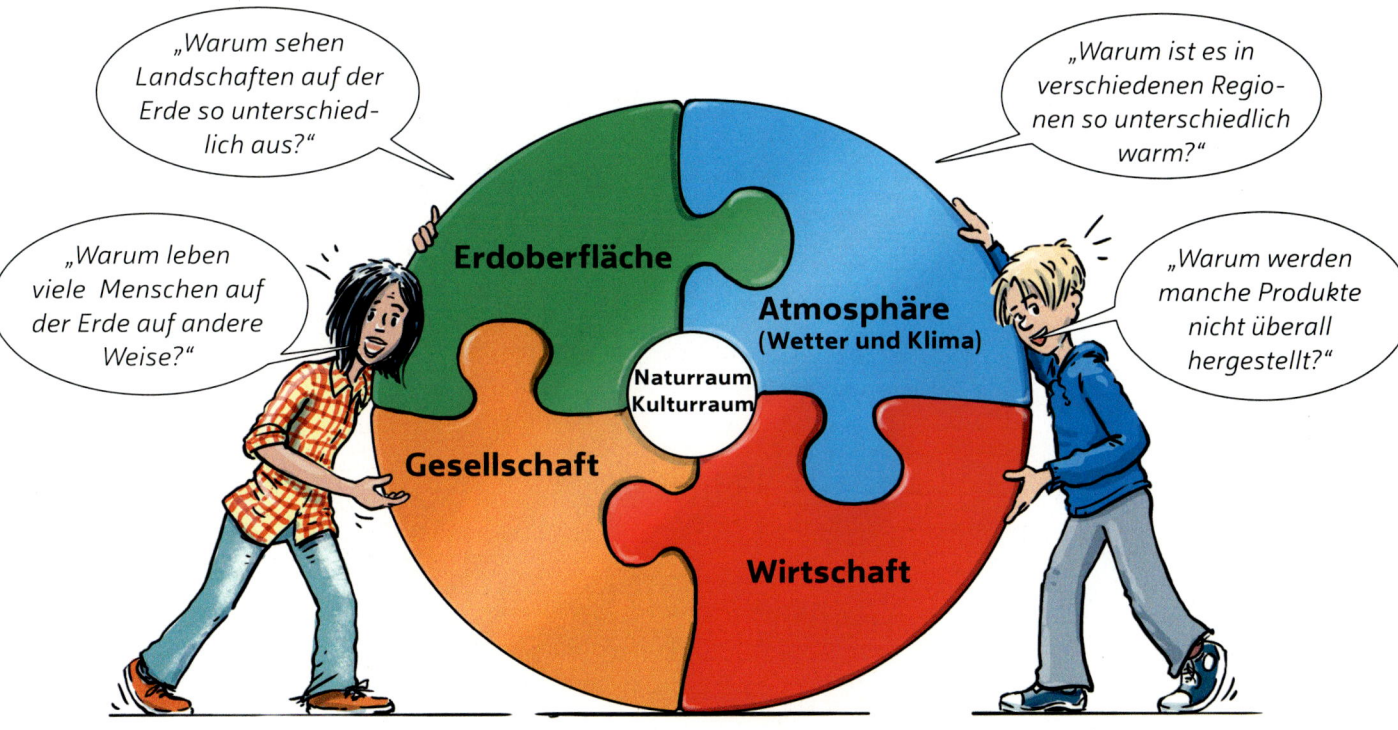

M3 In der Erdkunde unterteilt man Räume in verschiedene Bereiche. So kann man sie besser untersuchen.

Das Fach Erdkunde ist vielfältig. Wenn sich Geographinnen und Geographen mit den Räumen unserer Erde beschäftigen, untersuchen sie diese nach verschiedenen Teilbereichen. Ähnlich wie bei unterschiedlichen Brillen, wird der Raum mit Blick auf einen bestimmten Bereich betrachtet. Die Untersuchungsergebnisse der Teilbereiche fügen sich anschließend wie verschiedene Puzzleteile zusammen.

M4 Erdkunde – Untersuchung der Teilbereiche

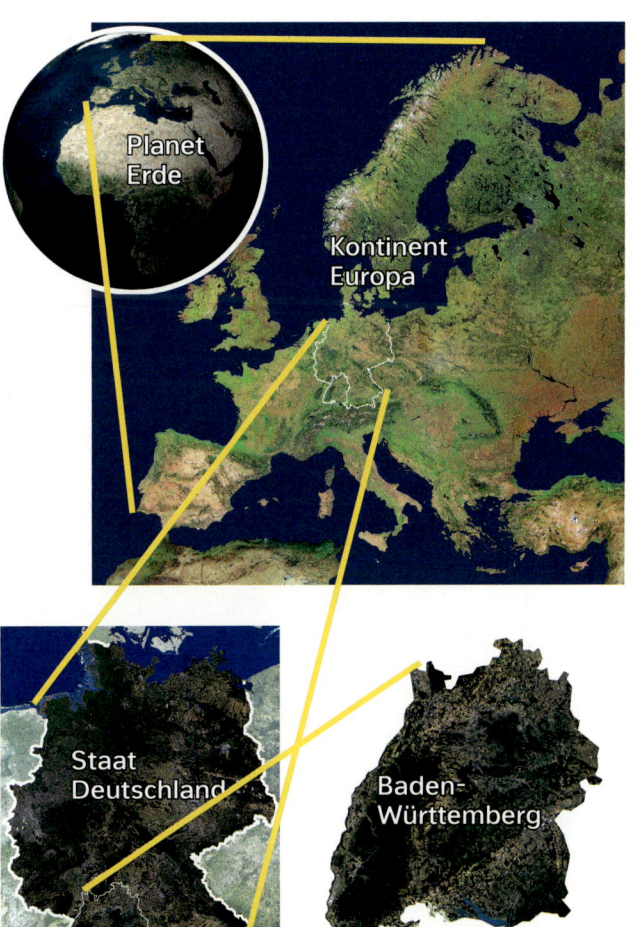

INFO

Geographie
Unser neues Fach Erdkunde nennen Wissenschaftler **Geographie**. Das Wort kommt aus dem Griechischen: „Geos" bedeutet Erde und „graphein" bedeutet beschreiben.

„Was ist das für ein dickes Buch?", sagte der kleine Prinz. „Was machen Sie da?"
„Ich bin Geograf", sagte der alte Herr.
„Was ist das, ‚ein Geograf'?"
„Das ist ein Gelehrter, der weiß, wo sich die Meere, die Ströme, die Städte, die Berge und die Wüsten befinden."
„Das ist sehr interessant", sagte der kleine Prinz. „Endlich ein richtiger Beruf!"
Und er warf einen Blick um sich auf den Planeten des Geografen. Er hatte noch nie einen so majestätischen Planeten gesehen.

(Quelle: de Saint-Exupéry, Antoine: „Der kleine Prinz". Übersetzer: Leitgeb, Grete u. Josef. 60. Aufl. Düsseldorf: Karl Rauch Verlag 2004)

M5 Erdkunde – Untersuchungsgebiet von Geographen

M6 Erdkunde – verschiedene Räume im Blick

Fachbegriffe
■ der Naturraum   ■ der Kulturraum   ■ die Geographie

Wir in unserer Region

Schülerinnen und Schüler bei einer Erkundung im Nahraum.
Kannst du dir vorstellen, was die Gruppe erkundet?

„Ich heiße Anna, wohne südlich vom Münster St. Johannes und fahre mit dem Fahrrad."

„Ich bin Cem, wohne westlich der Schule und komme mit dem Fahrrad."

„Ich heiße Sami, wohne in der Boxberger Straße und fahre mit dem Bus zur Schule."

„Ich heiße Alina und gehe meistens zu Fuß."

„Ich heiße Elisa und wohne nördlich der Schule."

M1   Schülerinnen und Schüler der Klasse 5a in der Kopernikus-Realschule in Bad Mergentheim

Die Schülerinnen und Schüler haben jetzt einen anderen Schulweg im Vergleich zu ihrer alten Schule. Sie gehen zu Fuß zur Schule oder fahren mit dem Fahrrad, mit dem Bus oder mit der Bahn.
Wie können sie sich in der neuen Umgebung orientieren?

1. Wähle ein Schulkind aus M1 und beschreibe mithilfe von M2 den Schulweg, den es gehen oder fahren könnte.

2. Erkläre anhand eines Beispiels aus M2 den Unterschied zwischen Luftlinie und Wegstrecke (Text, Info 1).

3. Bestimme in M2, wie weit die Wohnorte der Kinder in der Luftlinie von der Schule entfernt sind. Verwende die Maßstabsleiste.

4. a) Fertige eine Wegbeschreibung deines eigenen Schulweges an (M3).
   b) Vergleicht eure Schulwege. Wer hat den weitesten Schulweg, wer hat den kürzesten Schulweg?

Ⓦ 5. Wählt aus:
   A Besorgt euch Kreide und Kompass. Geht auf den Schulhof. Bestimmt die Nordrichtung und zeichnet eine Windrose auf den Boden (Info 2).
   B Die Sonne steht mittags im Süden. Nutzt diese Information und bestimmt die Himmelsrichtungen auf eurem Schulhof mithilfe der Sonne.

Ⓩ 6. a) Trage in die Kopie eines Stadtplans deinen neuen Schulweg ein.
   b) Beschreibe einer Mitschülerin/einem Mitschüler deinen Schulweg, ohne ihn auf dem Plan zu zeigen. Deine Mitschülerin/dein Mitschüler soll deinen Schulweg anhand deiner Beschreibung in die eigene Stadtplankopie einzeichnen. Tauscht danach die Rollen.

Aus verschiedenen Orten und Stadtteilen in eine neue Klasse

Die Schülerinnen und Schüler der Kopernikus-Realschule in Bad Mergentheim kommen aus ganz unterschiedlichen **Himmelsrichtungen** zur Schule. Viele Kinder können den Schulbus benutzen. Die Straßen, auf denen die Schulbusse fahren, haben einige Kurven. Das braucht Zeit.
Die kürzeste Strecke zwischen zwei Punkten ist die **Luftlinie** (Info 1). Möchte man von einem Ort zum nächsten, kann man sich aber nicht auf der Luftlinie bewegen. Der Straßenverlauf ist an die Landschaft angepasst. So führt die Wegstrecke zum Beispiel um einen Berg oder um ein Haus herum.
Eine gute Möglichkeit, sich im Raum zu orientieren, sind **Karten**. Sie zeigen die Lage von Straßen und Gebäuden. Außerdem haben sie eine **Maßstabsleiste** (siehe S. 21). Mit ihr kann man Entfernungen auf der Karte bestimmen. Damit man weiß, in welche Richtung man die Karte ausrichten muss, hilft die Himmelsrichtung. Bei der Karte ist am oberen Kartenrand immer Norden. Um die Himmelsrichtung in der Natur zu bestimmen, ist der **Kompass** hilfreich (Info 2). Mit ihm kann man die Himmelsrichtung im Gelände ermitteln.

INFO 1

Luftlinie
Die kürzeste Entfernung zwischen zwei Punkten bezeichnet man als Luftlinie. Möchtest du ihre Länge mithilfe einer Karte bestimmen, so lege ein Lineal zwischen den beiden Punkten an und miss die Strecke. Mithilfe der Maßstabsleiste kannst du ermitteln, wie lang die Strecke in der Wirklichkeit ist.

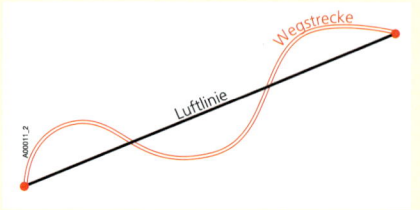

Verkehr

290	Bundesstraße	
	sonstige Straßen	
	Weg	
	Eisenbahn, Bahnhof	
	Fußgängerzone	

Gebäude und Flächen

öffentliches Gebäude — Wohnbebauung — Wald

kulturelle Einrichtung — Industrie, Gewerbe — Ackerland

Bildungseinrichtung — Parkanlage; Gärten

0   100   200   300 m

5802KX © Westermann

M2 Schulwege in Bad Mergentheim

- Wegbeschreibungen sollten knapp und klar sein.
- Überlege vorher: Was ist der kürzeste Weg zum Ziel? Was ist der unkomplizierteste Weg zum Ziel?
- Wenn der kürzeste Weg kompliziert ist, wähle lieber den längeren und unkomplizierten Weg aus.
- Wähle wichtige Erkennungsmerkmale auf deiner gewählten Strecke aus (z. B. Kirche, Kreisverkehr, Sportplatz, Bäckerladen, usw.).

- Sprich sachlich und in der Gegenwartsform.
- Nenne den Startpunkt und gib die Richtungen an.
- Nutze Wörter wie: gegenüber, rechts, links, nördlich, südlich, entlang ...
- Nutze Straßennamen und gib Entfernungen an.
- Weise auf schwierige Stellen hin und erläutere diese genauer.

M3 Tipps zum Erstellen einer Wegbeschreibung

INFO 2

Kompass

Ein Kompass ist ein Instrument zur Bestimmung der Himmelsrichtung. Er enthält eine drehbare Nadel, die magnetisch ist. Eine Spitze dieser Nadel richtet sich im magnetischen Feld der Erde nach Norden zum Nordpol hin aus. Unter der Kompassnadel liegt eine **Windrose** mit den Himmelsrichtungen. Der Kompass muss so gedreht werden, dass Magnetnadel und Nordrichtung der Windrose übereinander liegen. Dann kannst du alle anderen Himmelsrichtungen ablesen. *Lesebeispiele:*

SW = Südwest,
ONO = Ostnordost.

M4 Eine Urlauberin bekommt eine Wegbeschreibung.

Fachbegriffe
- die Himmelsrichtung
- die Luftlinie
- die Karte
- die Maßstabsleiste
- der Kompass
- die Windrose

Aufgepasst auf deinem Schulweg!

M1 Die Lage der Schule auf einem Luftbild

M3 Die Lage der Schule auf einer digitalen Karte

Dein neuer Schulweg stellt dich vor viele neue Herausforderungen. Eine gute Vorbereitung hilft dir dabei, sicher zur Schule zu kommen.

1. Beschreibe die Verkehrssituation in M2 und benenne dabei mögliche Gefahren für die Schülerinnen und Schüler.

2. Beschreibe, was du über die Schulumgebung erfährst:
   a) auf der digitalen Karte M3,
   b) auf dem Luftbild M1,
   c) auf der Zeichnung M5.

3. Ordne zu: An welchen Stellen passen M2 und M6 zu der Zeichnung M5? Begründe.

4. Führt das Projekt „Verkehrslage der Schule" nach der Anleitung in M8 durch. Beachtet dabei die Verhaltensregeln in M4.

5. a) Zeichne deine eigene Schulumgebung und beschrifte wichtige Gebäude und Straßen (M5).
   b) Trage mögliche Gefahrenpunkte ein (M5).

Eine neue Schule – ein neuer Schulweg

Yasemin fährt jetzt mit dem Rad zur Schule. „Das macht mir Spaß!", sagt sie. „Keiner in unserer neuen Klasse hat denselben Schulweg wie früher. Für fast alle ist er länger geworden."

Auf dem Weg zur Schule können viele Gefahren lauern. Dabei spielt es keine Rolle, ob man die Schule zu Fuß, mit dem Fahrrad oder dem Bus erreicht. Es ist wichtig, dass man sich auf den Straßen und mit den Verkehrsregeln auskennt. An einigen Schulen gibt es Schülerlotsen, die dafür sorgen, dass der Verkehr zum Schutz der Schülerinnen und Schüler geregelt wird.

Um sicher zur Schule zu kommen, muss sich jeder überlegen, welcher Weg praktisch und gleichzeitig ungefährlich ist. Wo gibt es Gefahrenpunkte, wie beispielsweise verkehrsreiche Kreuzungen oder unübersichtliche Stellen? Helfen Ampeln oder Fußgängerüberwege? Welche Straße hat einen extra Fahrradweg? Wo liegt die nächste Bus- oder Straßenbahnhaltestelle?

Mit diesen Fragen könnt ihr eure neue Schulumgebung untersuchen. Die Ergebnisse könnt ihr zum Beispiel als Zeichnung festhalten (M5).

M2 An einer Schulbushaltestelle

Achtung:
- Verlasst nie die Gruppe. Bleibt immer in Rufweite zur Lehrkraft!
- Haltet immer genügend Abstand vom Fahrbahnrand!
- Benutzt beim Überqueren einer Fahrbahn einen sicheren Übergang, zum Beispiel an einer Ampel oder auf einem Zebrastreifen!

M4 Verhalten bei der Erkundung des Schulwegs

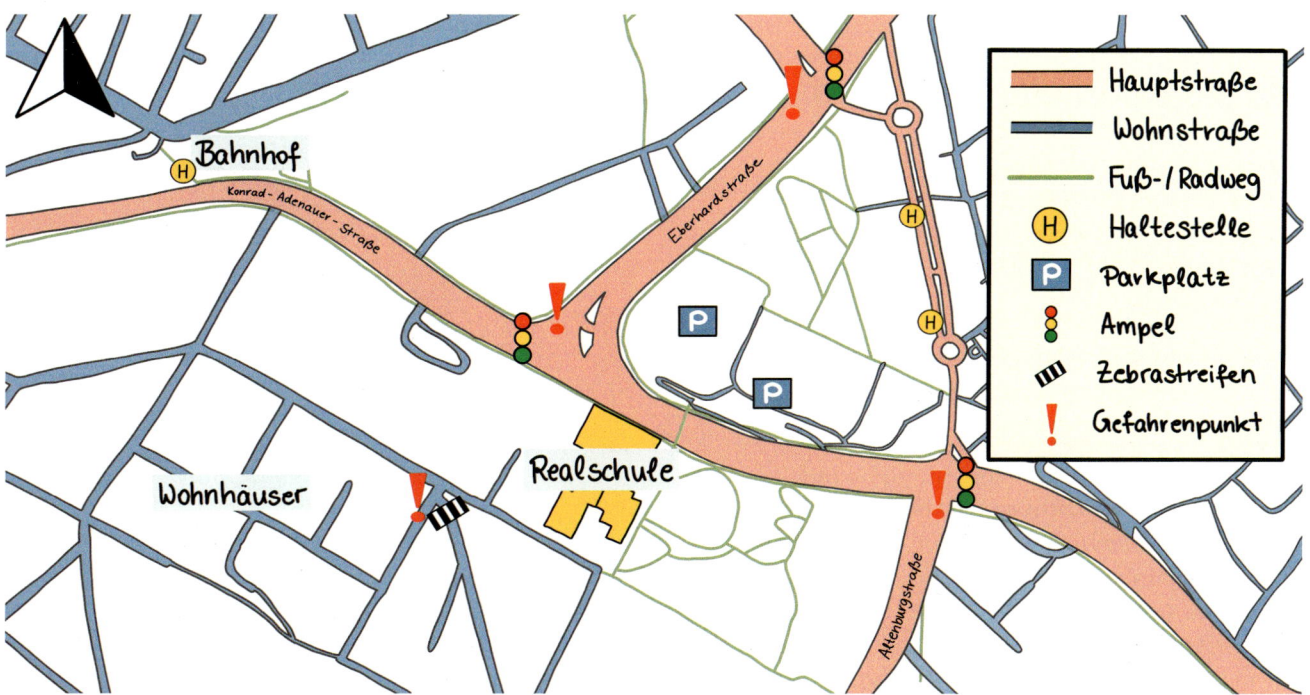

M5 Zeichnung der Umgebung der Schule zur Beschreibung der Verkehrssituation

Legende:
- Hauptstraße
- Wohnstraße
- Fuß-/Radweg
- (H) Haltestelle
- (P) Parkplatz
- Ampel
- Zebrastreifen
- ! Gefahrenpunkt

M6 Lauern Gefahren vor der Schule?

So geht ihr vor:

1. Schritt: Vorbereitung
Schreibt Fragen auf und sortiert sie nach Themen. Besorgt euch einen Stadtplan, einen Block für die eigene Zeichnung und einen Fotoapparat.

2. Schritt: Durchführung
Erkundet zu Fuß die Schulumgebung und begutachtet die Verkehrseinrichtungen. Fertigt eine Skizze an. Fotografiert interessante Stellen zur Veranschaulichung.

3. Schritt: Auswertung und Präsentation
Vergleicht eure Ergebnisse in der Klasse. Hängt zum Beispiel Warnplakate für Gefahrenpunkte auf.

M8 Ablauf des Projekts „Verkehrslage der Schule"

INFO

Google Maps, das Navigationsgerät im Auto und noch viele mehr sind digitale Kartendienste. Es sind einfache **Geographische Informationssysteme (GIS)**. Das heißt, dass eine Karte mit Zusatzinformationen versehen wird. So werden dir zum Beispiel deine Strecke oder auch die Lage von Tankstellen oder Läden in der Karte angezeigt. Die Karte verändert sich, je nachdem, welche Informationen du erhalten möchtest.

„Mit Google Maps laufe ich manchmal auch zu Freunden. Die App zeigt mir nicht nur an, wo der Weg langgeht, sondern auch wie lange ich brauche. Auch im Auto nutzen wir ein Navigationsgerät. Auf längeren Strecken nutzen wir es fast immer, selbst wenn wir die Strecke kennen. Denn es bekommt laufend Verkehrsinformationen. Dadurch lenkt es uns manchmal um einen Stau herum."

M7 Orientierung auf dem Weg zu Freunden

Fachbegriff
- das Geographische Informationssystem (GIS)

Lara und Jannik haben sich zum Stand-up-Paddling am Stausee Rainau-Buch in der Gemeinde Rainau verabredet. In der Schule lag ein Flyer aus, der sie neugierig gemacht hat. Es gibt viele weitere interessante Möglichkeiten, wie man seine Freizeit im Nahraum verbringen kann.

1. Befragt Mitschülerinnen und Mitschüler, was sie unter Freizeit verstehen (M7). Wertet das Ergebnis aus.

2. Erkundet die Freizeiteinrichtungen und -möglichkeiten in eurem Nahraum. **149**
   a) Stellt einen Arbeitsplan für die Erkundung zusammen (M1).
   b) Stellt das Ergebnis eurer Erkundung vor (M4, M5, M8).
   c) Nehmt dazu Stellung, ob in eurer Region genügend Freizeitmöglichkeiten für Kinder und Jugendliche vorhanden sind oder ob eurer Meinung nach etwas fehlt.
   d) Schreibt einen Brief an die Bürgermeisterin oder den Bürgermeister, in dem ihr darauf hinweist, dass euch etwas fehlt. Begründet eure Meinung.

Ⓦ 3. Wählt aus:
   A Führt eine Befragung bei Schülerinnen und Schülern über ihre Freizeitbeschäftigungen durch und präsentiert anschließend die Ergebnisse. **148**
   B Plant eine Woche der nächsten Ferien mit Freizeitmöglichkeiten in eurem Nahraum.

M2 Stand-up-Paddling

Wir planen unsere Freizeit

Auf das Stand-up-Paddling haben Lara und Jannik sich schon lange gefreut. Wenn man genau hinschaut, gibt es in jeder Region verschiedene Möglichkeiten, die Freizeit zu verbringen. Zum Beispiel laden Sportvereine mit ihren Sportplätzen und Hallen Kinder und Jugendliche ein, bei einer der vielen Sportarten mitzumachen. Die Jugendabteilungen zahlreicher anderer Vereine und der Kirchen bieten ebenfalls Freizeitangebote für Jugendliche an. Schwimmbäder, Jugendzentren oder Skater-Anlagen sind beliebte Treffpunkte für Jugendliche. Auf wenig befahrenen Straßen kann man zudem gut mit Inlinern oder Longboards fahren. Flüsse und Seen laden zu Bootsfahrten oder zum Angeln ein.

Für manche Regionen gibt es spezielle Freizeitkarten, die über die vielfältigen Freizeitmöglichkeiten in der Region informieren.

A Informieren
Informiert euch, welche Freizeiteinrichtungen für Kinder und Jugendliche euer Wohnort anbietet. Hierzu gibt es zum Beispiel im Rathaus oder in Touristenbüros Informationen und Freizeitkarten.

B Erheben
Freizeitmöglichkeiten können auch bei einer Erkundung des Wohnortes erfasst werden. Erkundet den Wohnort nach vorher festgelegten Regeln.

C Befragen
Befragt die örtlichen Vereine oder Kirchengemeinden, welche Freizeitangebote sie für Kinder und Jugendliche haben. Bei Vereinen könnt ihr zum Beispiel erfragen: Gesamtanzahl der Mitglieder, Monatsbeitrag für Jugendliche, Angebote für Jugendliche.

D Darstellen
Entscheidet, wie ihr das Erkundungsergebnis darstellen wollt (M4, M5, M8).

M1 Möglicher „Erkundungsfahrplan"

M3 Jugendlicher auf einer BMX-Bahn

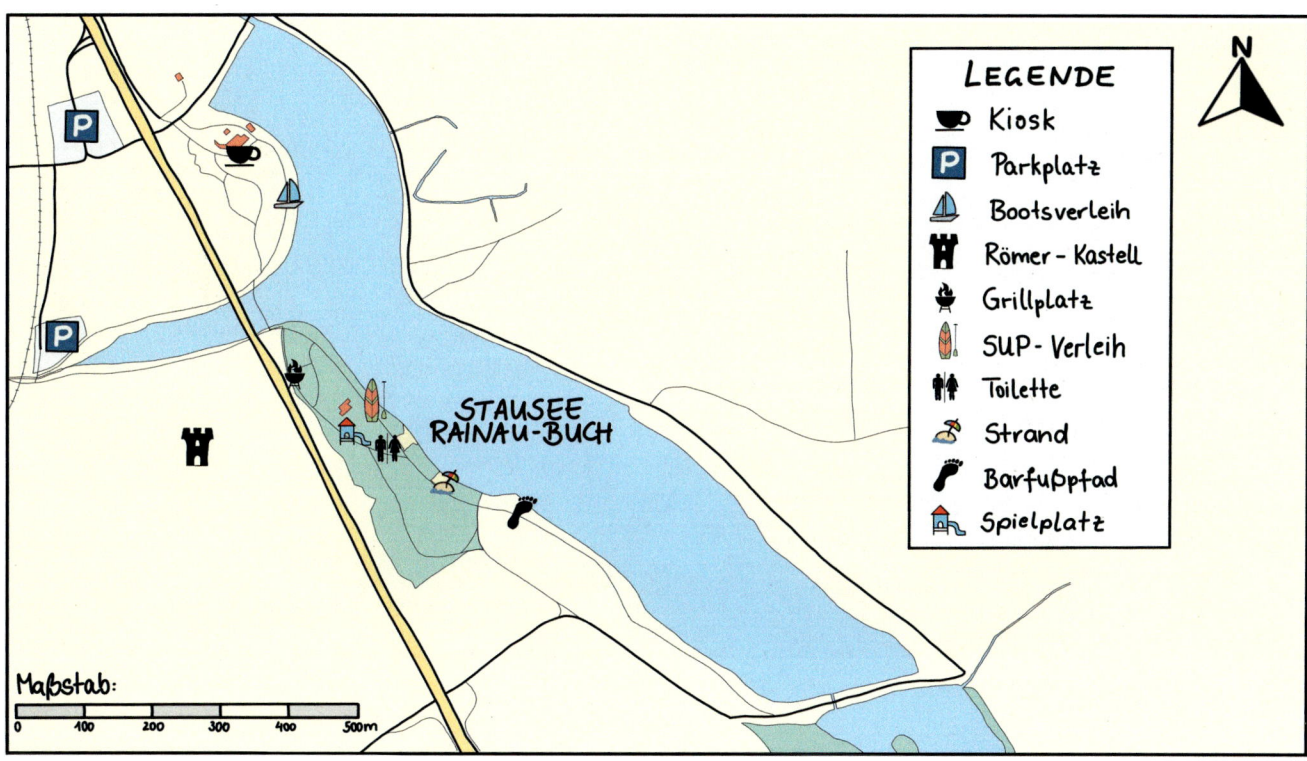

LEGENDE

- ☕ Kiosk
- 🅿 Parkplatz
- ⛵ Bootsverleih
- ♜ Römer – Kastell
- 🔥 Grillplatz
- 🏄 SUP – Verleih
- 🚻 Toilette
- 🏖 Strand
- 👣 Barfußpfad
- 🛝 Spielplatz

STAUSEE RAINAU-BUCH

Maßstab:

0   100   200   300   400   500m

M4 Erkundungsergebnis: Freizeitmöglichkeiten am Stausee Rainau-Buch

Sport und Spiel	Bildung und Kultur	naturbezogen	Zusammensein in der Gemeinschaft
‣ Sporthallen ‣ Sportplätze ‣ Bootsverleih ‣ Kinderspiel-plätze ‣ Tennishalle ‣ Minigolfanlage ‣ Kletterpark ‣ Schwimmbad	‣ Stadt-bibliothek ‣ Musik-schule ‣ Museum ‣ Denkmal	‣ Moorerlebnis-pfad ‣ Tierpark ‣ Aussichtspunkt	‣ Jugendtreff ‣ Badestrand ‣ Schwimm-bad

M5 Erkundungsergebnis: Beispiele für Freizeiteinrichtungen

Was ist Freizeit für dich?

- „Sport treiben."
- „Mit Freunden spielen."
- „Keine Schule."
- „Spaß haben."
- „In aller Ruhe nur um sich kümmern."
- „Die Zeit nach der Schule."
- „Selbst entscheiden, was ich tun und lassen will."

A	Angeln (nur mit Angelschein), Ausflüge
B	Bibliothek, Bowling, Beach-volleyball, BMX
C	Computerspiele, Chillen
D	Darts, Drachenfliegen
E	Eisdiele, Eislaufen
F	Fußgängerzone, Freibad, Fußball, Fitness-Center
G	Golfen, Grillen, Go-Kart fahren
H	Hallenbad, Handwerken
I	Inliner, Indoor-Soccer
J	Jugendfreizeitzentrum (Billard, Kicker, usw.)
K	Kino, Kanu fahren, Karaoke
L	Longboard, Leute beobachten
M	Minigolf, Musikschule
N	Naturschutzstation, Nacht-wandern
P	Paintball, Parks, Puzzeln
Q	Quatsch machen, Quizzen
R	Reiten, Radtouren
S	Sportvereine, Stand-up-Padd-ling, Skaten, Spazierengehen
T	Theater, Tennis, Tanzschule, Tiere beobachten
U	Umstyling, Ukulele spielen
V	Volleyball, Voltigieren
W	Wandern, Wintersport
Z	Zirkus, Zelten

M6 Im Kletterwald Laichingen

M7 Aussagen von Schülerinnen und Schülern zur Freizeit

M8 ABC der Freizeitmöglichkeiten

M1 Schrägluftbild von Göttingen

Ayla lebt in Ludwigsburg in der Nähe von Stuttgart. Ihr Onkel wohnt in Göttingen, das ist eine Stadt, die ungefähr in der Mitte von Deutschland liegt. Sie hat von ihm ein Foto bekommen, das er aus einem Flugzeug aufgenommen hat. Er erklärt Ayla, wie mithilfe solcher Fotos Karten entstehen.

Wie wird aus einem Luftbild eine Karte?

1. Stelle fest, welches der Flugzeuge in M4 ein Senkrechtluftbild und welches ein Schrägluftbild aufnimmt.

2. Erstelle eine Tabelle, in die du die Unterschiede zwischen Schrägluftbild, Senkrechtluftbild und Karte einträgst (M1–M4).

W 3. Wähle aus:
   A Lege Transparentpapier über M2 und zeichne darauf in verschiedenen Farben ein: die großen Straßen, Grünflächen und bebaute Flächen. Wähle dafür jeweils eine geeignete Flächenfarbe aus. `138`
   B Kopiere einen Stadtplan eines Ortes in deinem Heimatraum. Zeichne dort alle interessanten Dinge für Kinder ein. Erstelle dazu eine Legende mit sinnvollen Signaturen. `138`

4. Ordne den Buchstaben Ⓐ–Ⓔ in M2 mithilfe des Stadtplanausschnitts M3 die Bürgerstraße, den Bahnhof, die Kirche St. Johannis, das Deutsche Theater und das Alte Rathaus zu.

5. Beschreibe die Kennzeichen für Parkplatz, Parkhaus, Taxi-Stand und Post (M3).

So entsteht aus einem Luftbild eine Karte

Aus einem Flugzeug kann man **Luftbilder** fotografieren. Wird eine Landschaft von schräg oben aufgenommen, entsteht ein Schrägluftbild. Wird senkrecht nach unten fotografiert, entsteht ein Senkrechtluftbild.

Im Schrägluftbild (M1) sind die Höhen von Gebäuden und die Hauswände im Bildvordergrund gut zu erkennen. Die Einzelheiten im Hintergrund wirken kleiner und verschwimmen. Der Verlauf der Straße ist kaum zu erkennen. Die Entfernungen sind nicht genau zu bestimmen.

Beim Senkrechtluftbild (M2) gibt es keinen Vorder- und Hintergrund. Der Verlauf der Straßen und die Gebäude sind gut sichtbar. Entfernungen kann man gut bestimmen. Aber weil nur die Hausdächer und nicht die Hauswände zu sehen sind, kann man Einzelheiten schwer erkennen.

Auf Vorlage von Senkrechtluftbildern werden Karten, zum Beispiel **Stadtpläne,** gezeichnet (M3). Dort wird nicht jede Einzelheit eingetragen. Der Kartenzeichner wählt aus und stellt alles vereinfacht dar. Er fasst als Farbflächen zusammen, wie die Flächen genutzt werden. Er trägt die Namen von Straßen und wichtigen Gebäuden ein. Einige Gebäude erhalten **Signaturen**. Kirchen werden zum Beispiel oft mit einem Kreuz dargestellt.

INFO

Signatur

Signatur ist ein Fachbegriff für Kartenzeichen. Bäume, Häuser und Straßen können in Karten nicht so dargestellt werden, wie sie in Wirklichkeit sind. Deshalb verwendet man bestimmte Zeichen und Farben. Die Bedeutung der Zeichen wird in der **Legende** erklärt.

M2 Senkrechtluftbild von Göttingen

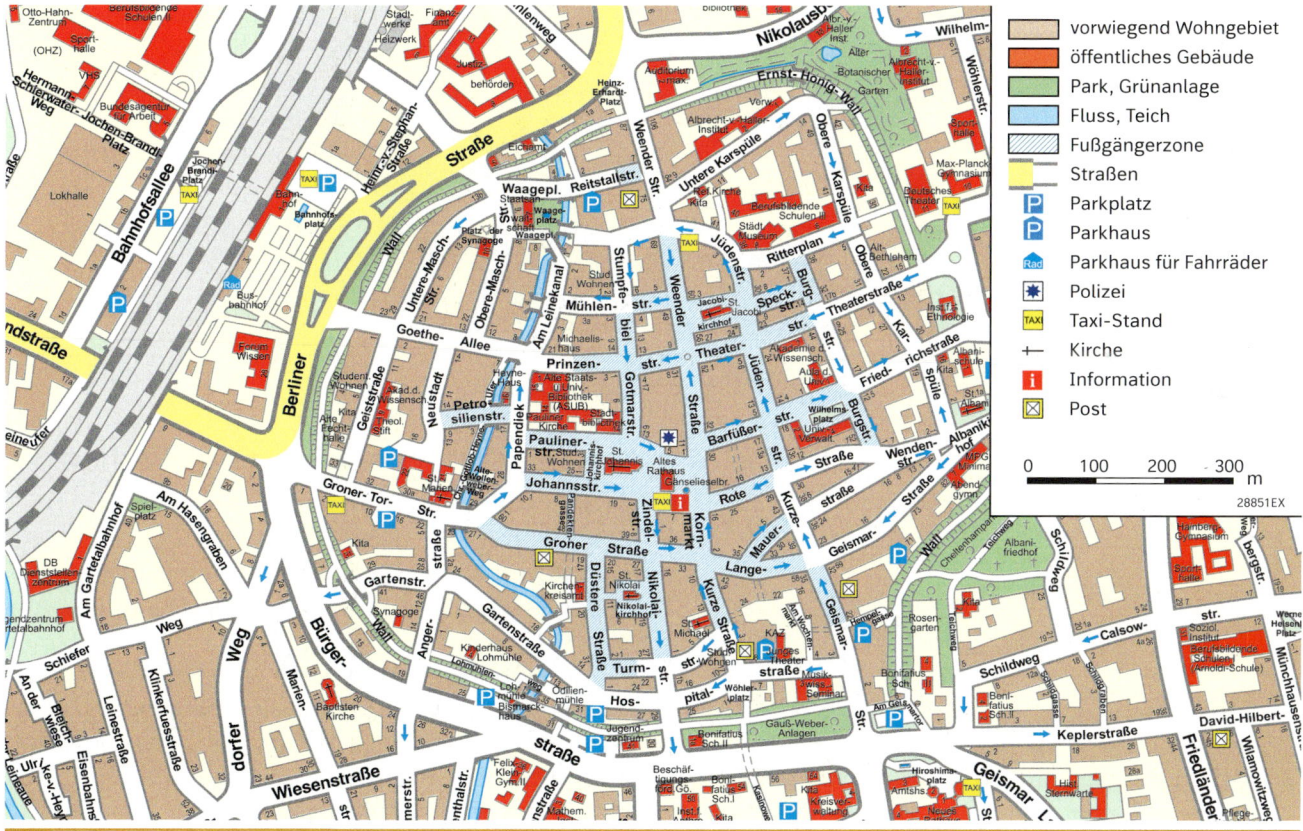

M3 Stadtplanausschnitt von Göttingen

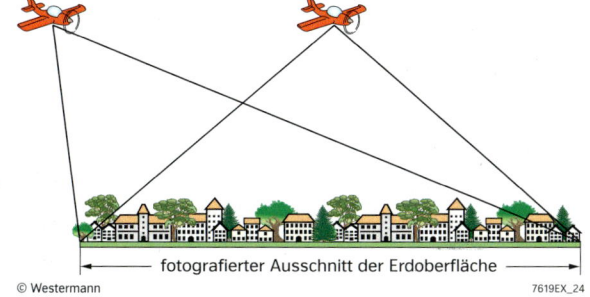

M4 Entstehung eines Schräg- und eines Senkrechtluftbildes

fotografierter Ausschnitt der Erdoberfläche

© Westermann   7619EX_24

Fachbegriffe

- das Luftbild
- der Stadtplan
- die Signatur
- die Legende

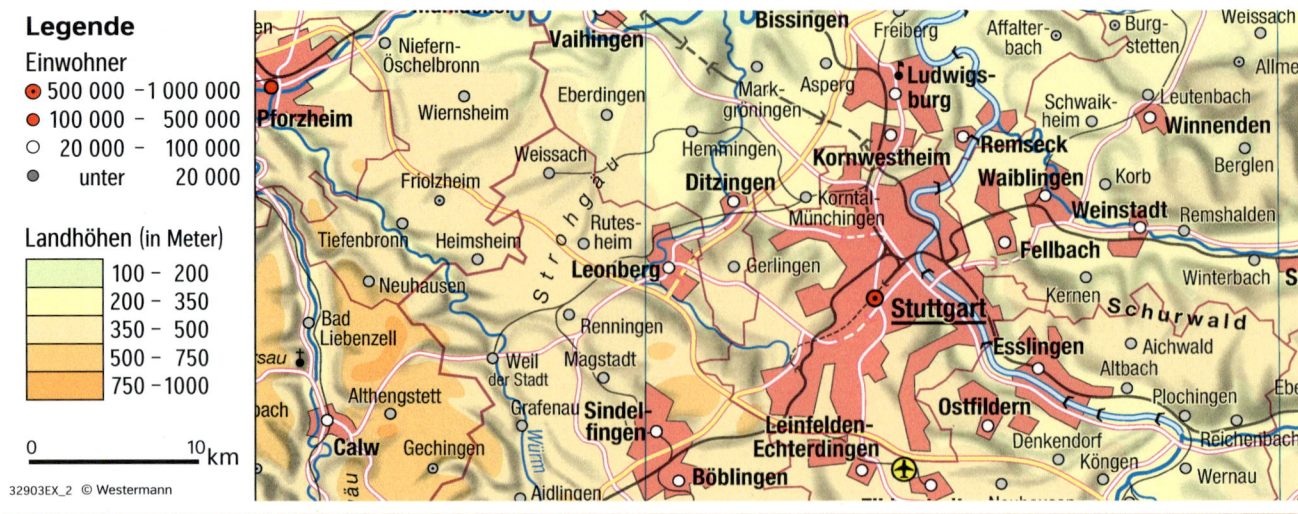

Legende

Einwohner
- 500 000 – 1 000 000
- 100 000 – 500 000
- 20 000 – 100 000
- unter 20 000

Landhöhen (in Meter)
- 100 – 200
- 200 – 350
- 350 – 500
- 500 – 750
- 750 – 1000

0   10 km

32903EX_2 © Westermann

M1 Physische Karte – Stuttgart und Umgebung (Ausschnitt)

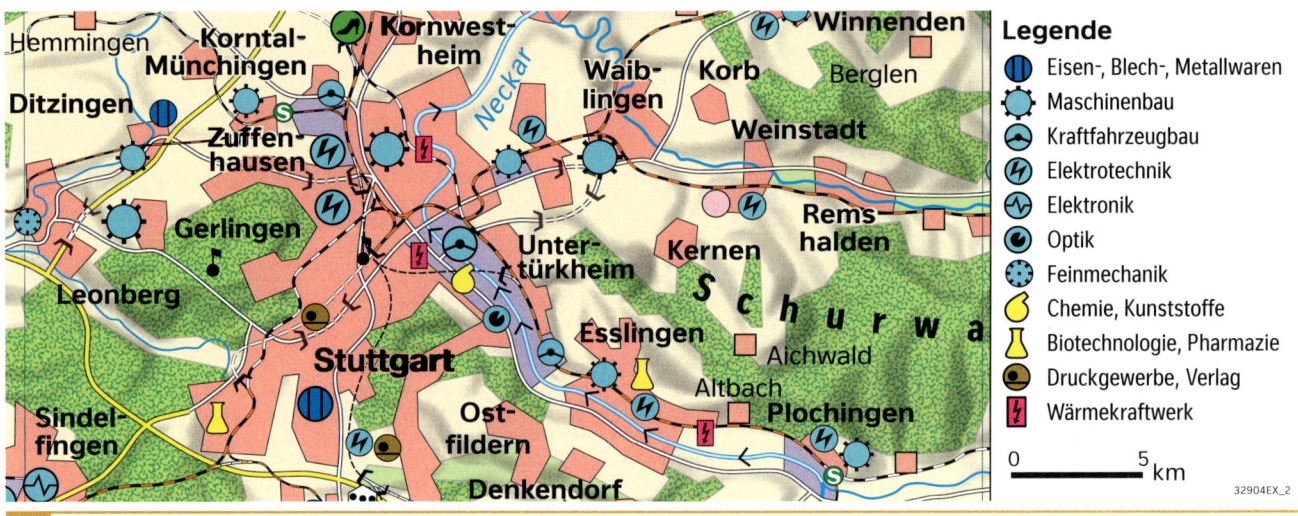

Legende
- Eisen-, Blech-, Metallwaren
- Maschinenbau
- Kraftfahrzeugbau
- Elektrotechnik
- Elektronik
- Optik
- Feinmechanik
- Chemie, Kunststoffe
- Biotechnologie, Pharmazie
- Druckgewerbe, Verlag
- Wärmekraftwerk

0   5 km

32904EX_2

M2 Thematische Karte – Wirtschaftsregion Stuttgart (Ausschnitt)

Wenn du in deinen Atlas schaust, siehst du auf den ersten Blick, dass es ganz unterschiedliche Karten gibt.
Warum gibt es so viele Arten von Karten?
Wie unterscheiden sie sich?

1. Vergleiche die Kartenausschnitte M1 und M2. Nenne Gemeinsamkeiten und Unterschiede.

2. a) Suche in deinem Atlas zwei physische und zwei thematische Karten. Nenne die Seitenzahl, den abgebildeten Raum und bei den thematischen Karten zusätzlich das Thema. **136**▸

   b) Stellt euch in Partnerarbeit die Karten gegenseitig vor.

Ⓦ 3. Wähle aus:
   A Erläutere, wie ein Berg in einer physischen Karte dargestellt wird (M3 – M6).
   B Begründe, warum die Karte in M6 bei einer Wanderung hilft (M7, Info).

Karten – Darstellungen der Erdoberfläche

Karten enthalten zahlreiche Informationen über das abgebildete Gebiet. Die Flächenfarben und Signaturen stehen für bestimmte Informationen. In der Legende kann man ihre Bedeutung nachlesen.

In **physischen Karten** sind Gebirge, Tiefländer, Gewässer, Verkehrslinien und Siedlungen eingezeichnet. Mit ihnen erhält man einen guten Überblick über ein Gebiet. Auf physischen Karten kann man die Landhöhen ablesen. Sie werden durch **Höhenlinien** und **Höhenschichten** dargestellt. Höhenlinien verbinden alle Punkte, die in der selben Höhe über dem Meeresspiegel liegen. Höhenschichten sind die Flächen zwischen den Linien. Die Farbe wechselt mit zunehmender Höhe von Grün über Gelb bis Braun.

Thematische Karten enthalten Informationen zu einem bestimmten Thema, zum Beispiel zur Wirtschaft oder zum Verkehr. Einzelheiten sind zu verschiedenen Signaturen zusammengefasst. Unwichtiges für das Thema wird weggelassen.

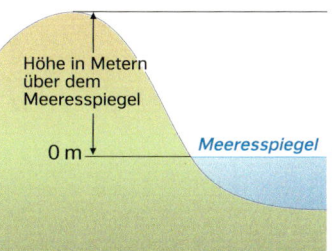
350 m ü.M. (= über dem Meeresspiegel)
oder NN (= über Normalnull)

Höhe in Metern
über dem
Meeresspiegel

Meeresspiegel

0 m

◄ **M3** Höhenmessung vom Meeresspiegel aus
(die Angabe der Höhe in Meter
über dem Meeresspiegel lautet ab-
gekürzt „m ü. M." oder „m ü. NN".)

INFO

**Höhenlinien und Höhen-
schichten**

Eine Höhenlinie verbindet auf
einer Karte Punkte in gleicher
Höhe. Jeder dieser Punkte hat
die gleiche Höhe über dem
Meeresspiegel.
Mithilfe der Höhenlinien
werden die Oberflächenformen (Berge und Täler) einer
Landschaft deutlich. Je enger
die Höhenlinien nebeneinander liegen, desto steiler ist das
Gelände.
Als Höhenschichten bezeichnet man die Bereiche zwischen
den Höhenlinien. Höhen-
schichten werden in Karten in
verschiedenen Grün-, Gelb-
und Brauntönen dargestellt.

M4 Schrägluftbild eines Berges mit Höhenlinien

M5 Senkrechtluftbild eines Berges mit Höhenlinien

Höhenangabe (in Meter)

über 800
750 – 800
500 – 750
350 – 500
200 – 350
100 – 200
50 – 100
unter 50

Berghöhe

850

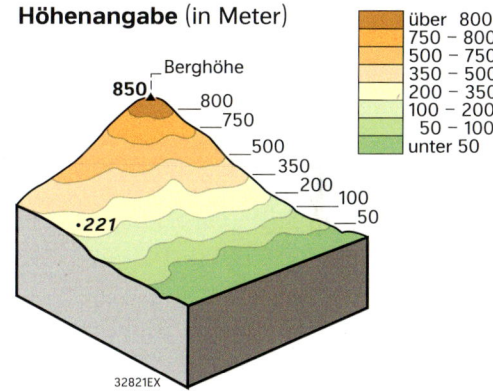

M7 Beispiel für die Darstellung von
Höhenschichten und -linien in
Karten

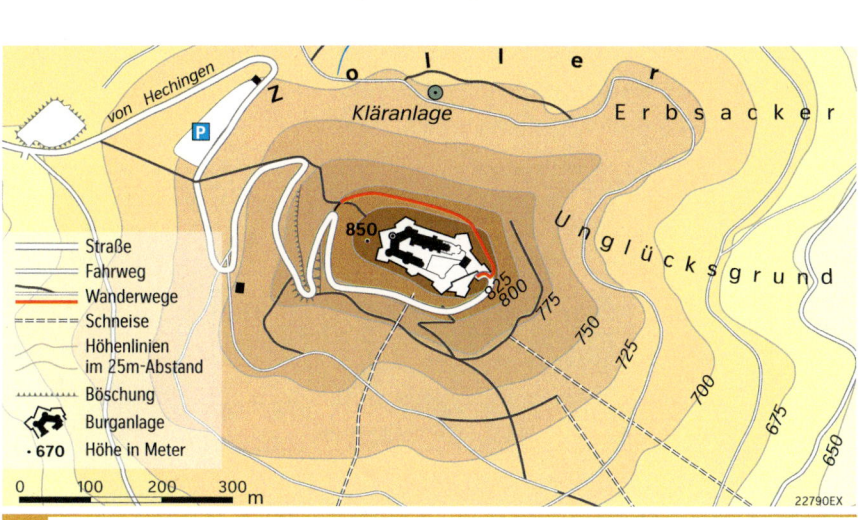

Straße
Fahrweg
Wanderwege
Schneise
Höhenlinien
im 25m-Abstand
Böschung
Burganlage
· 670 Höhe in Meter

0   100   200   300 m

M6 Der Berg in der physischen Karte

Fachbegriffe

■ die physische Karte
■ die Höhenlinie
■ die Höhenschicht
■ die thematische Karte

M1 Maßstab 1:1

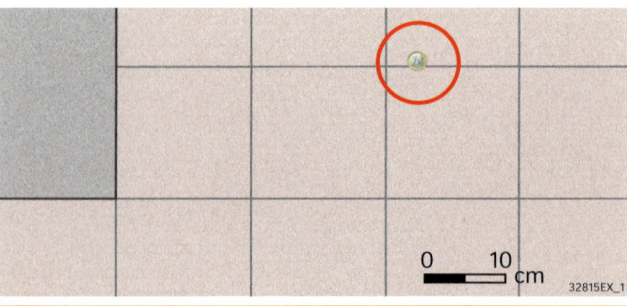

M3 Maßstab 1:10

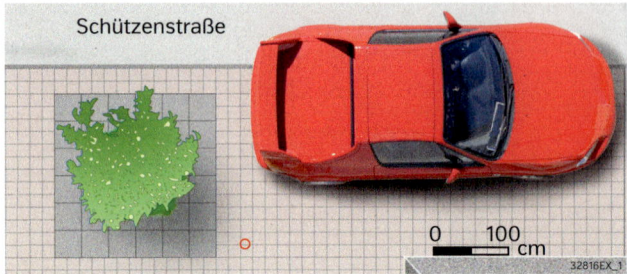

M2 Maßstab 1:100

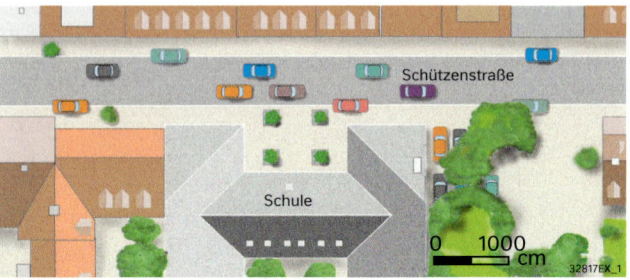

M4 Maßstab 1:1000

Auf einigen Karten erscheint etwas groß, auf anderen Karten ist es kaum zu erkennen. In welcher Größe die Abbildung die Wirklichkeit wiedergibt, zeigt der Maßstab.
Was ist der Maßstab?
Warum verwenden Karten unterschiedliche Maßstäbe?

1. a) Erläutere die Unterschiede zwischen den Bildern M1 bis M4.
b) Schreibe folgenden Satz vollständig in dein Heft: Die Euro-Münze ist umso größer, je … der Maßstab ist. Die Euromünze ist umso kleiner, je … .
c) Berechne, wie groß die Euromünze in M3 eingezeichnet werden muss.

2. Nenne Gegenstände aus deinem Alltag, die gegenüber dem Original verkleinert sind (M5).

3. Vergleiche die Karten M6 und M7. Nenne die Unterschiede.

W 4. Wähle aus:
Ermittle die Entfernung zwischen Stuttgart und Kopenhagen (M7).
A mithilfe des Maßstabs.
B mithilfe der Maßstabsleiste (M8).

5. Ordne die Maßstäbe vom kleinsten zum größten: 1 : 50 000, 1 : 4 000 000, 1 : 7 000, 1 : 500 000.

6. Du hast im Preisausschreiben einen Flug in eine 600 bis 700 Kilometer entfernte Stadt von Stuttgart aus gewonnen. Nenne drei Orte, in die du fliegen könntest (M7).

Bedeutung des Maßstabs

Eine Karte stellt einen Teil oder die gesamte Erdoberfläche dar. Sie gibt die natürlichen Verhältnisse verkleinert wieder. Wie stark die Darstellungen auf der Karte verkleinert sind, gibt der **Maßstab** an.
Zum Beispiel bedeutet 1:10 (eins zu zehn), dass ein Zentimeter auf der Karte zehn Zentimeter in der Wirklichkeit entspricht. Die Euromünze in M3 ist also um das Zehnfache verkleinert. Ist die Zahl hinter dem Doppelpunkt klein (1:10) spricht man von einem großen Maßstab. Ist die Zahl groß (1:100 000), so spricht man von einem kleinen Maßstab.
Je größer die Zahl hinter dem Doppelpunkt,
- desto stärker wurde verkleinert.
- desto größer ist der Raum, den die Karte zeigt.
- desto weniger Einzelheiten enthält die Karte.
Um einen schnellen Überblick über die Entfernungen zu bekommen, ist auf Karten neben dem Maßstab in der Regel noch die Maßstabsleiste angegeben.

M5 Modell im Miniatur Wunderland in Hamburg

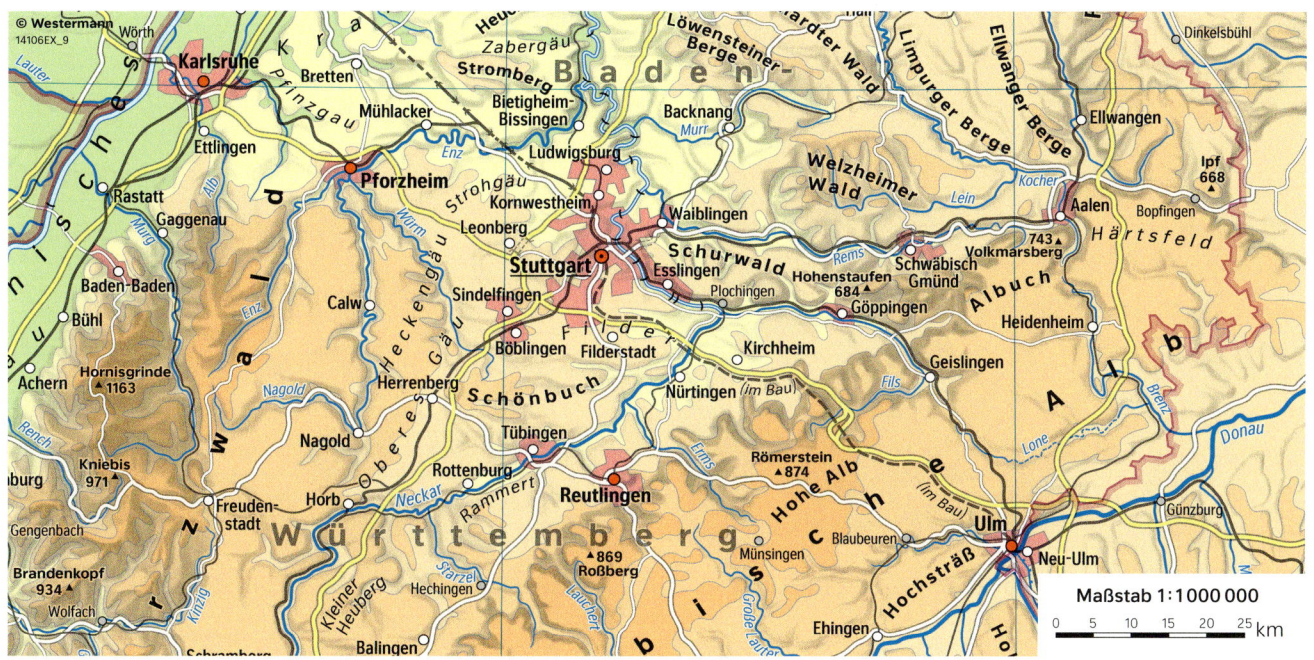

M6 Karte im Maßstab 1 : 1 000 000 aus dem Diercke Weltatlas

M7 Karte im Maßstab 1 : 16 000 000 aus dem Diercke Weltatlas

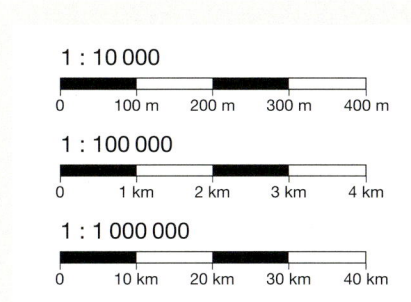

Maßstabsleisten ersparen das Umrechnen der Entfernungen. Man kann mit einem Lineal abmessen, wie lang eine Strecke auf der Karte in Wirklichkeit ist.
Zum Beispiel entspricht beim Maßstab 1:100 000 ein Teilstrich von 1 Zentimeter einer Strecke von 1 Kilometer in der Wirklichkeit.

Fachbegriff
- der Maßstab

M8 Maßstabsleisten

M1 Schülerinnen und Schüler bei einer Müllsammel-aktion

M3 Insektenhotel auf einem Schulhof

Wie gehe ich mit meiner Umwelt um? Was passiert mit meinem Müll? Wie können wir Energie sparen? All das sind Fragen, die dich auch in deiner Schule betreffen. Du kannst dich in vielen Bereichen bei der Gestaltung deiner Schule beteiligen. Eine Möglichkeit ist eine Zukunftswerkstatt, in der ihr euch mit einem Verbesserungsvorschlag auseinandersetzt und Ideen für eine mögliche Lösung entwickelt.

1. Erkunde deine Schule und finde heraus, ob es Umweltprojekte gibt.

2. Schreibe über die Idee der Nachhaltigkeit einen Bericht für eure Schülerzeitung oder eure Schulhomepage (Text, M2, M6, Info).

3. Führt gemeinsam eine Zukunftswerkstatt durch. Nehmt dazu die Anleitung auf Seite 23 zuhilfe.

Der Bereich **Ökonomie** steht für die Wirtschaft. Es geht z. B. darum, mit den Produkten der Erde sparsam umzugehen, damit sie auch noch von den in der Zukunft lebenden Menschen genutzt werden können.

Der Bereich **Soziales** steht für den Umgang der Menschen untereinander. Alle Menschen auf der Erde sollen zum Beispiel gleich gute Bildungsmöglichkeiten haben. Andere Beispiele sind die Gleichberechtigung von Mann und Frau oder die Bekämpfung von Armut auf der Erde.

Der Bereich **Ökologie** steht für Umwelt und Naturschutz. Dazu gehört, dass wir Luft, Wasser und Boden sauber halten und Pflanzen und Tiere schützen.

M2 Das Dreieck der Nachhaltigkeit

Wir gestalten unsere Umwelt nachhaltig

Es gibt viele Möglichkeiten, die eigene Schule und den Nahraum im Einklang mit der Umwelt zu gestalten. Viele Schulen haben sich bereits auf den Weg gemacht und gute Ideen umgesetzt. Manche haben den eigenen Schulhof naturnah und umweltgerecht gestaltet. Einige haben einen Schulgarten angelegt oder bieten gesunde Lebensmittel im schuleigenen Kiosk an. Andere Schulen haben widerum Ideen zum Energiesparen entwickelt und umgesetzt. Durch den Bau eines Insektenhotels oder das Aufhängen von Nistkästen können Lebensräume für Tiere auf dem Schulgelände geschaffen werden.

Das Bewusstsein für eine gesunde Umwelt ist dabei genau so wichtig wie die Gestaltung einer Umgebung, in der wir uns wohl fühlen. Die Grundidee ist, dass wir mit unserem Lebensraum **nachhaltig** umgehen. Das bedeutet, dass Lebensräume schonend und sparsam genutzt werden, damit auch nachfolgende Generationen noch eine intakte Umwelt zur Verfügung haben.

INFO

Nachhaltigkeit

Der Begriff der Nachhaltigkeit stammt ursprünglich aus der Forstwirtschaft. Um sicherzustellen, dass die Menschen auch in Zukunft Holz zur Verfügung haben, sollte immer nur soviel Holz gefällt werden, wie auch nachwachsen kann. Heute hat der Begriff eine umfassendere Bedeutung. Das Dreieck der Nachhaltigkeit verdeutlicht, dass Nachaltigkeit nicht nur den Umweltschutz, sondern auch die Bereiche Ökonomie und Soziales betrifft.

M4 Von der Planung bis zur Umsetzung – Schülerinnen und Schüler, Lehrkräfte und Eltern bei der Gestaltung eines neuen, naturnahen Schulhofs

Eine Zukunftswerkstatt durchführen

1 Vorbereitung
- Schreibt auf einen Zettel die Punkte auf, bei denen sich eure Schule im Bereich der Nachhaltigkeit verbessern sollte.
- Sammelt eure Ideen auf einer Pinnwand und entscheidet gemeinsam, welche Verbesserung ihr gemeinsam angehen möchtet.

2 Ideen entwickeln
- Überlegt gemeinsam, welche konkreten Vorschläge ihr gerne umsetzen möchtet.
- Seid bei euren Ideen erfinderisch. Stellt euch vor, ihr hättet ausreichend Geld, Maschinen und Entscheidungsmacht, um eure Vorschläge umzusetzen.
- Stellt eure Ideen und Vorstellungen anschaulich dar. Ihr könnt beispielsweise ein

Bild malen, ein Modell erstellen oder ein Poster gestalten.

3 Verwirklichung prüfen
- Stellt fest, ob es möglich ist, eure Zukunftsideen umzusetzen. Überlegt gemeinsam: Wie müsste man die Idee verändern, um sie verwirklichen zu können?
- Wer kann euch bei euren Ideen unterstützen? Sprecht mit Mitschülerinnen und Mitschülern, Lehrerenden und der Schulleitung. Gibt es Vereine in der Nähe, die euch helfen könnten?
- Tragt nun euren Vorschlag und eure konkreten Ideen auf einem Plakat zusammen.

M5 Schülerinnen und Schüler überlegen gemeinsam, wie sie ihre Schule nachhaltiger gestalten können.

- Müll vermeiden und trennen
- Verschwendung von Wasser vermeiden
- Energie sparen
- Schulhof und Klassenräume begrünen
- Plastikverpackungen vermeiden
- Lebensraum für bedrohte Tierarten schaffen
- Nahrungsmittel aus der Region verzehren
- Sonnenenergie nutzen

M6 Ideensammlung für eine nachhaltige Schule

Fachbegriff
- die Nachhaltigkeit

"Papa, wir haben jetzt ein neues Schulfach: Erdkunde!"

"Erdkunde – das ist doch nur Stadt, Land, Fluss!"

M1   Was ist Erdkunde?

Spiele mit deiner Tischnachbarin oder deinem Tischnachbarn. Geht so vor:

1. Sucht euch beide – getrennt voneinander – sieben Orte und Plätze aus dem Register im Atlas aus. Jeder notiert sich Namen, Seitenzahl, Planquadrat und worum es sich handelt (z. B. Fluss, Stadt, Berg oder See).

2. Ihr spielt abwechselnd gegeneinander. Schreibe deiner Tischnachbarin oder deinem Tischnachbarn einen deiner Namen auf. Lass dir dazu Folgendes zeigen und nennen: die Stelle im Atlas, die Lage auf der Karte und worum es sich handelt (Fluss, Stadt, …). Anschließend zeigt dir deine Spielparterin oder dein Spielpartner einen Namen und du machst dich im Atlas auf die Suche danach.

M4   Das Atlas-Suchspiel

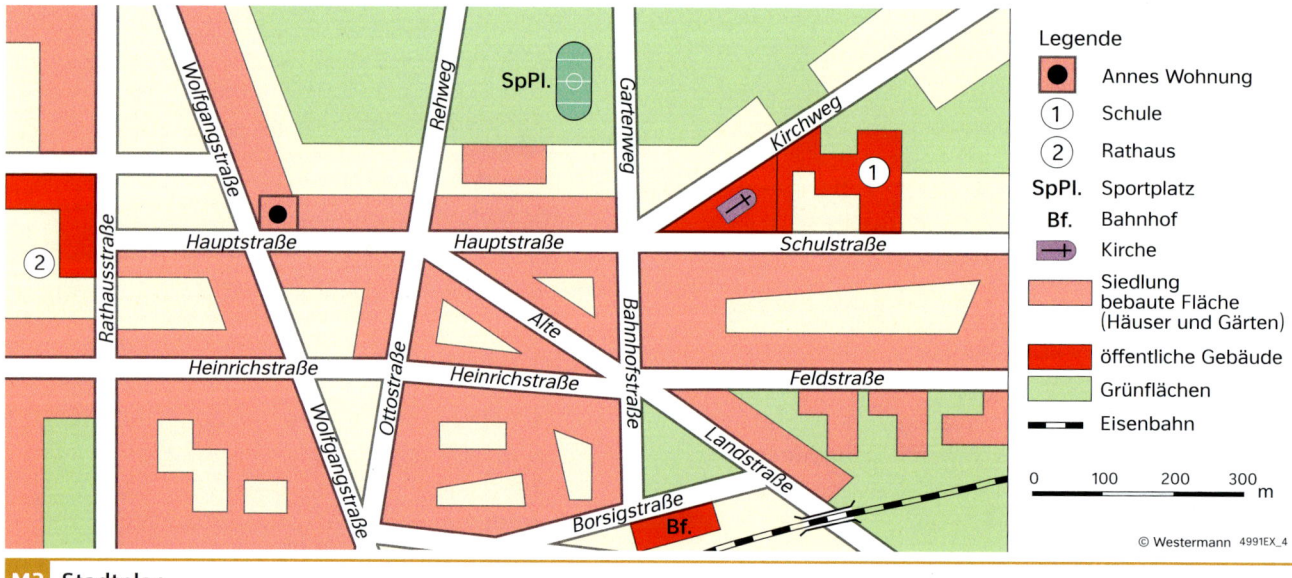

M2   Stadtplan

Legende
- Annes Wohnung
- ① Schule
- ② Rathaus
- SpPl. Sportplatz
- Bf. Bahnhof
- Kirche
- Siedlung bebaute Fläche (Häuser und Gärten)
- öffentliche Gebäude
- Grünflächen
- Eisenbahn

0   100   200   300 m

© Westermann 4991EX_4

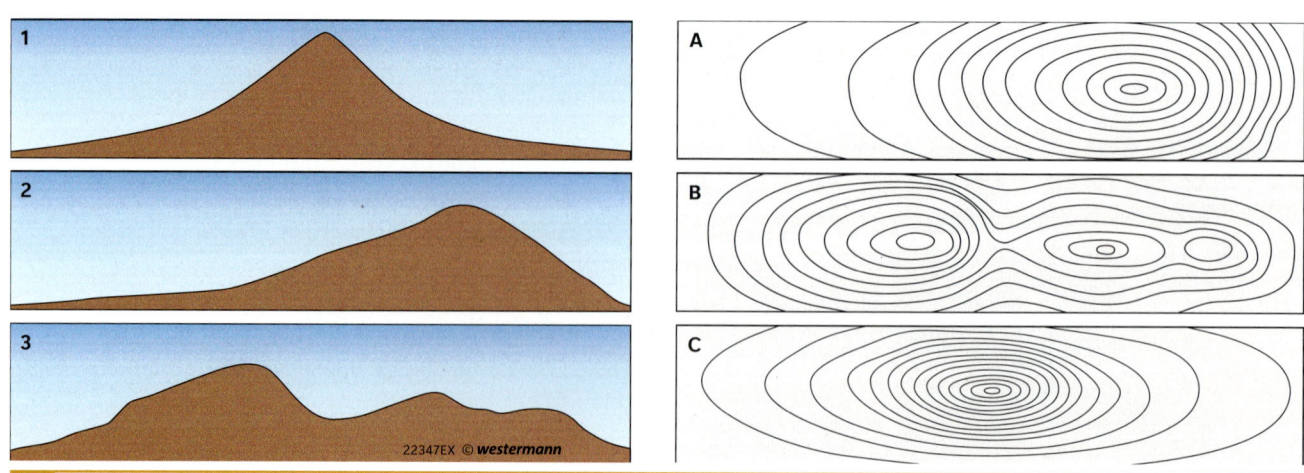

22347EX © *westermann*

M3   Berge in der Karte

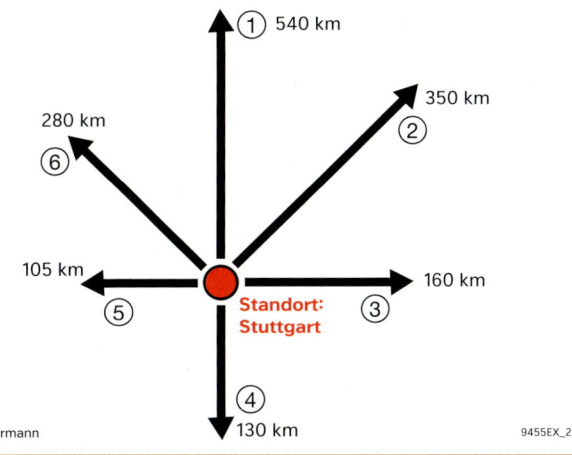

① 540 km

350 km

280 km

⑥

②

105 km

⑤ **Standort: Stuttgart** ③ 160 km

④

130 km

© Westermann 9455EX_2

M5 Städte, Himmelsrichtungen und Entfernungen

ⓐ Sie wird genutzt, um in Karten die Entfernung zwischen zwei Orten schnell abzulesen.

ⓑ In Karten werden bestimmte Zeichen und Farben verwendet, die in der Legende erklärt sind.

ⓒ Sie zeigen die Lage von Gebirgen, Tiefländern, Gewässern und Siedlungen.

ⓓ Die Kompassnadel zeigt immer in eine bestimmte Himmelsrichtung.

① Norden – ② Maßstabsleiste –
③ physische Karten – ④ Signaturen

M6 Was passt zusammen?

1. Wähle fünf Fachbegriffe aus der Liste und erkläre sie.

2. Schreibe eine Antwort für den Vater in M1, die das Fach Erdkunde zutreffend beschreibt. *(S. 6/7)*

3. Erläutere,
   a) was physische Karten zeigen.
   b) was thematische Karten zeigen. *(S. 18/19)*

4. Nenne die dir bekannten Arten von Luftbildern. Beschreibe die Unterschiede. *(S. 16/17)*

5. a) Ermittle die Städte ①–⑥ in M5. Nutze den Atlas.
   b) Bestimme ausgehend von Stuttgart die Himmelsrichtungen der Städte ①–⑥ in M5. *(S. 10/11)*

6. Ordne in M3 den Bergen 1–3 die passenden Höhenlinien A–C zu. *(S. 18/19)*

7. Ordne in M6 den Begriffen ①–④ den jeweils richtigen Text ⓐ–ⓓ zu.

8. Arbeite mit M2. Ergänze die folgenden Sätze (zweimal musst du Himmelsrichtungen eintragen):
   Anne wohnt in der ...straße an der Kreuzung zur ... .
   Von dort aus liegt die Schule im ... . Bis zum Bahnhof sind es etwa ... Meter in Richtung ... . *(S. 10/11)*

9. Erstelle eine Kartenskizze, die den Weg von deiner Wohnung zur Schule zeigt. *(S. 12/13)*

10. Vergleiche die Maßstäbe:
    1 : 50 000 und
    1 : 500 000. Welcher dieser Maßstäbe stellt das Abgebildete kleiner dar?
    (S. 20/21)

11. Spiele mit deiner Tischnachbarin oder deinem Tischnachbarn das Atlas-Suchspiel M4. `136`▶

12. „Das Unterrichtsfach Erdkunde ist mit den Fächern Geschichte und Politik eng verwandt." Nimm Stellung zu dieser Aussage. *(S. 6/7)*

13. Familie Aslan sucht ein neues Haus. Sie hat ein Schrägluftbild, ein Senkrechtluftbild und einen Stadtplan zur Verfügung. Beurteile, welches Material für Familie Aslan bei der Haussuche welche Vorteile hat. *(S. 16/17)*

14. a) Erkläre, was du unter dem Begriff Nachhaltigkeit verstehst. *(S. 22/23)*
    b) Erläutere anhand eines Beispiels deiner Wahl, wie Menschen nicht nachhaltig mit ihrer Umwelt umgehen. Nimm dazu Stellung und stelle eine nachhaltige Lösung für das Problem vor.

Fachbegriffe

- der Naturraum
- der Kulturraum
- die Geographie
- die Himmelsrichtung
- die Luftlinie
- die Karte
- die Maßstabsleiste
- der Kompass

- die Windrose
- das Geographische Informationssystem (GIS)
- das Luftbild
- der Stadtplan
- die Signatur
- die Legende
- die physische Karte

- die Höhenlinie
- die Höhenschicht
- die thematische Karte
- der Maßstab
- die Nachhaltigkeit

Orientierung auf der Erde

Satelliten beobachten und vermessen die Erde aus dem Weltraum. Sie helfen uns zum Beispiel bei der Orientierung auf der Erde.

Kennst du Möglichkeiten, wie wir die Informationen aus dem Weltraum nutzen, um bestimmte Zielorte zu erreichen?

M1 Lage unseres Sonnensystems mit der Erde in der Milchstraße, unserer Galaxie

In klaren Nächten kannst du unzählige Himmelskörper sehen. Die meisten sind Sterne, die selbst leuchten. Auch unsere Erde ist ein Himmelskörper im Weltall, aber er leuchtet nicht selbst.
Welche Himmelskörper gibt es? Wie ist das Weltall aufgebaut?

W **1.** Wähle aus:

A Stern, Planet und Mond sind unterschiedliche Arten von Himmelskörpern. Schreibe Steckbriefe, die die Unterschiede darstellen (Text, M5).

B Erstelle ein kleines Himmelslexikon auf Karteikarten nach dem Muster von M5. Erkläre die Begriffe Weltall, Galaxie, Stern, Sonne, Planet, Mond (Text, M1, M4).

2. a) Ordne die Planeten nach ihrer Größe (M6).
b) Recherchiere im Internet nach Aussehen, Eigenschaften und Besonderheiten eines Planeten deiner Wahl. `140 ▶`

3. Der Abstand zwischen Sonne und Mars beträgt 228 000 000 Kilometer. Berechne, wie lange das Licht für die Strecke benötigt (Info).

4. Die Anfangsbuchstaben der Wörter in dem Satz in M3 helfen dabei, sich die Reihenfolge der Planeten im Abstand zur Sonne zu merken. Überlege dir einen eigenen, geeigneten Merksatz.

5. Stellt das Sonnensystem auf eurem Schulgelände dar. Für die Größen findet ihr in M6 einen Vorschlag.

Z **6.** Erstelle eine Wandzeitung mit den wichtigsten Fakten zur Erde im Sonnensystem. `139 ▶`

Die Erde – nur ein Staubkorn im Weltall

Für uns Menschen ist es nicht vorstellbar: Wir sind nur ein winziger Punkt in einem unendlich erscheinenden **Weltall**. Und dieses Weltall dehnt sich immer weiter aus.
Von einer Raumstation oder einer Raumfähre aus sieht man die Erde als Ganzes in ihrer Kugelform. Die Erde ist kein **Stern**. Sterne, auch **Sonnen** genannt, sind Himmelskörper, die selbst leuchten. Die Erde leuchtet nicht selbst, sondern sie wird von der Sonne angestrahlt.
Unsere Sonne ist Teil einer **Galaxie**. Zu einer Galaxie können zwischen einer Milliarde und einer Billion Sterne gehören. Die Galaxie, in der sich die Erde und unsere Sonne befinden, wird Milchstraße genannt.
Unsere Sonne ist das Zentrum eines **Sonnensystems**. Acht **Planeten** umkreisen die Sonne auf festen Bahnen. Einer davon ist die Erde. Um viele Planeten bewegen sich kleinere Begleiter, die **Monde**.

M2 Die Raumfähre Discovery umrundet die Erde.

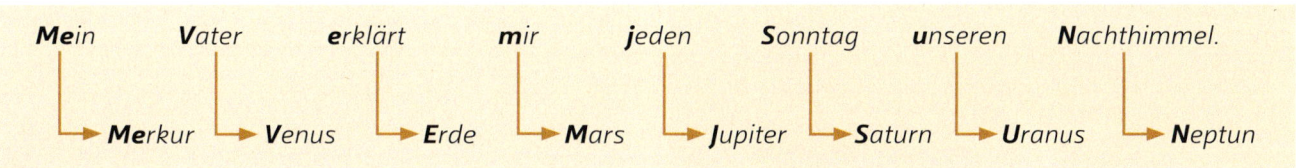

*Me*in   *V*ater   *er*klärt   *m*ir   *j*eden   *S*onntag   *u*nseren   *N*achthimmel.

*Me*rkur   *V*enus   *Er*de   *M*ars   *J*upiter   *S*aturn   *U*ranus   *N*eptun

M3 Merkspruch zur Reihenfolge der Planeten

M4 Die acht Planeten unseres Sonnensystems in der richtigen Reihenfolge und im richtigen Größenverhältnis

Lichtgeschwindigkeit und Lichtjahre

Wenn in einem Zimmer das Licht eingeschaltet wird, scheint es so, als wäre der Raum sofort mit Licht erfüllt. Das stimmt aber nicht genau. Das Licht braucht eine winzige Zeitspanne, um von der Lampe bis zu den Wänden zu gelangen (Lichtgeschwindigkeit). Das Licht ist so schnell, dass wir diesen kleinen Moment nicht bemerken. Bei größeren Entfernungen ist die Laufzeit des Lichtes länger. So benötigt das Licht für die Strecke von 150 000 000 Kilometer von der Sonne bis zur Erde etwas mehr als acht Minuten. Die Entfernungen zwischen den einzelnen Himmelskörpern im Weltall sind so groß, dass es schwierig ist, sie in Kilometern anzugeben. Deshalb wird die Längenangabe „Lichtjahr" benutzt. Ein Lichtjahr ist die Strecke, die das Licht in einem Jahr zurücklegt.

Lichtjahr:	9 460 800 000 000 Kilometer
Lichtstunde:	1 080 000 000 Kilometer
Lichtminute:	18 000 000 Kilometer
Lichtsekunde:	300 000 Kilometer

Planet	Mittlere Entfernung zur Sonne (in Mio. km)	Durchmesser (in km)	Entfernung zur Sonne im Modell (in m)	Durchmesser* im Modell (in cm)
Sonne	–	1 390 000	–	556,0
Merkur	58	4 879	5,80	2,0
Venus	108	12 104	10,80	4,8
Erde	150	12 756	15,00	5,1
Mars	228	6 794	22,80	2,7
Jupiter	778	142 984	77,80	57,2
Saturn	1 429	120 536	142,90	48,2
Uranus	2 870	51 118	287,00	20,4
Neptun	4 505	49 528	450,50	19,8

*nicht maßstabsgerecht, 40-mal vergrößert

M6 Die zweite und dritte Spalte: Entfernungen und Größenangaben zur Sonne und den Planeten in unserem Sonnensystem; die beiden rechten Spalten: Größenvorschlag für ein Modell unseres Sonnensystems auf dem Schulhof (Aufgabe 5)

Mond

Himmelskörper ohne eigene Leuchtkraft, der einen Planeten umkreist

◄ **M5** Beispiel für eine Karteikarte für ein Himmelslexikon

Fachbegriffe

- das Weltall
- der Stern (die Sonne)
- die Galaxie
- das Sonnensystem
- der Planet
- der Mond

M1 Die dünne Lufthülle der Erde aus dem Weltall

M2 Wasserplanet Erde

Die Erde ist einer der unzähligen Himmels-
körper im Weltall. Aber sie ist einzigartig.
Nach unserem heutigen Wissen kennen wir
keinen anderen Himmelskörper, auf dem es
Leben gibt.
Warum ist Leben auf der Erde möglich? Welche
Bedingungen sind dafür nötig?

1. a) Was bedeutet die Bezeichnung Wasserplanet Erde (Text, M2, M3)?
b) Erkläre, warum nur ein kleiner Teil des
Wassers auf der Erde nutzbar ist (Text, M3).

2. Verfasse einen Bericht über die Entstehung
der Erde und ihrer Atmosphäre (M7, Internet).

W 3. Wähle aus:
A Du wirst in einer Raumkapsel in die Exo-
sphäre geschossen (M6). Berichte über die
Stufen der Atmosphäre, die du durch-
queren musst.
B Beschreibe, wie die Atmosphäre aufgebaut
ist (M6).

4. a) Nenne Voraussetzungen, die das Leben auf
der Erde ermöglichen (Text, M1–M5, M7).
b) Erläutere die Bedeutung der Anziehungskraft der Erde und der Lufthülle für das
Leben auf der Erde (Text, M1).
c) Stelle Vermutungen an, was geschehen
würde, wenn eine der Voraussetzungen sich
verändern würde.

5. „Kein Leben ohne Atmosphäre". Beurteile
diese Aussage und nimm Stellung.

Voraussetzungen für das Leben auf der Erde

Die Erde ist einer von acht Planeten, die um unsere Sonne kreisen. Sie ist in vielerlei Hinsicht be-
günstigt für ein vielfältiges Leben.
Die Erde besitzt genügend Anziehungskraft, damit sich eine Lufthülle, die **Atmosphäre**, bilden
kann. Die Gase würden sonst in den Weltraum
entweichen. Diese Lufthülle enthält das für unser Überleben wichtige Gas Sauerstoff. Die Atmosphäre schützt die Lebewesen auch vor der
schädlichen Strahlung aus dem Weltall.
Wir können uns nur auf der Erdoberfläche bewegen, weil die Anziehungskraft der Erde das ermöglicht.
Die Erde hat eine günstige Entfernung zur Sonne.
Die Sonnenstrahlen erwärmen die Erdatmosphäre so, dass es im Gegensatz zu anderen Planeten
nicht zu heiß und nicht zu kalt ist. Die Erdatmosphäre verhindert, dass die Energie der Sonnenstrahlen ungehindert in das Weltall entweichen
kann. Die erreichten Lufttemperaturen ermöglichen das Wachstum der Pflanzen und das Leben
der Tiere und Menschen auf der Erde.
Die Temperaturen sorgen auch dafür, dass Wasser auf der Erde vor allem in flüssiger Form auf-
tritt. Die Erde ist zu einem großen Teil von Ozeanen und Meeren bedeckt. Meerwasser ist salzig.
Menschen, Tiere und die meisten Pflanzen sind
jedoch auf **Süßwasser** angewiesen. Ohne Süßwasser könnten viele Lebewesen auf der Erde
nicht überleben. Regen und Schnee bringt es zu
ihnen.
Die Erde hat im Gegensatz zu vielen anderen Planeten eine feste Oberfläche. Aus den Gesteinen
entwickelt sich Boden. Ein lockerer Boden ist für
ein gutes Wachstum der Pflanzen wichtig.

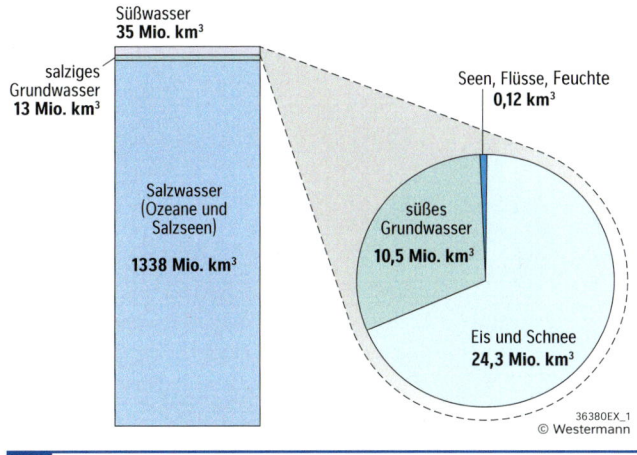

Süßwasser
35 Mio. km³

salziges
Grundwasser
13 Mio. km³

Salzwasser
(Ozeane und
Salzseen)

1338 Mio. km³

Seen, Flüsse, Feuchte
0,12 km³

süßes
Grundwasser
10,5 Mio. km³

Eis und Schnee
24,3 Mio. km³

36380EX_1
© Westermann

M3 Wasserverteilung auf der Erde

Meteoriten sind mehr oder weniger große Bruch-
stücke von größeren Himmelskörpern. Sie fliegen
in großer Zahl durch das Weltall. Die meisten
Meteoriten verglühen vollkommen, wenn sie auf
die Erdatmosphäre treffen. Sie werden zu Feuer-
kugeln, Sternschnuppen genannt.
So schützt die Atmosphäre die Erde und ihre
Bewohner vor gefährlichen Einschlägen.

M4 Sternschnuppen – schön und gefährlich

M5 Pflanzenwurzeln im Boden

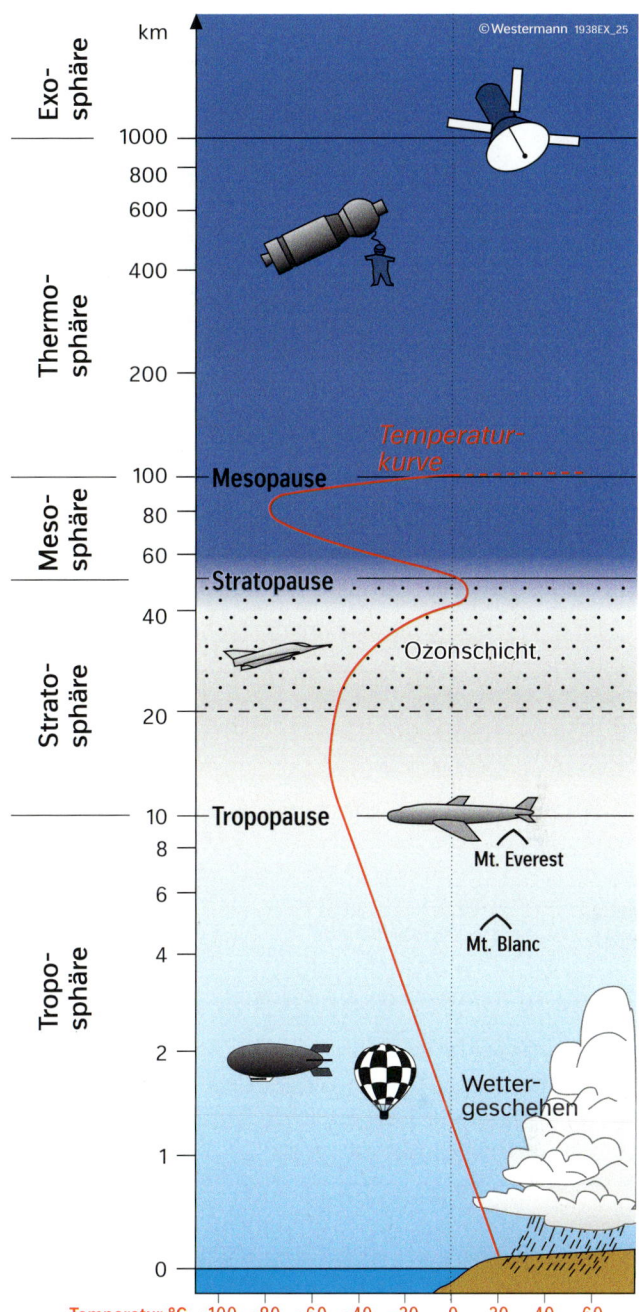

M6 Aufbau der Atmosphäre

Die Erde ist vor etwa 4,6 Milliarden Jahren aus
einer Gas- und Staubwolke entstanden. Im Zeitraum zwischen 4 und 2,5 Milliarden Jahren vor
heute bildete sich eine feste Erdkruste, die sich
heute immer noch verändert. Austretende Gase
bildeten nach und nach eine Atmosphäre aus
Stickstoff und Sauerstoff. Die Lufthülle ist ungefähr 100 Kilometer mächtig.

M7 Entstehung der Atmosphäre

Fachbegriffe

- die Atmosphäre
- das Süßwasser

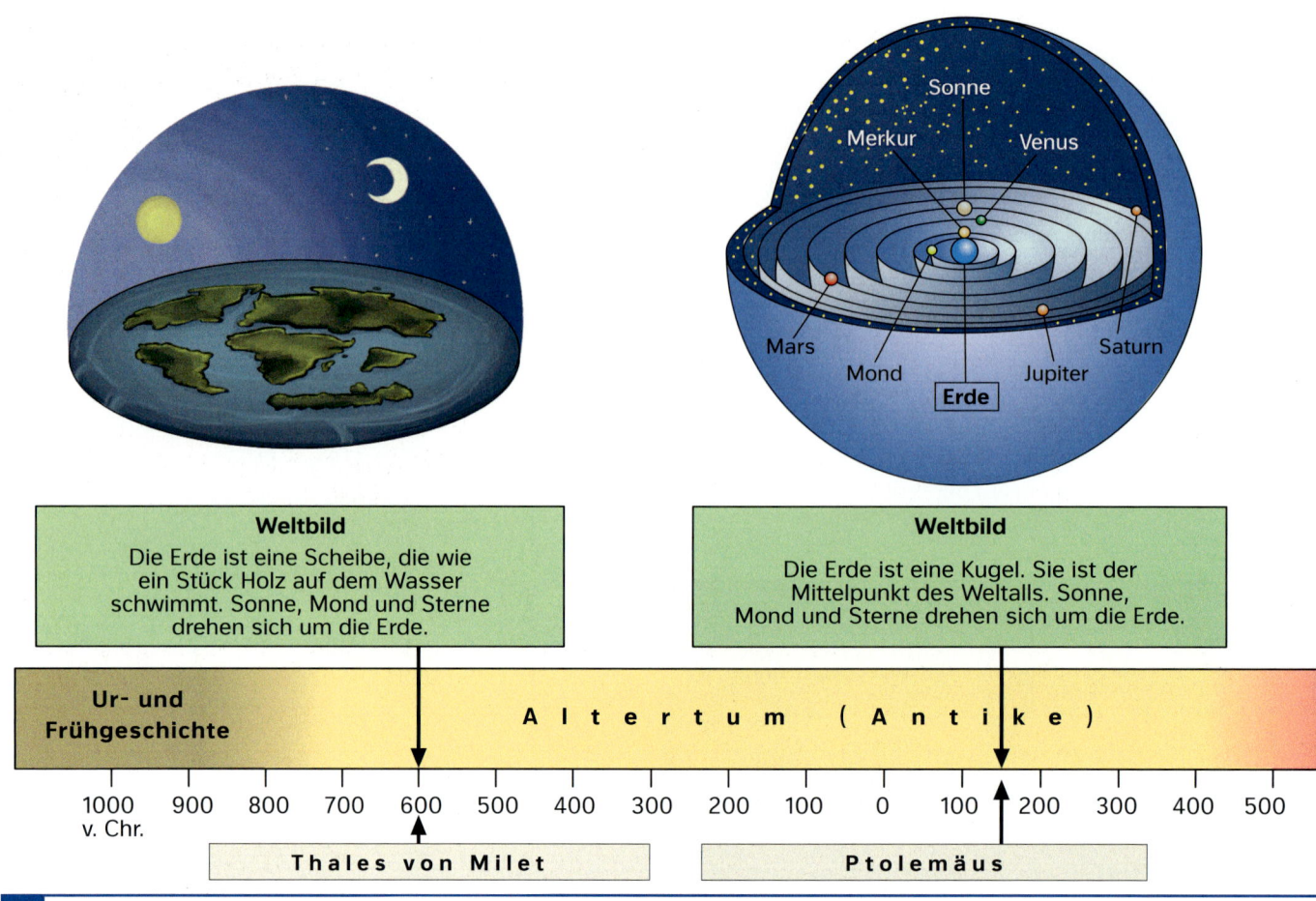

Weltbild
Die Erde ist eine Scheibe, die wie ein Stück Holz auf dem Wasser schwimmt. Sonne, Mond und Sterne drehen sich um die Erde.

Weltbild
Die Erde ist eine Kugel. Sie ist der Mittelpunkt des Weltalls. Sonne, Mond und Sterne drehen sich um die Erde.

Ur- und Frühgeschichte

A l t e r t u m   (A n t i k e)

| 1000 | 900 | 800 | 700 | 600 | 500 | 400 | 300 | 200 | 100 | 0 | 100 | 200 | 300 | 400 | 500 |
v. Chr.

T h a l e s   v o n   M i l e t

P t o l e m ä u s

M1 Weltbilder verändern sich.

Schon immer beschäftigten sich die Menschen mit der Frage: „Welche Gestalt hat die Erde?" Zunächst dachten sie, die Erde sei eine Scheibe und der Mittelpunkt der Welt.
Wie kam es zu unserem heutigen Weltbild?

Ⓦ 1. Wähle aus:
   A Fertige ein Informationsblatt über die unterschiedlichen Weltbilder in M1 an.
   B Liste Unterschiede der drei Weltbilder im Altertum und im Mittelalter zum heutigen Weltbild auf (M1).

2. Lass ein Schiffsmodell hinter einem großen Ball langsam nach oben gleiten. Schildere deine Beobachtungen. Erkläre die Beobachtungen mithilfe von M2.

3. a) Benenne in M3 die Ozeane, durch die Magellan gereist ist, und die von seiner Mannschaft betretenen Kontinente (Atlas).
   b) Begründe, warum erst die Reise Magellans den Beweis für die Kugelgestalt der Erde lieferte.

Ⓩ 4. Recherchiere zu einem der auf dieser Doppelseite genannten Wissenschaftlern. Erstelle einen Steckbrief mit den wichtigsten Informationen zu der Person. **140** ▶

Die Gestalt der Erde

Bereits in der Antike gab es zwei Auffassungen von der Form der Erde: Der griechische Wissenschaftler Thales von Milet vertrat 600 v. Chr. die Meinung, dass die Erde eine Scheibe sei, die auf dem Wasser schwimme. Der griechische Naturforscher Claudius Ptolemäus nahm um 150 n. Chr. hingegen an, dass die Erde eine Kugel sei. Als Beweis für die Krümmung der Erdoberfläche nannte er folgende Beobachtung: Bei wegfahrenden Schiffen verschwindet immer zuerst der Bootskörper aus dem Blickfeld, dann der Mast und zuletzt die Mastspitze (M2). Seine Annahme von der Kugelgestalt der Erde setzte sich durch. Bewiesen wurde die Kugelgestalt mit der Umsegelung der Erde durch den Portugiesen Ferdinand Magellan von 1519 bis 1521 (M3).
Heute ist erforscht, dass die Erde nicht genau die Form einer Kugel hat. Sie ist an den Polen abgeflacht und auf der **Südhalbkugel** etwas ausgedehnter als auf der **Nordhalbkugel** (S. 34, M1). Lange Zeit glaubten Menschen, dass sich Sonne, Mond und Sterne um die feststehende Erde im Mittelpunkt des Weltalls drehten. Im Jahr 1543 kam es zu einer wissenschaftlichen Revolution. Der polnische Priester Nikolaus Kopernikus vertrat die Annahme, dass die Sonne der Mittelpunkt des Weltalls und die Erde nur ein Planet der Sonne sei. Heute weiß man, dass er Recht hatte.

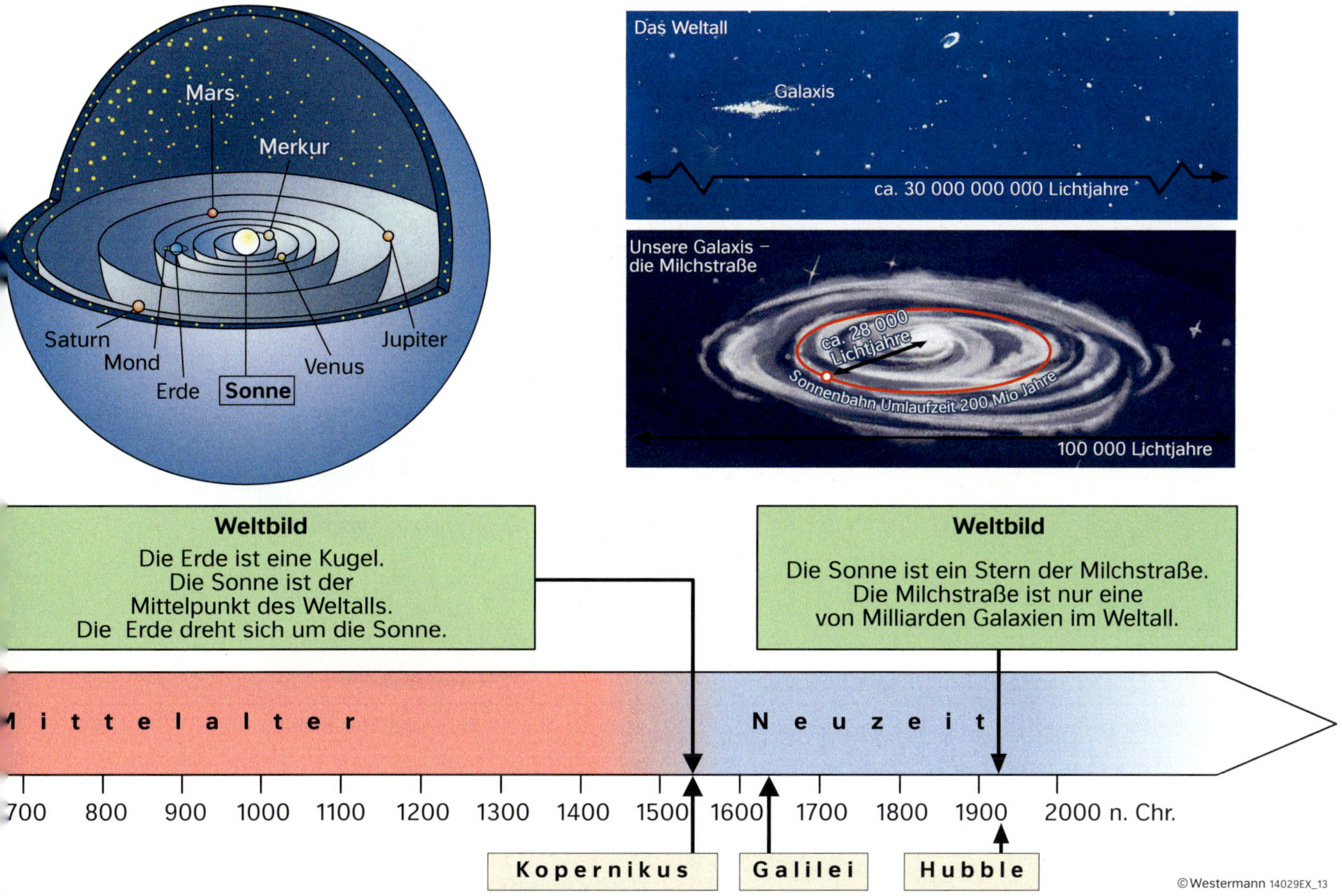

Das Weltall

Galaxis

ca. 30 000 000 000 Lichtjahre

Unsere Galaxis –
die Milchstraße

ca. 28 000 Lichtjahre

Sonnenbahn Umlaufzeit 200 Mio Jahre

100 000 Lichtjahre

Mars

Merkur

Saturn

Mond

Erde

Sonne

Venus

Jupiter

Weltbild
Die Erde ist eine Kugel.
Die Sonne ist der
Mittelpunkt des Weltalls.
Die Erde dreht sich um die Sonne.

Weltbild
Die Sonne ist ein Stern der Milchstraße.
Die Milchstraße ist nur eine
von Milliarden Galaxien im Weltall.

Mittelalter

Neuzeit

| 700 | 800 | 900 | 1000 | 1100 | 1200 | 1300 | 1400 | 1500 | 1600 | 1700 | 1800 | 1900 | 2000 n. Chr. |

Kopernikus **Galilei** **Hubble**

© Westermann 14029EX_13

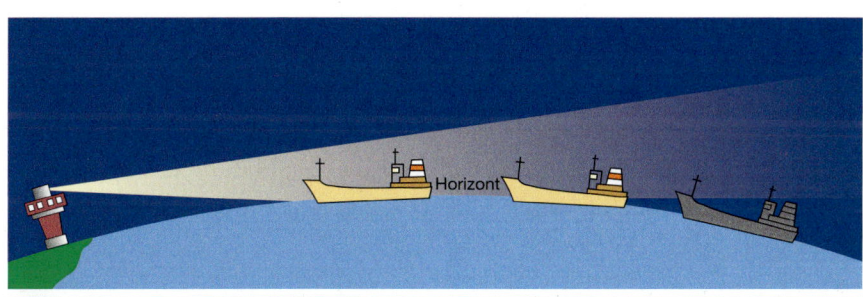

Horizont

M2 Ein Schiff nähert sich der Küste.

Horizont
Der Horizont ist die Grenzlinie
zwischen Erde und Himmel.
Auf dem Meer ist es die Linie
zwischen Wasser und Himmel.

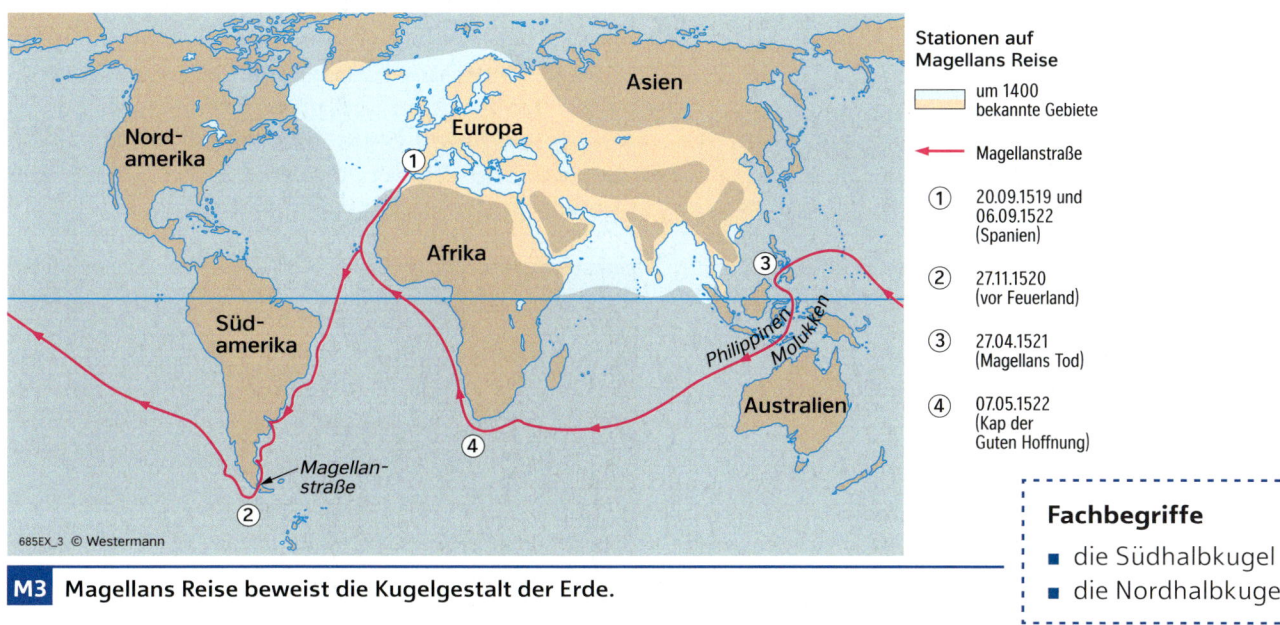

Nord-
amerika

Europa

Asien

Afrika

Süd-
amerika

Magellan-
straße

Philippinen

Molukken

Australien

685EX_3 © Westermann

**Stationen auf
Magellans Reise**

um 1400
bekannte Gebiete

Magellanstraße

① 20.09.1519 und
06.09.1522
(Spanien)

② 27.11.1520
(vor Feuerland)

③ 27.04.1521
(Magellans Tod)

④ 07.05.1522
(Kap der
Guten Hoffnung)

Fachbegriffe
■ die Südhalbkugel
■ die Nordhalbkugel

M3 Magellans Reise beweist die Kugelgestalt der Erde.

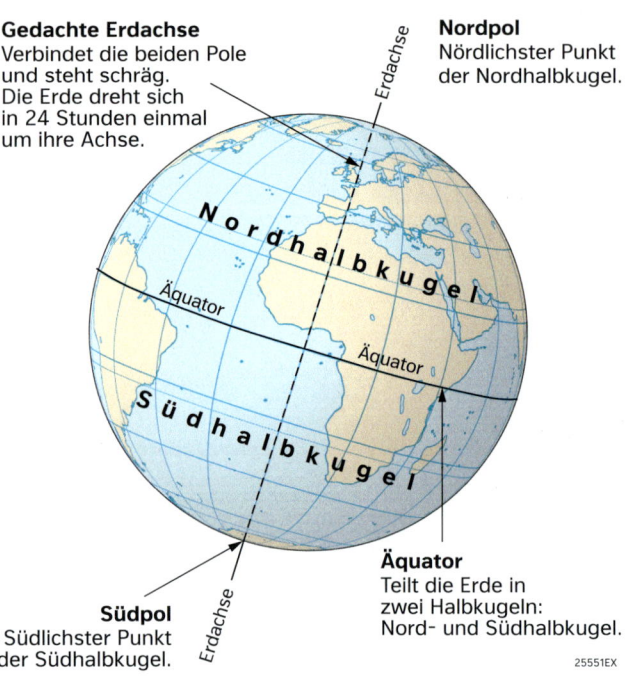

Gedachte Erdachse
Verbindet die beiden Pole und steht schräg. Die Erde dreht sich in 24 Stunden einmal um ihre Achse.

Nordpol
Nördlichster Punkt der Nordhalbkugel.

Erdachse

N o r d h a l b k u g e l

Äquator

Äquator

S ü d h a l b k u g e l

Südpol
Südlichster Punkt der Südhalbkugel.

Erdachse

Äquator
Teilt die Erde in zwei Halbkugeln: Nord- und Südhalbkugel.

25551EX

M1 Vereinfachte Darstellung der Erde

M2 Der Globus – ein Modell der Erde

Die Erde ist ein kugelförmiger Körper im Weltall. Es gibt weder oben noch unten. Von der Erdoberfläche aus können wir uns kein Bild von der Erde machen.
Wie müssen wir uns den Erdkörper vorstellen? Wie verteilen sich die Landflächen und Meere auf der Erde?

1. Arbeite im Lerntempoduett. **134**
Beschreibe und vergleiche die Darstellungen der Erde (M1–M3).

2. Erkläre, warum es Globen (= Mehrzahl von Globus) gibt (Text, M2).

Ⓦ **3.** Wähle aus:
  A Liste die Kontinente und Ozeane in M4 jeweils der Größe nach geordnet in deinem Heft auf.
  B Vergleiche die Größen aller Landflächen mit der Größe aller Wasserflächen (M4).

4. a) Zeichne das Säulendiagramm M5 in dein Heft. **142**
  b) Zeichne ein Säulendiagramm mit den Größen der Kontinente (M4). **142**

5. Benenne die Kontinente, Gebirge, Ozeane und Flüsse in der Übungskarte M6 (Atlas). Lege dazu eine Tabelle an.

6. Ordne die Rekorde der Erde in M7 den Kontinenten zu (Internet, Atlas).

Lage und Form der Landflächen und Meere

Die Erdoberfäche ist kugelförmig. Deshalb können die großen Landflächen, die **Kontinente** und das Weltmeer, die **Ozeane**, auf Atlaskarten nur verzerrt dargestellt werden. Es gibt drei Ozeane und sieben Kontinente. Die genaue Lage und Form kann nur auf einer Kugel wiedergegeben werden. Dazu dient ein **Globus**. Ein Globus ist ein verkleinertes Abbild, ein Modell der Erde. Er vermittelt eine naturgetreue Vorstellung von der Kugelgestalt der Erde und der Lage und Form der Kontinente und Ozeane.
Damit man sich auf der Erde orientieren kann, hat man sich auf Folgendes geeinigt: Der **Nordpol** ist oben und der **Südpol** ist unten. Zwischen den Polen verläuft durch die Erde eine gedachte Linie. Sie stellt die Erdachse dar. Um sie dreht sich die Erde. Der **Äquator** halbiert die Erde in eine Nordhalbkugel und eine Südhalbkugel.
Aus dem Weltall betrachtet, erscheint die Erde überwiegend blau. Das liegt daran, dass sie überwiegend mit Wasserflächen bedeckt ist.

M3 Ein Teil der Erde aus dem Weltall betrachtet

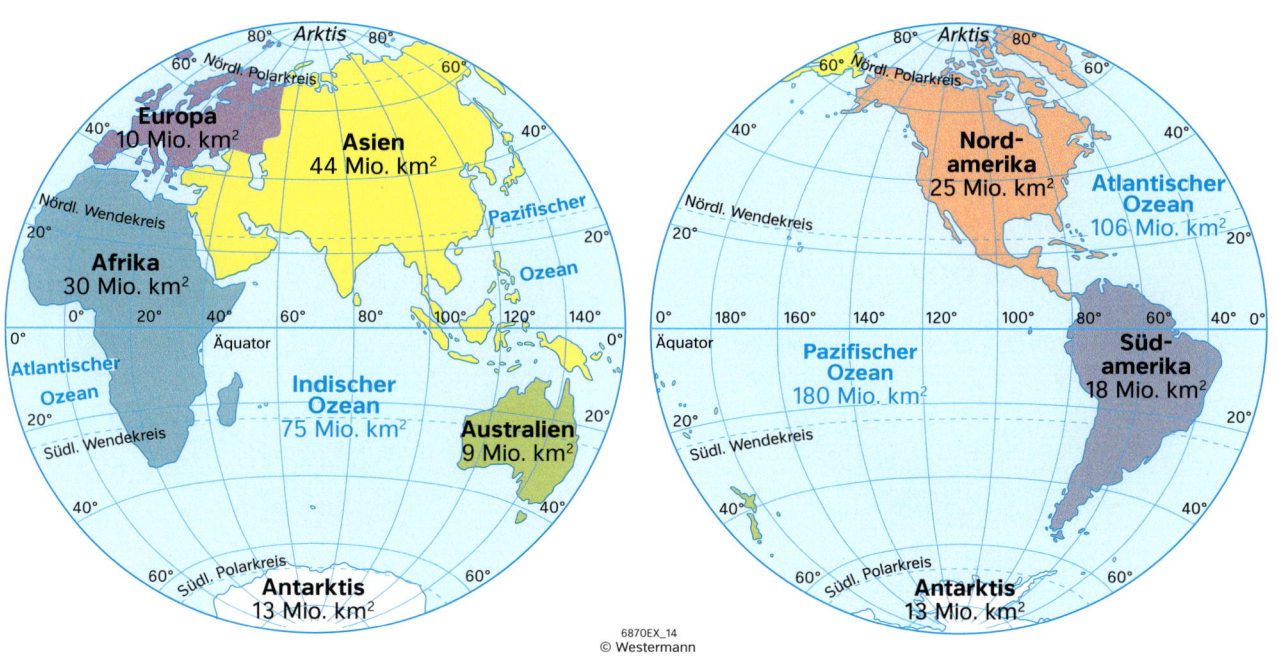

M4 Kontinente und Ozeane

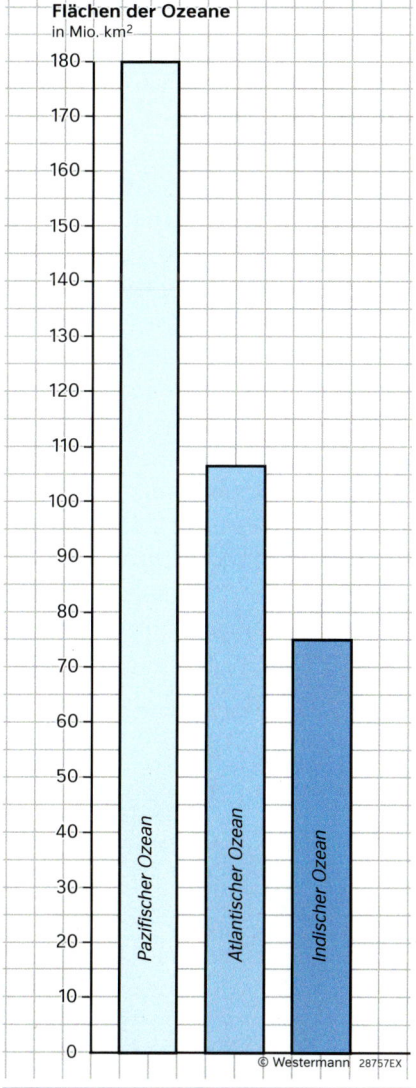

M5 Beispiel für ein Säulendiagramm zu den Flächen der Ozeane

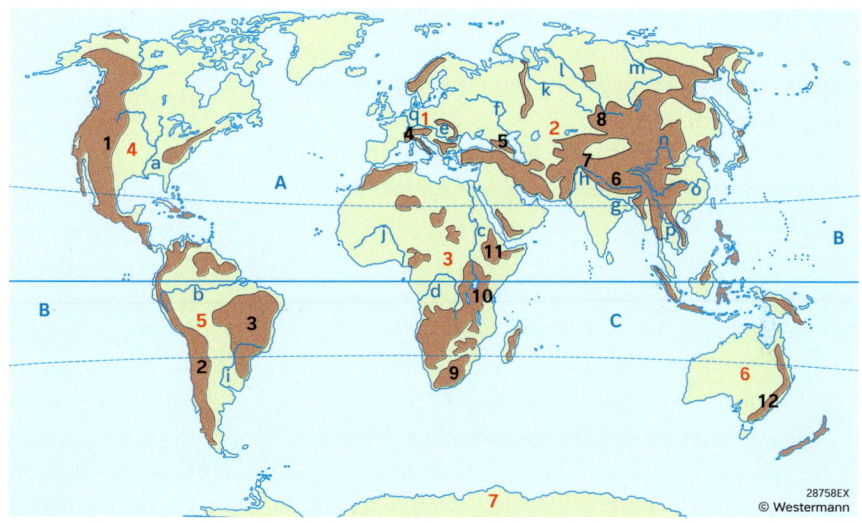

M6 Übungskarte Erde: 1–7 Kontinente, 1–12 Gebirge, A–C Ozeane, a–q Flüsse

Höchster Berg:
Mount Everest (8848 Meter)

Längster Fluss:
Nil (6671 Kilometer)

Größte Insel:
Grönland (2,17 Millionen
Quadratkilometer)

Größter See:
Kaspisches Meer (386 500
Quadratkilometer)

Längste Gebirgskette:
Rocky Mountains/Anden
(15 000 Kilometer)

Tiefste Stelle der Landoberfläche:
Totes Meer (418 Meter unter dem
Meeresspiegel)

Fachbegriffe
- der Kontinent
- der Ozean
- der Globus
- der Nordpol
- der Südpol
- der Äquator

M7 Weltweite Rekorde

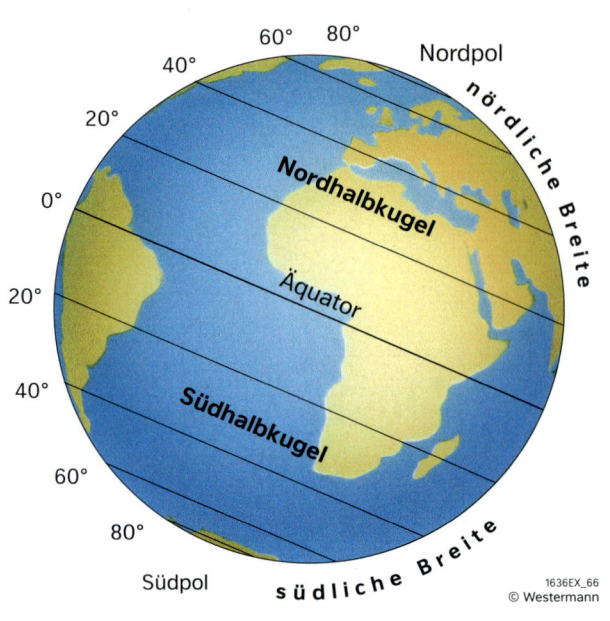

M1 Breitenkreise

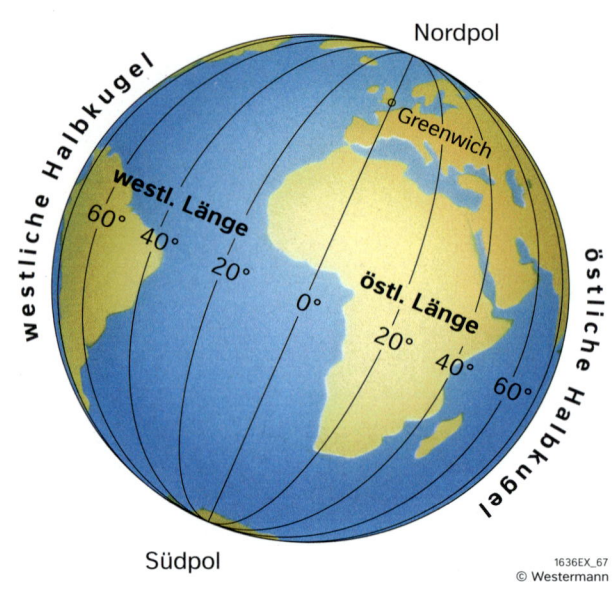

M2 Längenhalbkreise (Meridiane)

Ein Schiff im Indischen Ozean ist in Seenot geraten. Der Motor ist ausgefallen. Meterhohe Wellen bedrohen Schiff und Besatzung. Kein Land und kein anderes Schiff ist in Sicht. Die Kapitänin setzt in ihrer Not per Funk einen Hilferuf an alle ab.
Wie kann die Kapitänin die genaue Position beschreiben? Wie bestimme ich einen Ort auf der Erde?

1. Erkläre die Bedeutung des Gradnetzes.

2. Wähle aus:
   A Schreibe einen Lexikonbeitrag: „Der Aufbau des Gradnetzes" (Text, M1–M3).
   B Schreibe folgenden Text ab und vervollständige ihn: Auf 90° N befindet sich … . Die Längenhalbkreise werden auch … genannt. Der Äquator ist mit etwa 40 000 Kilometern der längste … . Der Nullmeridian verläuft durch … . Es gibt zweimal 90 … und zweimal 180 … . (Text, M1, M2, M6).

3. Ermittle die Koordinaten A, B, C und D in M3 (Text, M4).

4. a) Nenne fünf Länder, durch die der Nullmeridian verläuft (Atlas, M4).
   b) Nenne fünf Länder am Äquator (Atlas, M4).

5. a) Ermittle, auf welcher Insel sich der Forscher in M5 befindet (Atlas). `136`
   b) Gib die Koordinaten an, wo der Schatz liegt und wo das Piratenschiff gesunken ist (M5).

6. Bestimme die Länder mit diesen Koordinaten:
   a) 20° N/100° W, b) 20° S/140° O
   c) 0°/60° W, d) 60° N/80° O, e) 20° N/0°

Wie orientiere ich mich auf der Erde?

Die Erde ist eine Kugel. Es gibt keinen Anfang und kein Ende. Wie soll man sich da zurechtfinden? Deshalb haben sich Menschen ein Netz von Hilfslinien ausgedacht: die waagerechten **Breitenkreise** und die senkrechten Längenhalbkreise, auch **Meridiane** genannt.
Die Breitenkreise sind wie Gürtel um die Erde gelegt. Der längste Breitenkreis ist am Äquator. Er ist etwa 40 000 Kilometer lang und teilt die Erde in eine nördliche und eine südliche Halbkugel. Nach Norden und nach Süden gibt es jeweils 90 Breitenkreise. Sie haben den gleichen Abstand zueinander. Ihre Länge wird vom Äquator bis zu den Polen immer geringer. Am Nord- und Südpol sind sie jeweils nur ein Punkt.
Die Längenhalbkreise verlaufen alle vom Nordpol zum Südpol. Sie sind alle gleich lang. Wissenschaftler haben festgelegt, dass die Zählung der Längenhalbkreise im Londoner Stadtteil Greenwich beginnt. Dort verläuft der Nullmeridian. Von ihm aus zählt man 180 Längenhalbkreise nach Osten und 180 Längenhalbkreise nach Westen.
Die Benennung der Breiten- und Längenhalbkreise erfolgt in Grad (°). Mithilfe des **Gradnetzes** kann man jeden Ort auf der Erde genau bestimmen.

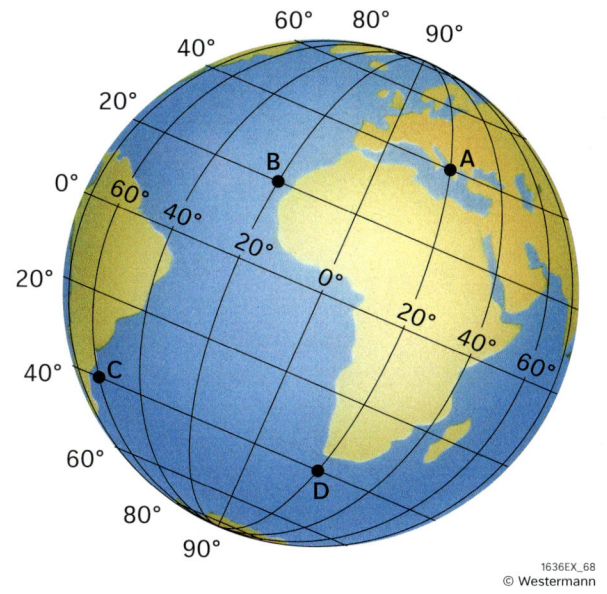

M3 Das Gradnetz

1636EX_68
© Westermann

M6 Der Nullmeridian liegt im Londoner Stadtteil Greenwich.

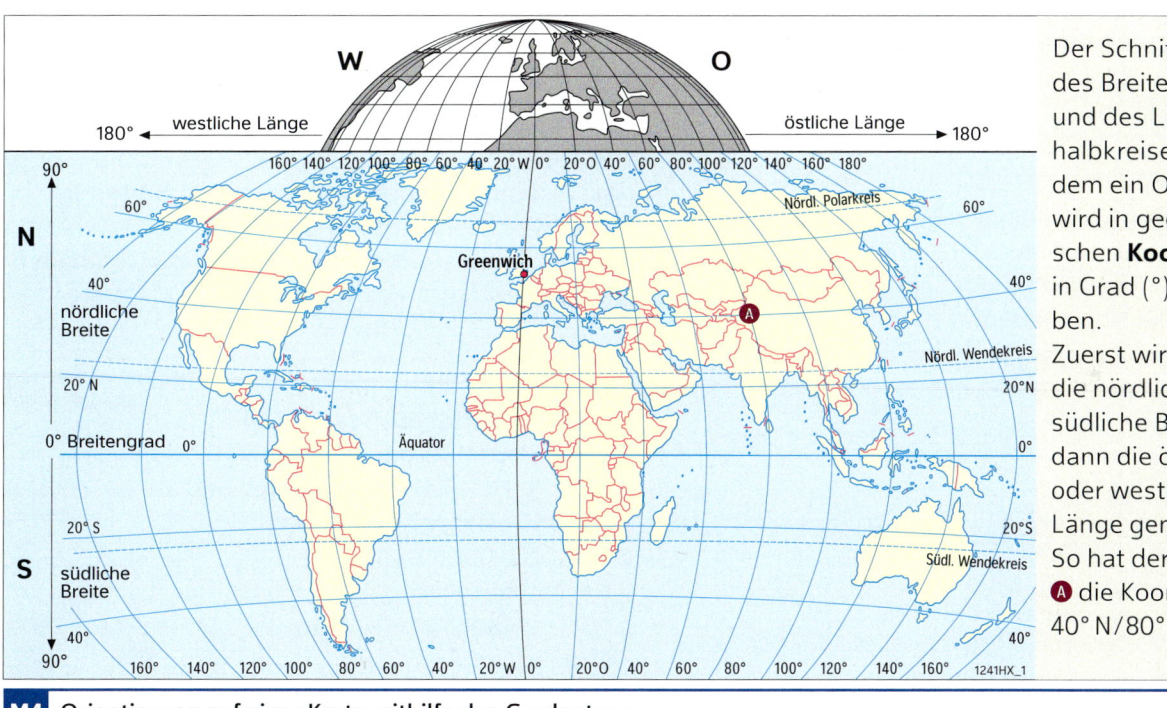

Der Schnittpunkt des Breitenkreises und des Längenhalbkreises, auf dem ein Ort liegt, wird in geographischen **Koordinaten** in Grad (°) angegeben.

Zuerst wird immer die nördliche oder südliche Breite, dann die östliche oder westliche Länge genannt. So hat der Punkt Ⓐ die Koordinaten 40° N / 80° O.

M4 Orientierung auf einer Karte mithilfe des Gradnetzes

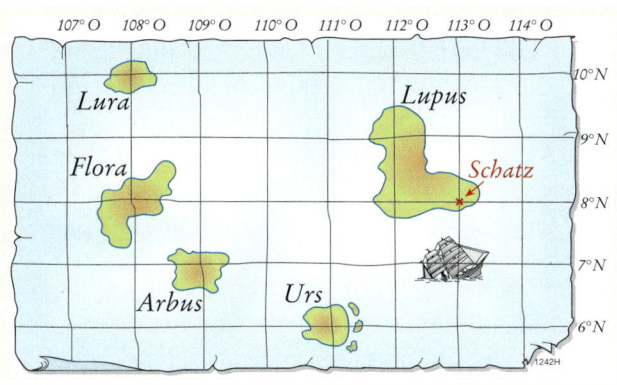

M5 Eine Schatzkarte der Piraten

Ein Piratenschiff ist gesunken

In letzter Minute konnten die Piraten ihren Schatz bergen, verstecken und eine Schatzkarte zeichnen. Die Karte wurde von einem Forscher gefunden. Er befindet sich auf der Insel mit den Koordinaten 7° N / 109° O.

Fachbegriffe

- der Breitenkreis
- der Meridian
- das Gradnetz
- die Koordinaten (Plural)

M1 Ein Geocache wird in einer wasserdichten Dose verstaut.

M2 Ein Geocache wird versteckt.

Schätze zu verstecken und Schätze zu suchen, macht das nicht besonderen Spaß? Geht das im Fach Erdkunde? Ja, man nennt es Geocaching. Inzwischen betreiben viele dieses Hobby. Aber was genau ist Geocaching? Was benötigt man dafür? Was muss man beachten?

1. Informiere dich im Internet über Geocaching.
140 ▶

W **2.** Wähle aus:
A Wähle im Internet ein Versteck in deiner Nähe aus und versuche, mithilfe eines GPS-Geräts und der angegebenen Koordinaten den Cache zu finden.
B Schicke ein „Trackable" auf die Reise (M4). Registriere die Codenummer im Internet.

3. Führt eine selbst geplante Schatzsuche durch.
a) Vorbereitung:
- Bildet Gruppen (jeweils fünf bis sechs Schülerinnen und Schüler)
- Teilt jeder Gruppe ein begrenztes Gebiet zu.
- Jede Gruppe versteckt fünf bis sechs Caches. Geht dafür nach dem Muster M7 vor.
- Nehmt wasserdichte Behälter, beschriftet sie (Cache-Name, Koordinaten) und legt als Überraschung einen Schatz hinein. Legt fest, mit welchem Cache die Suche beginnen soll.
- Legt in die Behälter jeweils einen Zettel als Logbuch mit Aufgaben oder Rätseln und mit den Koordinaten des nächsten Fundortes.
b) Durchführung:
- Gebt einer anderen Gruppe die Koordinaten eures ersten Versteckes.
- Begebt euch mit einem GPS-Gerät und einer Karte der Umgebung auf die Schatzsuche.
- Beachtet die Hinweise aus M5.
c) Auswertung:
- Besprecht die Lösungen der Aufgaben und Rätsel und bewertet die Eignung der Verstecke.

Was ist Geocaching?

Geocaching ist eine moderne Art der Schatzsuche oder Schnitzeljagd. „Geocache" bedeutet übersetzt Versteck auf der Erde. Wer einen Geocache plant, versteckt also etwas in geheimen Verstecken, den „Caches". Es werden zumeist Notizbücher („Logs") und kleine Gegenstände in wasserdichten Dosen in der Landschaft oder in Siedlungen versteckt.
Die Koordinaten und wichtige Informationen über das Versteck werden auf speziellen Seiten im Internet veröffentlicht. Andere Geocacher suchen dann mithilfe eines **GPS**-Geräts danach. Allein in Deutschland gibt es mehr als 400 000 Caches.

INFO

Global Positioning System (GPS)
Beim Global Positioning System (GPS) handelt es sich um ein satellitengestütztes System zur weltweiten Positionsbestimmung.
Das GPS-Gerät kann ein Navigationsgerät oder ein Smartphone sein. Es misst die Entfernung zum Satelliten. Für eine eindeutige Bestimmung der geographischen Koordinaten benötigt man Kontakt zu drei bis vier Satelliten. Das Navigationsgerät, zum Beispiel im Auto, kann die geographischen Koordinaten erfassen und dadurch den genauen Standort des Autos anzeigen und seine Geschwindigkeit berechnen.
Um die Lage eines Ortes möglichst genau anzugeben, wird der Abstand zwischen zwei Gradangaben für die geographische Breite und Länge noch in Minuten und Sekunden unterteilt.
1 Grad = 60 Gradminuten (1° = 60')
1 Minute = 60 Gradsekunden (1' = 60'')

M3 Geocaching mit Smartphone und Karte

M6 Auf der Suche nach dem nächsten Cache

Wie eine Flaschenpost kann ein Gegenstand auf eine Reise von Cache zu Cache geschickt werden. Dazu brauchst du ein „Trackable". Das sind Metall-Plättchen („Travel Bug") oder Münzen („Geocoin"), in die ein Code eingraviert wurde. Die Metall-Plättchen oder Münzen kann man in Geocaching-Läden kaufen. Der erste Besitzer trägt seinen Code auf der zugehörigen Internetseite ein, gibt ihm einen Namen und schreibt etwas zu seiner Person. Oft werden auch auffällige und stabile Gegenstände daran befestigt.

M4 Ein „Travel-Bug"

- Verlasst nie die Gruppe.
- Eine Person nimmt das GPS-Gerät, eine die Karte, die anderen tragen die Schätze. Wechselt euch nach jedem Cache ab.
- Achtet auf den Verkehr und die Verkehrsregeln.
- Betretet keine Privatgrundstücke.
- Achtet auf die Umwelt. Verlasst das Versteck so, wie ihr es vorgefunden habt.
- Legt nichts Verderbliches in das Cache.

M5 Wichtige Hinweise beim Geocaching

INTERNET

WES-115780-039-2   Geocaches und Wissenswertes zum Thema findet ihr zum Beispiel auf den folgenden Webseiten.

1. **Startpunkt markieren**: Geht zum Haupteingang eurer Schule. Setzt im GPS-Gerät oder Smartphone den ersten Wegpunkt und nennt ihn Schule. Dieser ist euer Start- und Endpunkt. Schreibt euch die Lage auf:
   Schule (exakte geographische Koordinaten)
   N: _____
   E: _____ (E steht für englisch „East" = Ost)

2. **Den ersten Schatz verstecken**: Geht drei Minuten in eine beliebige Himmelsrichtung. Zeichnet euren Weg in der Umgebungskarte ein. Am Ende der Zeit bleibt ihr stehen und versteckt euren ersten Schatz an einem auffälligen Ort (z. B. an einem großen Baum). Setzt genau an dem Cache in eurem GPS-Gerät oder Smartphone euren zweiten Wegpunkt.

3. **Den zweiten Schatz verstecken**: Geht nun zwei Minuten in eine andere Richtung. Versteckt euren zweiten Schatz. Setzt auch hier genau an dem Cache euren dritten Wegpunkt. Ihr könnt noch zwei bis drei weitere Schätze verstecken. Geht vor wie in Punkt 3.

4. **Zurück zum Startpunkt**: Habt ihr alle Schätze versteckt, geht ihr auf dem schnellsten Weg zum Startpunkt zurück.

5. **Schatzsuche**: Notiert die geographischen Koordinaten eurer Caches auf einem Zettel. Tauscht diese innerhalb der Klasse und geht auf Schatzsuche.

M7 Erstellung einer Geocaching-Tour

Fachbegriff
■ das Global Positioning System (GPS)

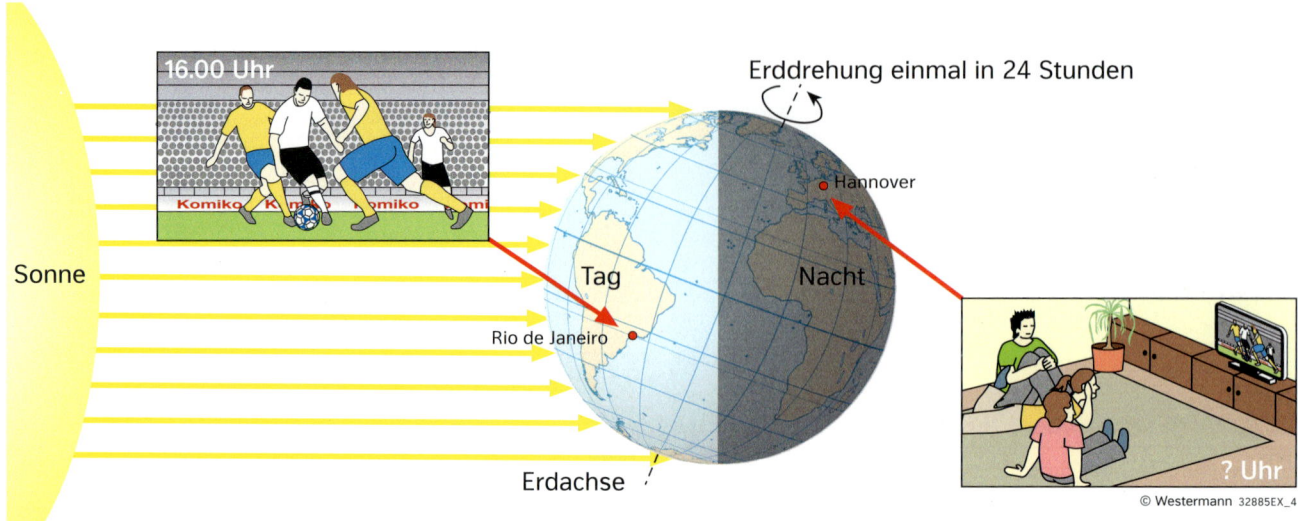

M1 Übertragung des Fußball-Länderspiels Brasilien gegen Deutschland in Rio de Janeiro

Jonas und Selin sind große Fußballfans. Sie freuen sich schon auf die Übertragung des Fußball-Länderspiels Brasilien gegen Deutschland in Rio de Janeiro.
Anstoß soll um 16:00 Uhr sein. Als die beiden um 16:00 Uhr den Fernseher einschalten, läuft etwas anderes.
Wie kann das sein? Gibt es in Brasilien etwa eine andere Zeit?

W **1.** Wähle aus:
    A Erkläre: „Nicht die Sonne bewegt sich, sondern die Erde dreht sich."
    (Text, M2, M4, M6).
    B Schreibe einen Lexikonbeitrag zum Thema: Die Entstehung von Tag und Nacht
    (Text, M2, M4, M6).

2. a) Erkläre, warum die Kinder um 16:00 Uhr das Länderspiel nicht sehen können, obwohl es doch zu der Zeit beginnen soll (Text, M1).
    b) Wann müssen die beiden den Fernseher einschalten, um das Spiel sehen zu können (M3)?

3. Führt den Modellversuch M5 durch. Beschreibt eure Beobachtungen.

4. a) Du möchtest mit deiner Tante in San Francisco um 10:00 Uhr deutscher Zeit telefonieren. Wie spät ist es dann bei ihr (M3)?
    b) Stelle deiner Klassenkameradin oder deinem Klassenkameraden verschiedene Aufgaben nach dem Muster von Aufgabe 4a. Löst sie gemeinsam mithilfe von M3.

Z **5.** Nenne zwei Länder in M2, in denen es noch Tag ist, und zwei Länder, in denen es bereits Nacht ist (Atlas).

Unterschiedliche Zeitzonen

Die Erde steht nicht fest im Weltall. Sie bewegt sich. Die Erde dreht sich in 24 Stunden einmal um die Erdachse. Diese verläuft zwischen Nordpol und Südpol (siehe auch S. 34). Die Bewegung der Erde um die eigene Achse bezeichnet man als **Erdrotation**.
Dabei wird immer nur die Hälfte der Erde von der Sonne beschienen. Dort ist dann Tag. Auf der von der Sonne abgewandten Seite ist Nacht. Auf der Erde haben wir den Eindruck, dass sich die Sonne über den Himmel bewegt. In Wirklichkeit dreht sich die Erde von Westen nach Osten. Deshalb sehen wir die Sonne im Osten aufgehen und im Westen untergehen.
Da sich die Erde um ihre Achse dreht, ist im gleichen Moment in einem Land Abend und in einem anderen Land Morgen. Wenn es zum Beispiel in Rio de Janeiro Abend ist, ist es in Hannover schon tiefe Nacht. Also muss es unterschiedliche Uhrzeiten auf der Erde geben. So wurden auf der Erde 24 **Zeitzonen** eingeteilt, die vom Nordpol zum Südpol verlaufen (Info).

M2 Tag- und Nachtgrenze in Europa aus dem Weltall

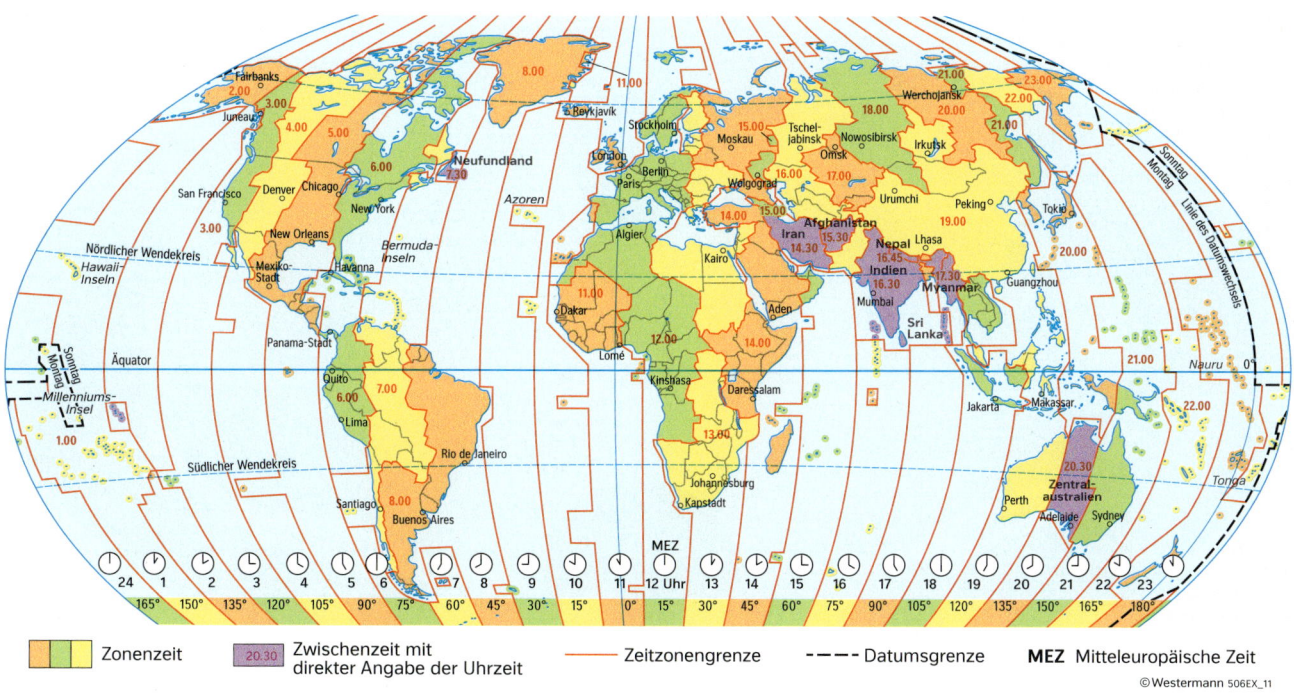

24	1	2	3	4	5	6		7	8	9	10	11	12 Uhr	13	14	15	16	17	18	19	20	21	22	23
165°	150°	135°	120°	105°	90°	75°	60°	45°	30°	15°	0°	15°	30°	45°	60°	75°	90°	105°	120°	135°	150°	165°	180°

Zonenzeit   20.30 Zwischenzeit mit direkter Angabe der Uhrzeit   —— Zeitzonengrenze   – – – Datumsgrenze   **MEZ** Mitteleuropäische Zeit

© Westermann 506EX_11

M3 Die Zeitzonen der Erde (schematisch)

Zeitzone

Eine Zeitzone ist ein festgelegter Raum der Erde, in dem dieselbe Uhrzeit gilt. Erst 1883 einigten sich die Länder darauf, die Erde in 24 Zeitzonen einzuteilen. Das sind Gebiete auf der Erde, in denen es etwa zur gleichen Zeit Tag und Nacht ist. Dabei wurde auf den Verlauf der Ländergrenzen geachtet. Länder mit großer West-Ost-Ausrichtung haben Anteil an mehreren Zeitzonen. Deutschland liegt in der Mitteleuropäischen Zeitzone (MEZ).

Das braucht ihr:
- einen Globus als Erde
- eine Lichtquelle als Sonne (z. B. Taschenlampe)

So geht ihr vor:
1. Stellt den Globus auf den Tisch. Markiert die Stelle, wo Deutschland liegt, mit einem Klebepunkt. Verdunkelt den Raum und beleuchtet den Globus mit einer Lichtquelle.
2. Dreht den Globus von West nach Ost. Wie verändern sich die hellen und dunklen Bereiche auf dem Globus?
3. Haltet den Globus ab und zu an und überlegt, wo gerade Tag oder Nacht bzw. Sonnenauf- oder Sonnenuntergang ist.

9594EX_2

M5 Modellversuch – wie Tag und Nacht entstehen

Fachbegriffe
- die Erdrotation
- die Zeitzone

M4 Tag- und Nachtseite auf der Erde

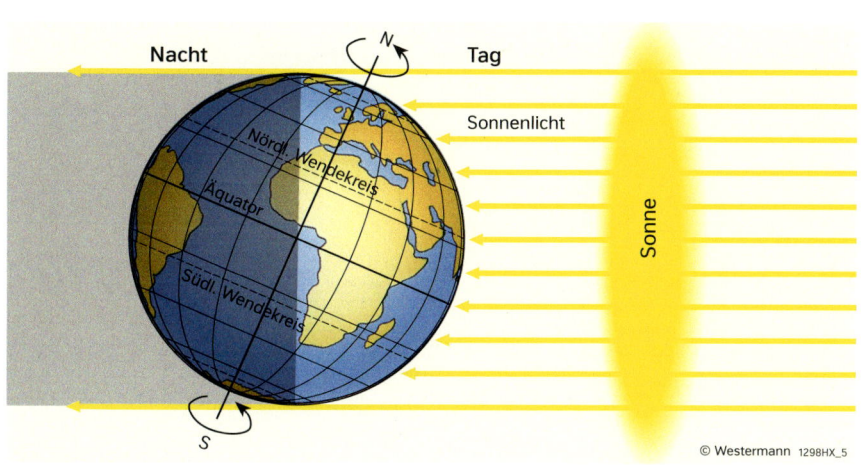

© Westermann 1298HX_5

M6 Entstehung von Tag und Nacht

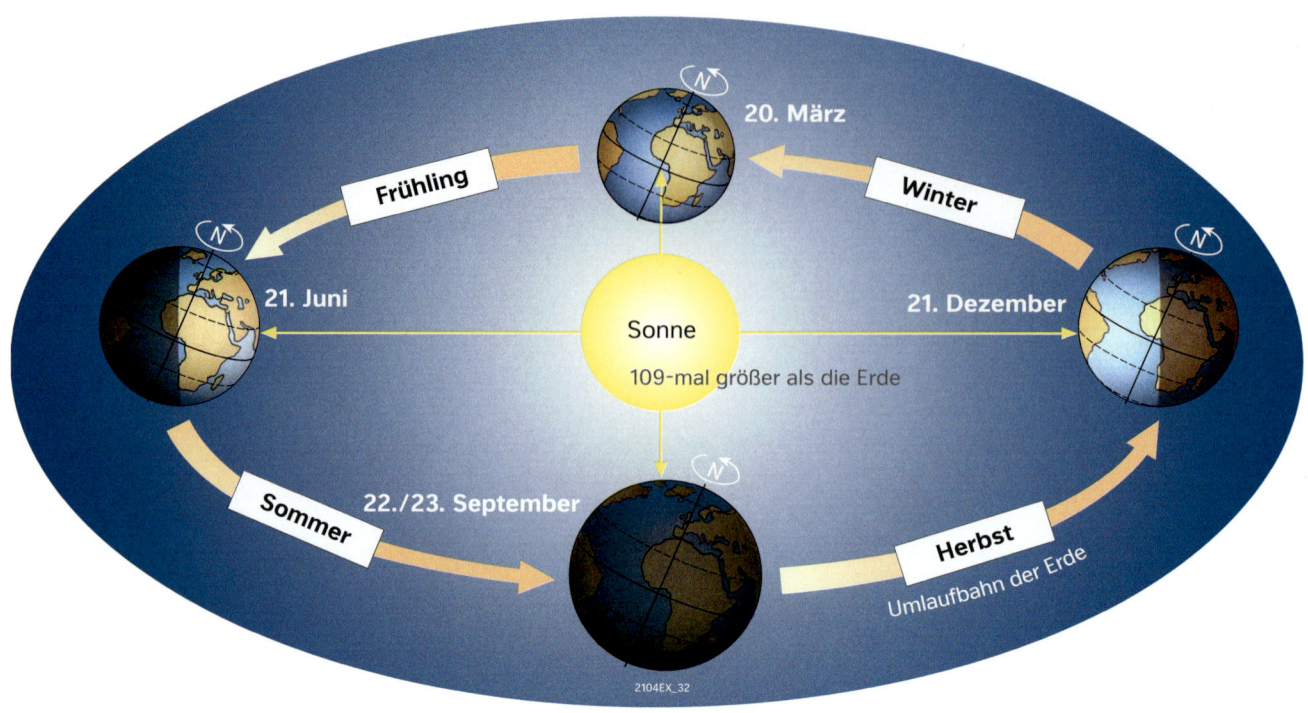

M1 Die Bahn der Erde um die Sonne mit den Jahreszeiten der Nordhalbkugel

Im Laufe eines Jahres sehen wir, dass die Tage unterschiedlich lang sind. Die Sonne steht mittags am Himmel mal höher und mal tiefer. Auch die Temperaturen verändern sich.
Woran liegt das? Was haben die Bewegungen der Erde damit zu tun?

1. Die Fotos Ⓐ – Ⓓ in M2 wurden auf der Nordhalbkugel aufgenommen. Ordne sie den Jahreszeiten zu.

2. a) Beschreibe die Bewegung der Erde um die Sonne in einem Informationsblatt (M1).
   b) Berichte über die Entstehung der Jahreszeiten (Text, M1, M3).

3. a) Vervollständige den Satz: „Wenn die Erdachse nicht geneigt wäre, dann … ." (Text, M1).
   b) Erkläre, warum in Australien Weihnachten im Sommer gefeiert wird (M1, M3, Atlas).

4. Am Äquator gibt es keine Jahreszeiten. Erkläre.

Ⓦ **5.** Wähle aus:
   A Werte den Fachtext M4 aus.
   B Halte einen Kurzvortrag zum Thema: Das Tellurium – ein Modell (M4). 148 ▶

Ⓩ **6.** Falls in eurer Schule ein Tellurium (M4) vorhanden ist, stellt die Bewegungen der Himmelskörper nach und klärt die Frage: Wer dreht sich wie um wen?

Der Umlauf der Erde um die Sonne

Die Erde führt neben der Drehung um die eigene Achse noch eine zweite Bewegung durch. Sie umkreist einmal im Jahr die Sonne. Dieser Umlauf um die Sonne heißt **Erdrevolution**.
Die Erdachse ist um 23,5° geneigt. Diese Schräglage und die Richtung der Neigung behält die Erde auf ihrem Weg um die Sonne das ganze Jahr über bei. Dadurch wird ein halbes Jahr mehr die Nordhalbkugel beschienen. In den anderen sechs Monaten wird mehr die Südhalbkugel beschienen.

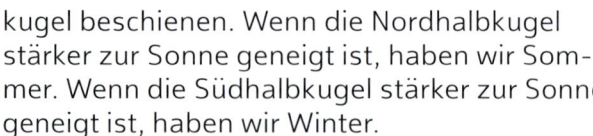

Wenn die Nordhalbkugel stärker zur Sonne geneigt ist, haben wir Sommer. Wenn die Südhalbkugel stärker zur Sonne geneigt ist, haben wir Winter.
Am 21. Juni jeden Jahres ist auf der Nordhalbkugel Sommeranfang. Dann sind dort die Tage am längsten. Die Sonneneinstrahlung ist am stärksten. Der 21. Dezember ist auf der Nordhalbkugel der kürzeste Tag. Dann ist die Sonneneinstrahlung gering. Der Winter beginnt.
Auf der Südhalbkugel ist es umgekehrt. Am 21. März und 23. September werden beide Erdhälften gleichmäßig beschienen. Dann ist Frühlings- oder Herbstanfang.
Am Äquator wirkt sich der Umlauf der Erde um die Sonne kaum aus. Dort ist die Sonneneinstrahlung das ganze Jahr über gleich.

M2 Jahreszeiten bei uns

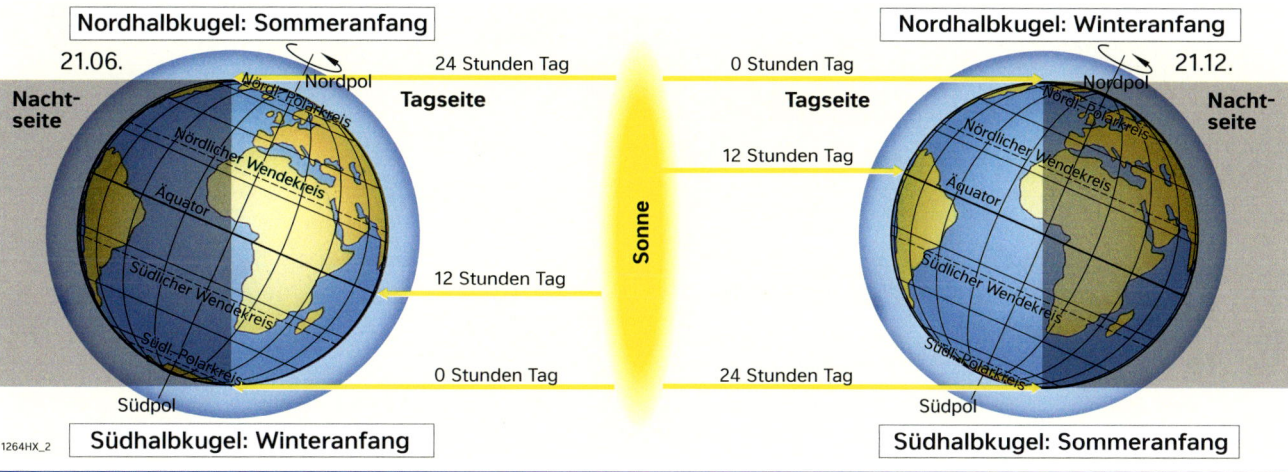

M3 Stellung der Erde zu verschiedenen Jahreszeiten

Modelle spielen im Fach Erdkunde eine wichtige Rolle. Sie helfen dir, schwierige Sachverhalte oder geographische Phänomene auf der Erdoberfläche oder im Weltall besser zu verstehen.

Ein Tellurium (lateinisch: „tellus" = Erde) ist ein Sonne-Erde-Mond-Modell. Die Himmelskörper Erde und Mond drehen sich über einen Hebelarm um eine unbewegliche Lichtquelle. Diese steht im Zentrum und soll die Sonne darstellen.

Du kannst drei unterschiedliche Drehbewegungen beobachten, die die Himmelskörper Erde und Mond durchführen.

1. Die Erde dreht sich in etwa 24 Stunden einmal um ihre eigene Achse. Dabei bestrahlt die Sonne nur einen Teil unseres Planeten; dort ist Tag. Auf der anderen Seite, die nicht vom Sonnenlicht erfasst wird, ist Nacht.

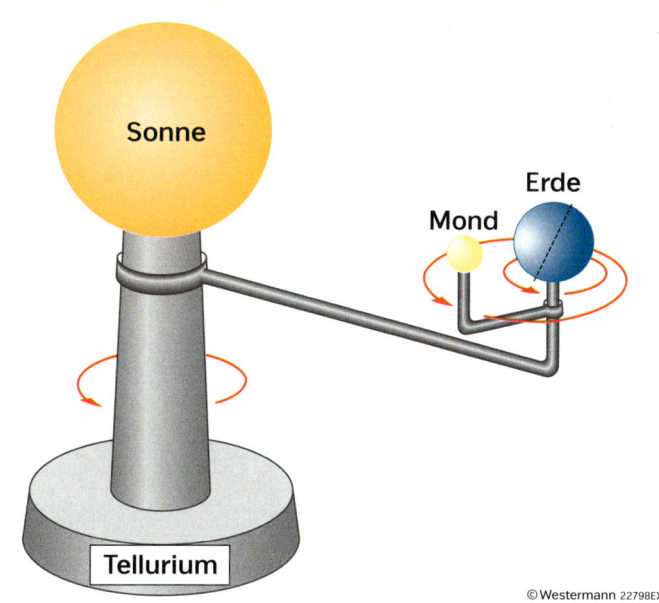

2. Die Erde führt noch eine zweite Bewegung aus. Sie umkreist innerhalb eines Jahres einmal die Sonne. Bei der Umrundung wird einmal die Nordhalbkugel und ein anderes Mal die Südhalbkugel beschienen. Das liegt an der Neigung der Erdachse und führt zur Entstehung der Jahreszeiten.

3. Eine dritte Drehung kannst du am Tellurium beobachten: die Drehung des Mondes um die Erde. Eine vollständige Umkreisung der Erde durch den Mond dauert knapp einen Monat.

M4 Das Tellurium – ein Modell von den Bewegungen der Erde und des Mondes um die Sonne

Fachbegriff
- die Erdrevolution

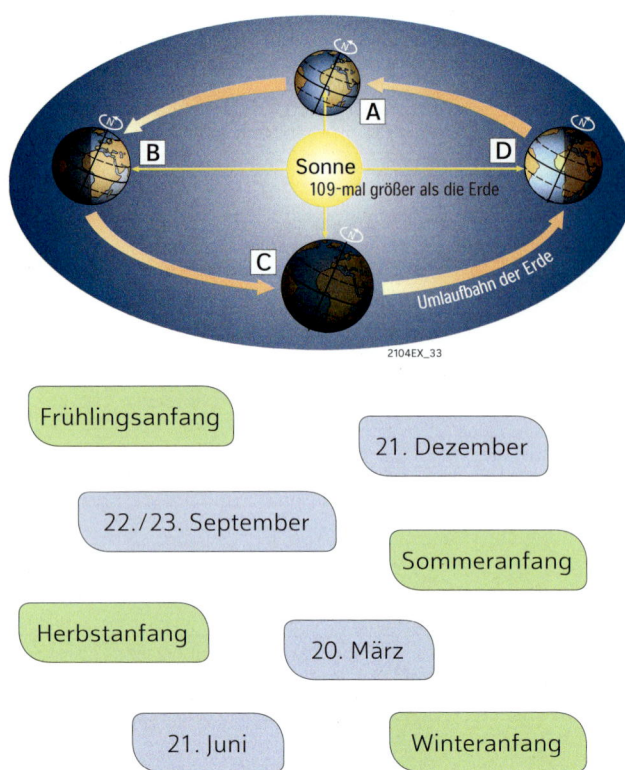

2104EX_33

Frühlingsanfang

21. Dezember

22./23. September

Sommeranfang

Herbstanfang

20. März

21. Juni

Winteranfang

M1 Jahreszeiten auf der Nordhalbkugel

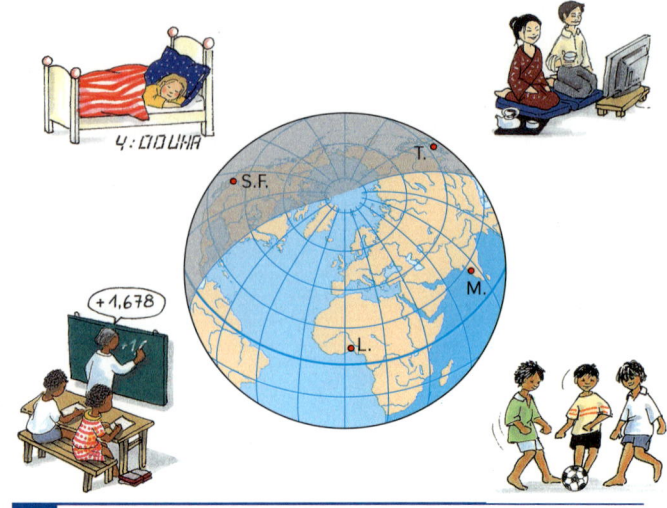

M4 Verschiedene Zeiten auf der Erde

Luca verbringt den Sommerurlaub bei seinen Großeltern an der Nordseeküste in Ostfriesland. Auf dem Dachboden des alten Hauses findet er eine sehr alte Schatzkarte, auf der Folgendes geschrieben steht:

„An dem Punkt, wo sich der 40. Grad nördlicher Breite und der 4. Grad östlicher Länge treffen, findest du eine Höhle, in der ein wertvoller Schatz verborgen ist."

Koordinaten	Stadt	Land	Kontinent
30° N/90° W	New Orleans	USA	Nordamerika
42° N/12° O			
34° S/18° O			
	Brüssel		
23° S/43° W			
	Kairo		

M2 Koordinatenquiz

© *westermann* 15064EX_3

M5 Schatzsuche

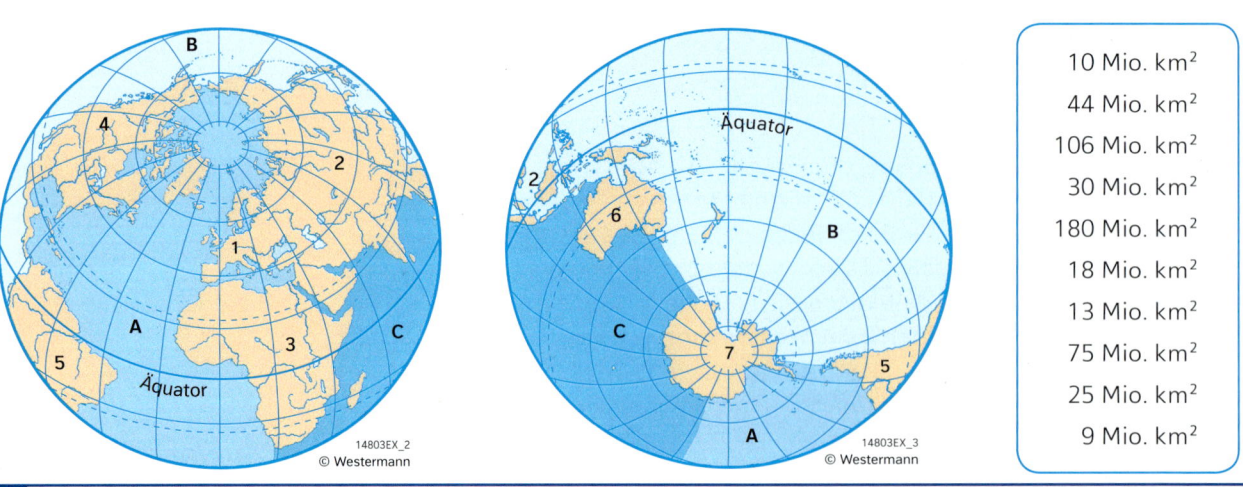

14803EX_2
© Westermann

14803EX_3
© Westermann

10 Mio. km²

44 Mio. km²

106 Mio. km²

30 Mio. km²

180 Mio. km²

18 Mio. km²

13 Mio. km²

75 Mio. km²

25 Mio. km²

9 Mio. km²

M3 Kontinente und Ozeane

1. Die Kontinente ...	sind Himmelskörper, die selbst leuchten. (I)
2. Der Mond ...	besteht aus den Gasen Stickstoff und Sauerstoff. (T)
3. Die Atmosphäre ...	ist die Strecke, die das Licht in einem Jahr zurücklegt. (T)
4. Die Sonne ...	ist der Mittelpunkt unseres Sonnensystems. (E)
5. Die Erdoberfläche ...	sind zusammenhängende große Landmassen. (S)
6. Die Erde ...	dreht sich in 24 Stunden um die eigene Achse. (L)
7. Sterne ...	ist zum größten Teil mit Wasser bedeckt. (L)
8. Ein Lichtjahr ...	leuchtet nicht selbst. Er wird von der Sonne angestrahlt. (A)

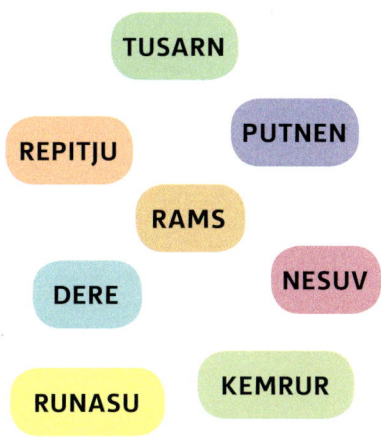

M6 Satzrätsel

M7 Buchstabensalat – Planeten

1. a) Wähle fünf Fachbegriffe aus der Liste und erkläre sie.
   b) Ergänze die ausgewählten Fachbegriffe mit einer Zeichnung.

2. Arbeite mit M1. Lege eine Tabelle mit drei Spalten an. Ordne die Buchstaben im Bild, die Begriffe und die Zeitangaben so in die Spalten der Tabelle ein, dass sie zueinander passen. *(S. 42/43)*

3. Übertrage die Tabelle M2 in dein Heft. Ergänze die fehlenden Angaben mithilfe des Atlas. *(S. 36/37)*

4. a) Benenne die Kontinente 1–7 und die Ozeane A–C in M3. *(S. 34/35)*
   b) Ordne die Größenangaben in M3 den Kontinenten und Ozeanen zu. *(S. 34/35)*

5. Ermittle mithilfe des Atlas den Namen der Insel, auf der der Schatz versteckt ist (M5). *(S. 36/37)* 136 ▸

6. Überlege und schreibe auf, welche Folgen es hätte, wenn
   a) die Erdachse nicht geneigt wäre. *(S. 42/43)*
   b) es keine Erdrotation geben und sich nur die Erde um die Sonne bewegen würde. *(S. 40–43)*

7. a) Ordne den Buchstabensalat in M7.
   b) Notiere die Planeten in Reihenfolge von der Sonne aus gesehen. *(S. 28/29)*

8. Zeichne eine Skizze, die erklärt, wie Tag und Nacht entstehen. *(S. 40/41)*

9. Du hast drei unterschiedliche Weltbilder kennengelernt. Fasse zusammen, wie sie sich voneinander unterscheiden. Erstelle dazu eine Tabelle. *(S. 32/33)*

10. Erörtere die Bedeutung des Gradnetzes für die Orientierung auf der Erde. *(S. 36/37)*

11. Löse das Satzrätsel M6. Füge die Satzteile zu sinnvollen Sätzen zusammen. Nenne das Lösungswort (Buchstaben in Klammern).

12. In M4 ist es in San Francisco (S.F.) 4.00 Uhr morgens. Begründe mithilfe der Zeitzonenkarte S. 41/M3, wie spät es in Lagos (L.), in Mumbai (M.) und in Tokio (T.) ist. *(S. 40/41)*

13. Stelle mithilfe von M6 auf S. 29 die Entfernungen der Planeten zur Sonne auf einem Papierstreifen von 50 cm Länge dar. Markiere darauf die Entfernung der einzelnen Planeten zur Sonne. Wähle den Maßstab: 1 cm auf dem Streifen entsprechen 100 Mio. km im Weltall. *(S. 28/29)*

Fachbegriffe

- das Weltall
- der Stern (die Sonne)
- die Galaxie
- das Sonnensystem
- der Planet
- der Mond
- die Atmosphäre
- das Süßwasser

- die Südhalbkugel
- die Nordhalbkugel
- der Kontinent
- der Ozean
- der Globus
- der Nordpol
- der Südpol
- der Äquator

- der Breitenkreis
- der Meridian
- das Gradnetz
- die Koordinaten
- das Global Positioning System (GPS)
- die Erdrotation
- die Zeitzone

- die Erdrevolution

WES-115780-045

Wetter und Klima

Das Wetter wechselt oft und schnell. Es hat großen Einfluss auf uns.

Beschreibe das Wettergeschehen auf dem Bild.
Überlege, wie das Wetter unser Leben täglich beeinflusst.

M1 02. Juli, 16.00 Uhr: „Tolles Ausflugswetter heute!"

M2 02. Juli, 16.00 Uhr: „Mistwetter!"

Cem und Dana hören morgens im Radio, dass heute die Schule ausfällt. Es hat über Nacht stark geschneit. Die Schulbusse können nicht mehr fahren und selbst das Gehen ist schwierig. Auch im Sommer fallen manchmal die letzten Stunden aus, wenn es in den Räumen zu heiß wird. Es gibt dann hitzefrei.
Warum spielt das Wetter manchmal verrückt? Wie entsteht das Wetter?

1. a) Erkläre, wie es zu den Aussagen zum Wetter in M1 und M2 kommt.
b) Beschreibe das heutige Wetter an deinem Schul- oder Wohnort.

2. Nenne Gründe, warum bei Cem und Dana die Schule wegen des Wetters ausfällt (Text, M3).

3. a) Nenne jeweils ein Beispiel, wie die Wetterelemente in M4 das Wetter beeinflussen.
b) Liste wichtige Wetterelemente (M4) auf, die zu dem Wetter in M1 und M2 führen.

Ⓦ 4. Wähle aus:
A Beschreibe das Wetter, das sich folgende Personen wünschen: ein Urlauber am Meer; eine Radfahrerin; ein Gärtner, der gerade Rasen ausgesät hat.
B Liste Berufe auf, die vom Wetter abhängen. Begründe deine Auswahl.

5. Wähle drei Orte aus der Wetterkarte M5 aus und bestimme das Wetter.

6. a) Erkläre die Bauernregeln zum Wetter (M6).
b) Welche Bauernregel in M6 kannst du auf das Foto M7 anwenden? Sage auf dieser Grundlage das Wetter voraus.

Wetterelemente

Der Ablauf des **Wetters** ist für viele Menschen wichtig. Wenn wir zum Beispiel einen Ausflug planen, hoffen wir auf schönes Wetter mit Sonnenschein. Landwirte brauchen dagegen möglicherweise Regen für ihre Pflanzen. Im Winter ist Autofahren besonders gefährlich, wenn die Straßen gefroren und spiegelglatt sind.

Man spricht vom Wetter, wenn es regnet oder hagelt, es schneit oder ein Gewitter aufzieht, wenn es windig ist oder die Sonne scheint. Am Wettergeschehen sind immer Sonne, Luft und Wasser beteiligt.

Die Sonne ist der Motor des Wettergeschehens. Sonnenstrahlen erwärmen die Luft über der Erdoberfläche. Dadurch verändern sich die **Wetterelemente** Bewölkung, Wind, Luftdruck, Lufttemperatur und Niederschlag. Als Wetter wird das Zusammenwirken der Wetterelemente zu einem bestimmten Zeitpunkt an einem Ort bezeichnet. Von Wetterdiensten werden Wettervorhersagen erstellt, damit die Menschen sich über das Wetter der nächsten Stunden und Tage informieren können. Diese werden in Zeitungen, Radio und Fernsehen und in besonderen Apps veröffentlicht.

M3 Schulfrei!

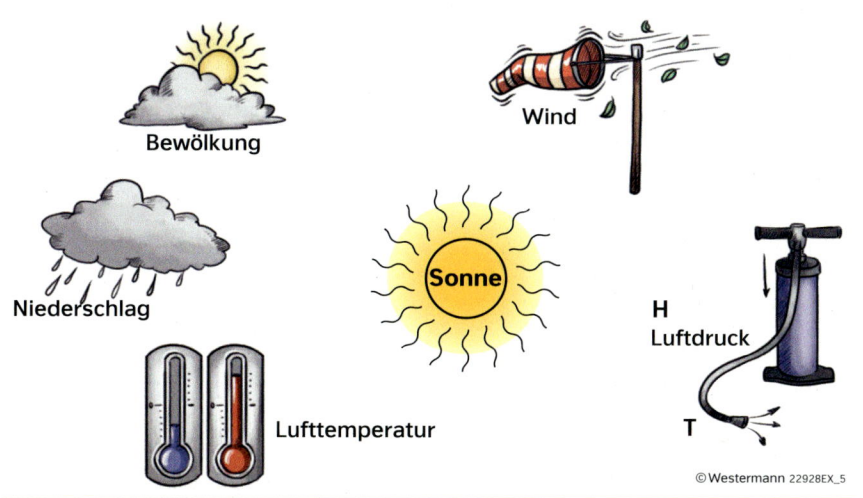

Bewölkung

Wind

Niederschlag

Sonne

Lufttemperatur

H
Luftdruck

T

© Westermann 22928EX_5

INTERNET

Über den folgenden Link gelangst du zu einer Auswahl von Internetadressen, auf denen du dich über das Wetter informieren kannst.

WES-115780-049-2

M4   Die Wetterelemente

-9 bis -5	-4 bis 0	1 bis 5	6 bis 10	11 bis 15	16 bis 20	21 bis 25	26 bis 30

in °C

☀ sonnig
🌤 heiter
🌥 wolkig
☁ bedeckt
🌧 Schauer
🌧 Regen

23328EX_6
© Westermann

M5   Wettervorhersage mithilfe einer Wetterkarte in einer Tageszeitung

„Abendrot Gutwetterbot' –
Morgenrot mit Regen droht."

„Der Nordwind ist ein rauher Vetter,
doch bringt er beständig's Wetter."

„Wenn die Sonne scheint sehr bleich,
ist die Luft an Regen reich."

„Wenn der Himmel gezupfter Wolle gleicht,
das schöne Wetter bald dem Regen weicht."

„Wenn Schäfchenwolken am Himmel stehen, kann
man ohne Schirm spazieren gehen."

M6   Bauern haben das Wetter über viele Jahre beobachtet und Wetterregeln aufgestellt.

M7   Himmel am Morgen

Fachbegriffe
- das Wetter
- das Wetterelement

M1   Sonnenstrahlen treffen auf die Erde.

Energie von der Sonne

So wie jedes Auto Kraftstoff oder Elektrizität benötigt, so braucht auch unser Wetter eine Energiequelle. Diese Energie liefert die Sonne. Die Sonnenstrahlen erwärmen die Erd- und Wasseroberflächen. Die aufgenommene Wärme geben Land und Wasser an die Luft in der Atmosphäre ab.

Die Lufttemperatur misst man mit einem Thermometer. Sie wird in Grad Celsius (°C) angegeben. Temperaturen werden im Schatten gemessen. Man kann Temperaturen von verschiedenen Orten (M5) oder an verschiedenen Tagen (M6) vergleichen. Dafür muss man immer zur gleichen Zeit messen (zum Beispiel um 7:00 Uhr, 14:00 Uhr und 21:00 Uhr, wie in M3–M6).

Aus den drei gemessenen Werten an einem Ort zu verschiedenen Tageszeiten errechnet man die Tagesmitteltemperatur. Um die Tagesmitteltemperatur zu erhalten, werden die gemessenen Werte addiert. Der Wert um 21:00 wird dabei doppelt gezählt. Abschließend dividiert man die Summe durch vier.

„Muss ich mir heute einen Pullover überziehen oder reicht ein T-Shirt?"
Wärme und Kälte empfinden wir durch unterschiedliche Lufttemperaturen.
Wie erwärmt sich die Luft? Wie kann ich das Wetterelement Lufttemperatur untersuchen?

1. Erklärt, wie sich Luft in der Atmosphäre erwärmt (Text, M2).

2. a) Berechnet die Tagesmitteltemperaturen für die Orte A, B, C und D in M5 nach der Anleitung in M3.
   b) Messt an eurem Wohnort die Temperaturen zu den in M5 angegebenen Zeiten. Berechnet die Tagesmitteltemperatur nach der Anleitung von M3.

3. a) Erstellt ein Temperaturtagebuch nach dem Muster von M6. Messt dafür täglich die Temperatur zu den angebenen Zeiten.
   b) Errechnet jeweils die Tagesmitteltemperatur.
   c) Stellt diese Tagesmitteltemperaturen in einem Liniendiagramm dar (M3). 142 ▶

4. Führt den Versuch M4 durch.
   Was beobachtet ihr? Welche Bedeutung in der Natur haben die Teile im Versuch?

5. Listet jeweils fünf Fragen zum Wetterelement Lufttemperatur auf. Beantwortet die Fragen in der Gruppe.

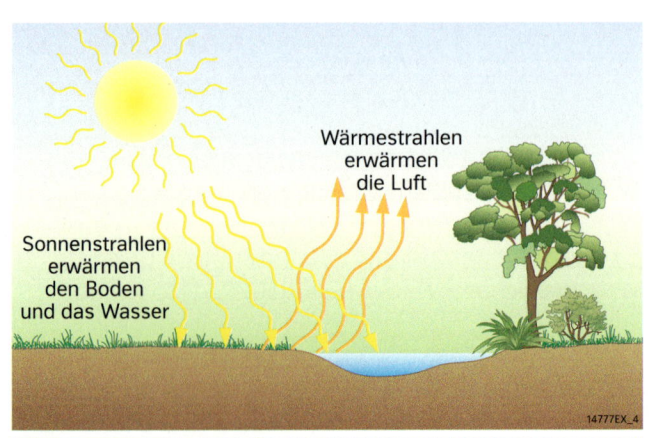

M2   Sonnen- und Wärmestrahlen

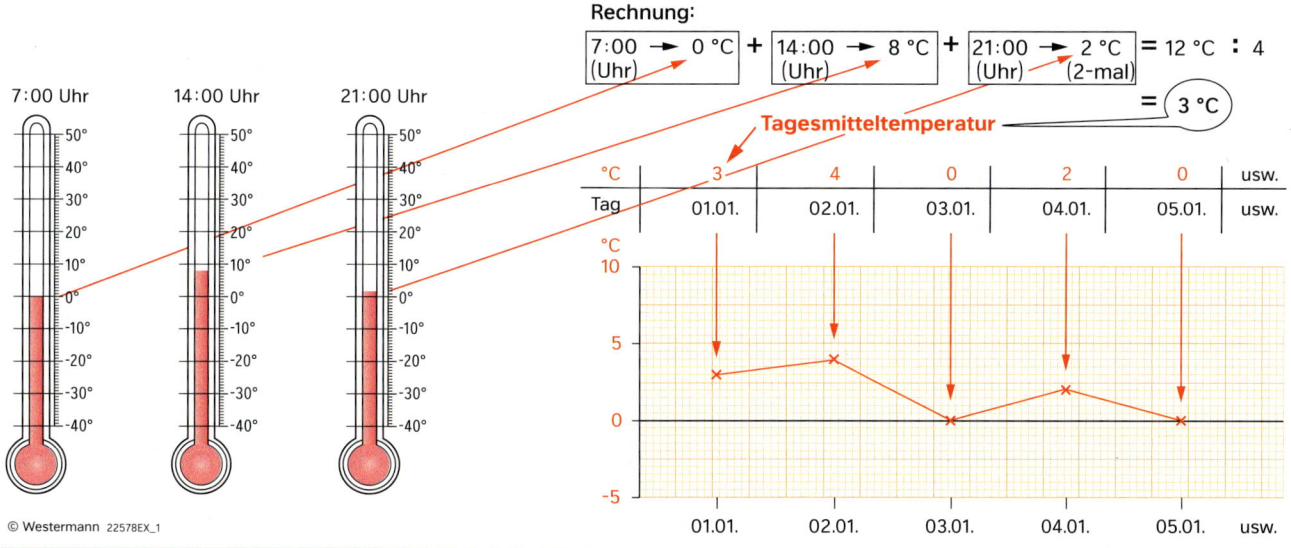

Rechnung:

| 7:00 → 0 °C | + | 14:00 → 8 °C | + | 21:00 → 2 °C | = 12 °C : 4 |
| (Uhr) | | (Uhr) | | (Uhr) (2-mal) | |

= 3 °C

Tagesmitteltemperatur

°C	3	4	0	2	0	usw.
Tag	01.01.	02.01.	03.01.	04.01.	05.01.	usw.

M3 Ablesen, Berechnen und Zeichnen von Tagesmitteltemperaturen

Das benötigt ihr:
- Kühlschrank
- Plastikflasche
- Luftballon
- Schüssel
- warmes Wasser

So geht ihr vor:
1. Lasst eine leere Plastikflasche eine Stunde lang im Kühlschrank abkühlen.
2. Streift über den Flaschenhals der kalten Flasche einen Luftballon.
3. Füllt eine Schüssel mit heißem Wasser und stellt die Flasche hinein.
4. Stellt die Flasche mit dem Luftballon für 15 Minuten zurück in den Kühlschrank.
5. Notiert eure Beobachtungen und erklärt sie.

Erklärung:
Die Teilchen der Luft nennt man Moleküle.

Je wärmer die Luft ist, desto schneller bewegen sich die Luftmoleküle über größere Entfernungen. Die Luft dehnt sich aus.

In der Natur erwärmt sich die Luft durch die Sonnenstrahlung. Erwärmte Luft steigt auf.

M4 Versuch: Warme Luft dehnt sich aus.

Zeit	Ort A	Ort B	Ort C	Ort D
7:00 Uhr	7 °C	8 °C	11 °C	2 °C
14:00 Uhr	13 °C	18 °C	29 °C	8 °C
21:00 Uhr	10 °C	13 °C	18 °C	3 °C

M5 Temperaturmesswerte an verschiedenen Orten

Monat: Juni	1. Juni	2. Juni	30. Juni
Temperatur um 7:00 Uhr	10 °C	12 °C	9 °C
Temperatur um 14:00 Uhr	22 °C	24 °C	25 °C
Temperatur um 21:00 Uhr	16 °C	18 °C	17 °C
Tagesmitteltemperatur	16 °C	18 °C	17 °C

M6 Temperaturmesswerte an einem Ort zu verschiedenen Zeiten (Beispiel für ein Temperaturtagebuch)

ERSTAUNLICH

- höchste gemessene Temperatur der Erde: 56,7 °C im Death Valley (USA)
- höchste gemessene Temperatur Europas: 48,8 °C auf Sizilien (Italien)
- höchste gemessene Temperatur Deutschlands: 41,2 °C in Duisburg und in Viersen (Nordrhein-Westfalen)
- niedrigste gemessene Temperatur der Erde: -89,2 °C auf der Station Wostok (Antarktis)

Wir untersuchen die Wetterelemente
Bewölkung und Niederschlag

A Warme Luft weht einen Berg hinauf. Sie kühlt ab, es entstehen zunächst Wolken, dann kommt es zu Niederschlägen.

B Warme und kalte Luft treffen aufeinander. Das ist in Deutschland die häufigste Ursache für Niederschlag.

C Warme Luft steigt auf, zum Beispiel an einem Sommertag. So entstehen auch die meisten Gewitter.

M1 Niederschlag kann auf drei Arten entstehen.

„Muss ich einen Regenschirm mitnehmen oder haben die dunklen Wolken nichts zu bedeuten?" Wir befürchten, durch den Regen nass zu werden.
Warum regnet es? Wie bilden sich Wolken?

1. a) Wie entstehen Wolken? Verwendet dabei die Begriffe Wasserdampf, Verdunstung, Kondensation, Wassertröpfchen, Abkühlung der Luft, Höhe (Text, M3).
   b) Wie kommt es zu Niederschlag (Text, M1)?

2. Ordnet die Niederschlagsarten den Zeichnungen ① bis ⑥ in M2 zu.

3. a) Beschreibt die Wolken in M4. Geht dabei auf Form, Farbe und Größe ein.
   b) Ordnet folgende Begriffe einer Wolkenart zu (M4): Schleierwolken, Wolkenturm, Schönwetterwolken, Unwetter, Eiswolken, dunkelgrau.

4. Führt die Versuche in M5 durch. Erklärt die Vorgänge.

5. a) Messt über einen längeren Zeitraum mit einem Messbecher täglich den Niederschlag (M6).
   b) Stellt die Werte in einem Diagramm dar (M6).

Niederschläge – warum regnet es?

Feuchtigkeit in der Luft führt zu Wolkenbildung und **Niederschlag**. Niederschlag ist also Feuchtigkeit, die in verschiedenen Formen die Erdoberfläche erreicht. **Wolken** sind kleine sichtbare Wasserteilchen in der Luft.

Die Sonne erwärmt Wasser- und Landflächen. Wasser trocknet ab und verdunstet. Bei **Verdunstung** nimmt Luft unsichtbares Wasser aus dem Meer, den Seen, den Flüssen, den Blättern oder dem Boden auf. Den Anteil des Wasserdampfs in der Luft bezeichnet man als **Luftfeuchtigkeit**.

Die warme Luft steigt auf. Beim Aufstieg kühlt sie sich ab. Kalte Luft kann weniger Wasserdampf aufnehmen als warme Luft. Deshalb bilden sich kleine sichtbare Wassertröpfchen, die Wolken. Der Vorgang heißt **Kondensation**. Wolken werden nach Höhe, Art und Aussehen in Gruppen eingeteilt (M4).

Werden die Wassertropfen größer, fallen sie als Niederschlag zur Erde. Es regnet. Im Winter gefrieren die Tropfen zu Schneeflocken. Es schneit. Wenn sich Wassertropfen auf Pflanzenblättern bilden, heißt der Niederschlag Tau. Gefrorener Tau heißt Raureif. Andere Niederschlagsformen sind Hagel oder Nebel (M2).

Niederschlag fängt man mit einem Behälter auf. Er wird in Millimetern (mm) gemessen (M6).

M2 Niederschlagsarten

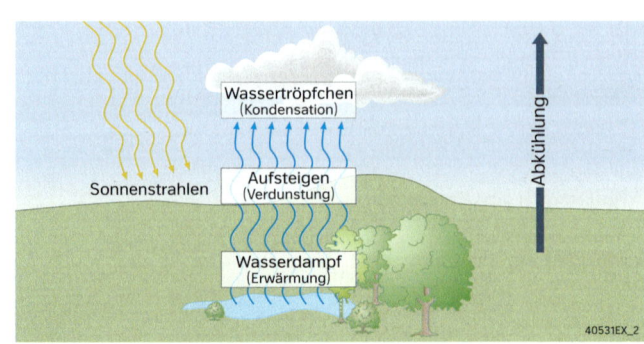

M3 Entstehung von Wolken

Federwolken: Vorboten für sich veränderndes Wetter

Wolken in großer Höhe (7–12 km)

Haufenwolken: schönes Wetter

Wolken in mittlerer Höhe (2–7 km)

Schichtwolken: Regenwetter

Wolken in niedriger Höhe (Bodennähe bis 2 km)

Gewitterwolken: Gewitter mit Starkregen/Blitz/Donner

M4 Stockwerke des „Wolkenhauses" in der Troposphäre (siehe S. 31, M6)

Das braucht ihr:
- Kühlschrank
- Handspiegel

So geht ihr vor:
1. Legt einen Handspiegel in den Kühlschrank.
2. Nehmt ihn heraus und haucht auf die kalte Spiegeloberfläche.
3. Notiert eure Beobachtungen und erklärt sie.

Ⓐ

Das braucht ihr:
- heißes Wasser
- Metallschale
- Eiswürfel
- Glas

So geht ihr vor:
1. Füllt eine Metallschale mit Eiswürfeln.
2. Stellt sie auf ein Glas mit heißem Wasser.
3. Notiert eure Beobachtungen und erklärt sie.

Ⓑ

Erklärung:
Die Luft enthält immer Wasser in Form von unsichtbarem Wasserdampf: die Luftfeuchtigkeit.

Warme Luft kann mehr Feuchtigkeit aufnehmen und halten als kalte Luft. Wenn Wasserdampf abkühlt, wird er flüssig und sichtbar: er kondensiert.

Es entstehen kleine Wassertröpfchen. Sie werden als weißer Nebel sichtbar. In der Höhe sind es Wolken.

M5 Zwei Versuche (Ⓐ, Ⓑ): Wasser in der Luft

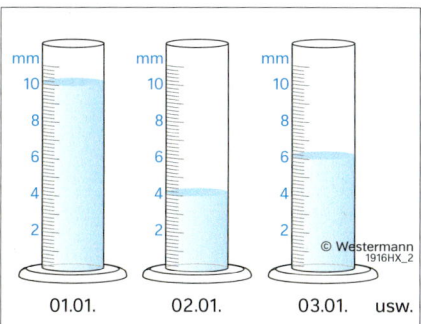

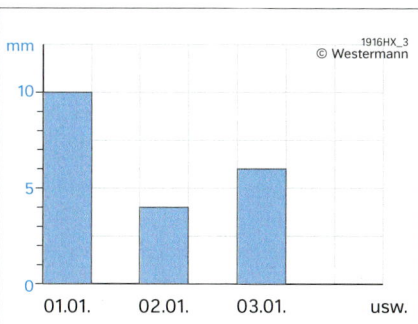

M6 Zeichnung von Tagesniederschlägen

Fachbegriffe
- der Niederschlag
- die Wolke
- die Verdunstung
- die Luftfeuchtigkeit
- die Kondensation

M1 Heißluftballons – warme Luft steigt auf.

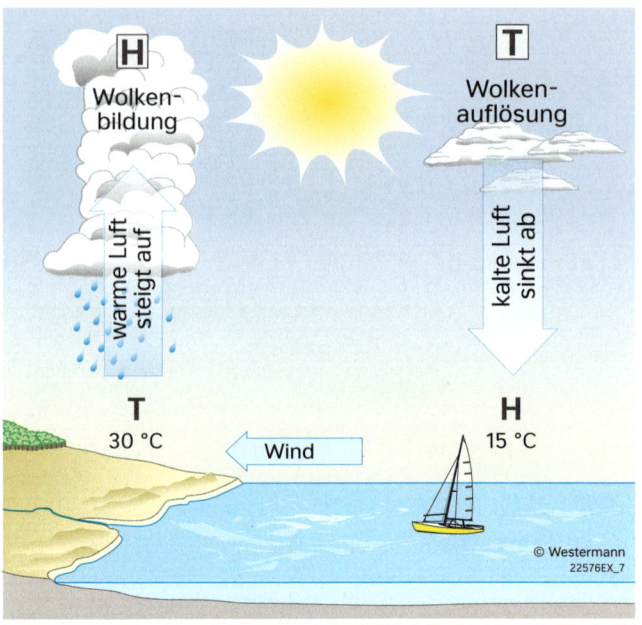

M2 Hochdruck, Tiefdruck und Wind entstehen.

Heute möchtest du mit dem Fahrrad zur Schule fahren. Beim Frühstück rät dir deine Mutter: „Fahre lieber zehn Minuten früher los als sonst, du hast nämlich starken Gegenwind. Bei dem Sturm kommst du ja kaum voran!"
Warum weht der Wind? Warum weht er unterschiedlich stark?

1. Heißluftballons machen sich warme Luft zunutze (M1). Erklärt den Vorgang.

2. Die Luft hat ein Gewicht. Erklärt den Luftdruck (Text).

3. Schreibt einen Bericht darüber, wie Wind entsteht mit der Überschrift: „Die Sonne treibt den Wind an" (Text, M2, M7).

4. Stellt zusammen,
   a) wie wir Windkraft nutzen (Text, M3).
   b) wie der Wind Schäden anrichtet (Text, M5).

5. Bestimmt jeweils das Wetter und die Windbewegungen in Tiefdruck- und Hochdruckgebieten (M7).

6. a) Erläutert, wovon die Windstärke abhängt (Text, M2).
   b) Fertigt einfache Zeichnungen an: Sie sollen die Folgen der Windstärken 0, 7–8 und 11–12 zeigen.

7. Bestimmt die Himmelsrichtungen im Foto M6 (Text). Achtet auf die Hauptwindrichtung in Deutschland.

8. Führt den Versuch M4 nach der Anleitung durch. Erklärt die Vorgänge.

Luft ist in Bewegung

Wind ist bewegte Luft. Luft ist zwar ein unsichtbares Gas, hat aber ein Gewicht. Eine riesige Luftsäule lastet auf jedem Punkt der Erde. Das ist der **Luftdruck**.
Auf einer Fläche von einem Quadratzentimeter (cm²) wiegt die Luft im Durchschnitt 1013 Gramm. Man misst den Luftdruck in Hektopascal (hPa) mit einem **Barometer**.
Der Luftdruck ändert sich. Verantwortlich dafür ist die Sonnenstrahlung. Die Sonne erwärmt die Luft nicht überall gleich. Über Landflächen wird es zum Beispiel wärmer als über Meeresflächen. Wenn sich Luft erwärmt, strömt sie nach oben, dann verringert sich an der Erdoberfläche der Luftdruck. Es herrscht niedriger Luftdruck, Tiefdruck oder **Tief** (T) genannt. Tiefer Luftdruck lässt Wolken entstehen und es regnet häufig.
Wenn kalte Luft nach unten sinkt, entsteht dort hoher Luftdruck, Hochdruck oder **Hoch** (H) genannt. Hoher Luftdruck sorgt meistens für Sonnenschein und wolkenlosen Himmel.
Luft strömt immer von einem Gebiet mit hohem Luftdruck zu einem Gebiet mit niedrigem Luftdruck. Diese Luftbewegung nehmen wir als Wind wahr. Der Wind weht umso stärker, je größer der Luftdruckunterschied zwischen Hoch und Tief ist. Winde werden nach Himmelsrichtungen benannt, aus denen sie kommen. In Deutschland gibt es am häufigsten Westwinde. Windfahnen oder Windsäcke zeigen die Windrichtung an. Die Windstärke wird nach Beaufort in zwölf Abstufungen unterteilt, von der Windstille bis zum Orkan. Die Windstärke wird mit einem Windmesser (Anemometer) gemessen.
Wind kann große Schäden anrichten, wenn er zu stark weht, er kann aber auch nützlich sein (M3).

M3 Windkraft wird genutzt, um Strom zu erzeugen.

M6 Vom Wind verformte Bäume

Das braucht ihr:
- einen dünnen Stab
- zwei Luftballons
- Schere
- Schnur
- Klebeband
- Nadel

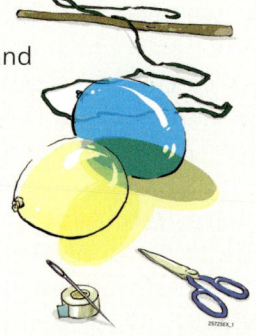

So geht ihr vor:
1. Bindet ein Stück Schnur in der Mitte eines dünnen Stabes fest. Er muss anschließend waagerecht an der Schnur hängen.
2. Blast zwei Luftballons auf und verknotet sie einzeln.
3. Klebt je einen Luftballon an jedes Ende des Stabes. Der Stab sollte waagerecht hängen bleiben. Verändert deshalb, falls nötig, die Schnurbindung.
4. Klebt dann auf einen der Luftballons ein Stück Klebeband.
5. Stecht mit einer Nadel durch das Klebeband in den einen Ballon, sodass die Luft langsam entweichen kann.
6. Notiert eure Beobachtungen und erklärt sie.

Erklärung:
Die Lufthülle um die Erde hat ein Gewicht. Dieses Gewicht der Luft nennt man Luftdruck. Der Luftdruck beträgt in Meereshöhe im Durchschnitt 1013 hPa. Je höher man kommt, desto geringer ist das Gewicht bzw. der Luftdruck.

M4 Versuch zum Luftdruck

Windsack

Windstärke	Bezeichnung	Auswirkung
0	Windstille	Rauch steigt senkrecht auf.
1–2	Zug	Blätter bewegen sich.
3–4	Brise	Zweige bewegen sich.
5–6	Wind	Äste bewegen sich.
7–8	stürmischer Wind	Bäume werden gebogen.
9–10	Sturm	Bäume werden entwurzelt.
11–12	Orkan	Zerstörung und Verwüstung

M5 Windstärken und ihre Auswirkungen

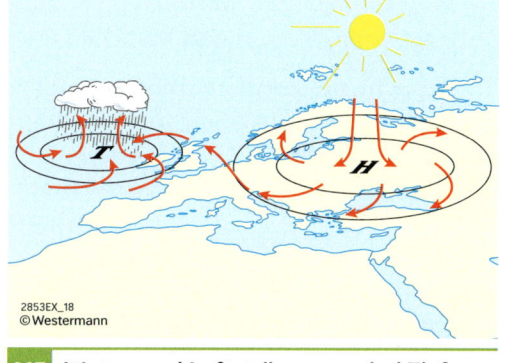

2853EX_18
© Westermann

M7 Wetter und Luftströmungen bei Tiefdruck und Hochdruck

Fachbegriffe
- der Wind
- der Luftdruck
- das Barometer
- das Tief
- das Hoch

M1 Wettersatellit mit Tiefdruckwirbel auf der Erde

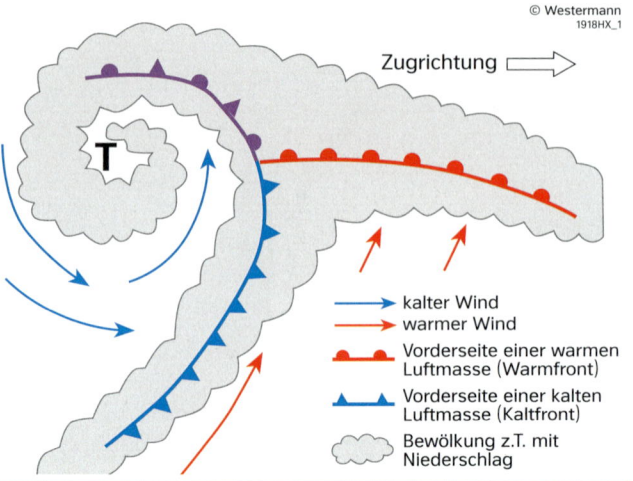

© Westermann
1918HX_1

Zugrichtung ⟹

T

→ kalter Wind
→ warmer Wind
● Vorderseite einer warmen Luftmasse (Warmfront)
▲ Vorderseite einer kalten Luftmasse (Kaltfront)
☁ Bewölkung z.T. mit Niederschlag

M3 Tiefdruckgebiet mit Zugrichtung von West nach Ost

Eure Klasse plant einen Wandertag. Deshalb wollt ihr wissen, wie das Wetter wird. Dabei kann euch eine Wettervorhersage in der Zeitung, im Radio, im Fernsehen oder auf einer App helfen.
Woher kommen die Informationen für das zukünftige Wetter? Wie hilft eine Wetterkarte?

1. a) Berichte, wie Wetterdaten ermittelt werden (Text, M1, M2).
   b) Erkläre, wie eine Wettervorhersage entsteht.

2. Erstelle eine Wettervorhersage für deinen Wohnort, wenn ein Tiefdruckgebiet von West nach Ost hinwegzieht (M3, Info 1, Info 2). Erkläre die Abläufe.

Ⓦ 3. Wähle aus:
   A Liste in verschiedenen Spalten einer Tabelle Orte auf, in denen es a) bedeckt ist, in denen es b) zu Niederschlägen kommt, oder c) die Temperaturen über 20 °C liegen (M4).
   B Beschreibe die Wetterlagen in Warschau, London, Madrid und München (M4).

4. Besucht eine Wetterstation in eurer Nähe. Notiert vorher Themen, die ihr erfragen wollt (M5–M7). 149 ▶

M2 Ablesen von Wetterdaten in einer Wetterstation

Dem Wetter auf der Spur

Zahlreiche über die Erde verteilte Wetterstationen beobachten das Wetter und zeichnen es auf. Auch Wettersatelliten und Wetterballone helfen dabei, Wetterdaten zu ermitteln. Neben der Temperatur werden Niederschlag, Sonnenstunden, Windgeschwindigkeit, Windrichtung und Luftdruck gemessen. Die Ergebnisse werden in zentralen Wetterämtern weltweit zusammengefasst. In Deutschland ist das der Deutsche Wetterdienst (DWD) in Offenbach. Dort werten Wetterkundler, auch **Meteorologen** genannt, die Daten mithilfe von Computern aus. Sie erstellen daraus eine **Wettervorhersage** für verschiedene Regionen.
Oft wird das zukünftige Wetter auf einer **Wetterkarte** dargestellt. Sie zeigt die **Wetterlage** an einem bestimmten Tag in einem ausgewählten Gebiet. Temperatur, Niederschlag, Bewölkung oder Luftdruckverhältnisse werden mit Farben oder bestimmten Symbolen gekennzeichnet.

INFO 1

Warmfront
Die Warmfront ist Teil eines Tiefdruckgebiets (Tiefs). Sie ist die vordere Grenze von warmer Luft. Warme Luft schiebt sich über kalte Luft. Eine Warmfront kündigt sich in der Regel mit Federwolken (Cirrus) an. Anschließend folgt oft gleichmäßiger, lang andauernder Landregen.

INFO 2

Kaltfront
Die Kaltfront ist Teil eines Tiefdruckgebiets (Tiefs). Sie ist die vordere Grenze von kalter Luft. Sie ist durch rasch sinkende Temperaturen und sich hoch auftürmende Wolken zu erkennen. Kalte Luft schiebt sich unter die warme Luft. Dieses führt oft zu Gewittern und heftigem Niederschlag.

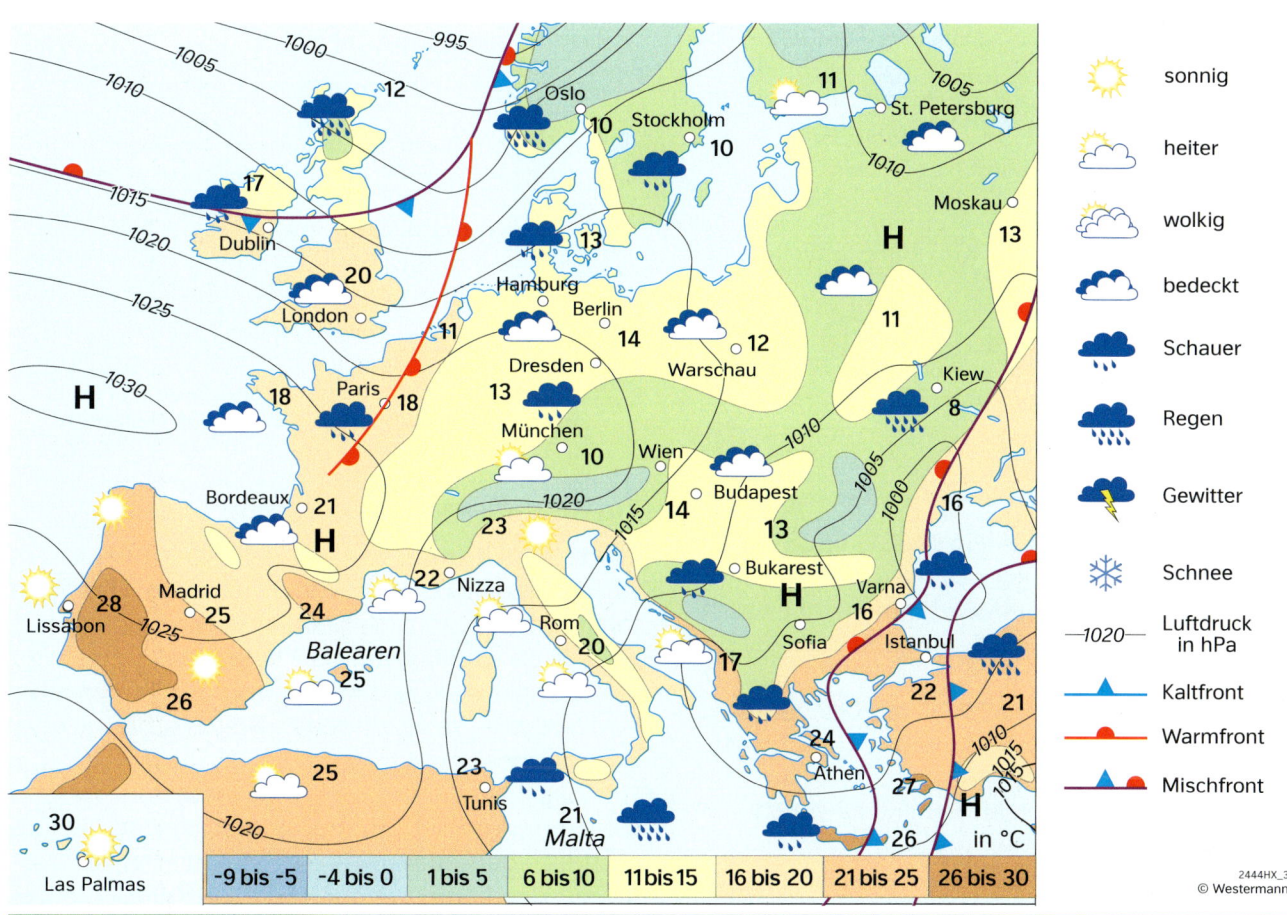

☀	sonnig
🌤	heiter
🌥	wolkig
☁	bedeckt
🌧	Schauer
🌧	Regen
⛈	Gewitter
❄	Schnee
—1020—	Luftdruck in hPa
▲	Kaltfront
●	Warmfront
▲●	Mischfront

-9 bis -5	-4 bis 0	1 bis 5	6 bis 10	11 bis 15	16 bis 20	21 bis 25	26 bis 30

2444HX_3
© Westermann

M4 Wetterkarte von Europa für einen Tag im September

Tägliche Arbeit einer Meteorologin/eines Meteorologen

Messinstrumente für die einzelnen Wetterelemente

Ausbildung zur Meteorologin/zum Meteorologen

Auswertung von Wetterdaten

Wetterrekorde der Station (z. B. heißester und kältester Tag)

Tipps für den Bau einer eigenen Wetterstation

Wetterkarten und Wettervorhersagen

M5 Themen für einen Besuch in einer Wetterstation

M6 Ein Meteorologe wertet eine Wetterkarte aus.

45048EX
© Westermann

M7 Wetterstationen in Baden-Württemberg (Auswahl)

Fachbegriffe
- der Meteorologe/die Meteorologin
- die Wettervorhersage
- die Wetterkarte
- die Wetterlage

M1 Wetter oder Klima?

Heilbronn/Deutschland, 167 m ü. M.

Monat	J	F	M	A	M	J	J	A	S	O	N	D
Temperatur in °C	2,2	3,0	6,8	11,0	15,1	18,5	20,2	19,7	15,2	10,6	6,0	3,0

Heilbronn/Deutschland, 167 m ü. M.

Monat	J	F	M	A	M	J	J	A	S	O	N	D
Niederschlag in mm	57	50	55	58	79	83	68	75	55	54	63	62

M3 Monatliche Durchschnittstemperaturen und durchschnittliche Monatsniederschläge von Heilbronn

Pflanzen brauchen vor allem Wärme und Wasser, damit sie wachsen können. Welche Pflanzen in einem Gebiet vorkommen, entscheidet das Klima. Das Klima hat großen Einfluss auf das Leben der Menschen.
Was ist genau das Klima? Wie kann es veranschaulicht werden?

1. a) Entscheide, wer in M1 vom Klima spricht und wer vom Wetter.
   b) Nenne die Unterschiede zwischen Wetter und Klima.

2. a) Erläutere, wie die Monatsmitteltemperaturen und Monatsniederschläge ermittelt werden (M4).
   b) Ermittle die Jahresmitteltemperatur und den Jahresniederschlag von Heilbronn (M3).

3. Zeichne nach der Anleitung auf Seite 59
   a) ein Diagramm zu den Temperaturen in Heilbronn (M3, M5, M7).
   b) ein Diagramm zum Niederschlag in Heilbronn (M3, M6, M7).

W 4. Wähle aus:
   A Zeichne Klimadiagramme von den Orten in M2 nach der Anleitung auf Seite 59 (M5–M7).
   B Vergleiche die Temperaturen und die Niederschläge der Orte in M2.

Ein Klimadiagramm entsteht

Wetter und **Klima** haben dieselbe Grundlage: das Zusammenwirken der Wetterelemente. Das Wetter beschreibt den aktuellen Zustand der Atmosphäre an einem Ort. Das Klima eines Ortes wird vor allem durch die Entwicklung der Temperaturen und die Verteilung der Niederschläge über das Jahr bestimmt.

Um das Klima eines Ortes zu erfassen, messen die Wetterkundler (Meteorologen) dort jeden Tag stündlich die Temperaturen. Sie addieren die Werte und dividieren sie durch die 24 Stunden eines Tages. So erhalten sie die **Durchschnittstemperatur** des Tages. Die Monatsdurchschnittstemperatur erhält man, wenn die addierten Tageswerte eines Monats durch die Anzahl der Tage des Monats geteilt werden. Die Jahresdurchschnittstemperatur errechnet sich, indem die Summe aller Monatswerte durch 12 dividiert wird.

Auch die örtlichen Niederschläge werden über einen langen Zeitraum gemessen. Auch sie werden täglich erfasst. Die Addition der täglichen Werte ergibt den Monatsniederschlag und schließlich den **Jahresniederschlag**.

Ein **Klimadiagramm** veranschaulicht das Klima eines Ortes. Es ermöglicht, verschiedene Klimate miteinander zu vergleichen. Dafür werden die Monatsmitteltemperaturen in ein Diagramm eingezeichnet. Sie bilden die rote Temperaturkurve. Die monatlichen Summen der Niederschläge werden als blaue Säulen in das Diagramm eingezeichnet.

Oslo (Norwegen), 94 m ü. M.

	J	F	M	A	M	J	J	A	S	O	N	D	Jahr
T in °C	-4	-4	0	5	11	15	16	15	11	6	1	-3	5,8
N in mm	49	36	47	41	53	65	81	89	90	84	73	55	763

Palma de Mallorca (Spanien), 7 m ü. M.

	J	F	M	A	M	J	J	A	S	O	N	D	Jahr
T in °C	9	10	11	13	16	21	24	24	22	18	13	11	16
N in mm	37	35	36	39	30	14	9	20	50	63	47	44	424

M2 Klimawerte von Oslo und Palma de Mallorca

Name der Station, Höhenlage über dem Meeresspiegel

Braunschweig (Deutschland), 83 m ü. M.

Monate	J	F	M	A	M	J	J	A	S	O	N	D	Jahr
T in °C	1,7	2,3	5,2	9,7	13,7	16,7	18,8	18,5	14,5	10,1	5,7	2,7	10,0
N in mm	51,2	37,3	44,6	37,6	55,5	54,4	72,1	64,5	49,3	52,5	47,4	50,3	616,8

Monatsmitteltemperaturen und *Monatsniederschläge*   *Jahresmitteltemperatur* und *Jahresniederschlag*
T = Temperatur, N = Niederschlag

M4   Darstellung der Klimawerte von Braunschweig

Ein Klimadiagramm zeichnen

1 Zeichnen der Vorlage

- Zeichne mit Bleistift die waagerechte Grundlinie von 12 cm. Teile sie in 12 gleiche Abschnitte.
- Schreibe die Anfangsbuchstaben der 12 Monate in diese Abschnitte ①.
- Zeichne an die linke Seite der Grundlinie eine senkrechte Linie für die Temperaturen. Unterteile sie in gleichmäßige Abstände von 1 cm. Schreibe an die Teilungsstriche die Temperaturwerte ②.
- Zeichne an der rechten Seite der Grundlinie eine senkrechte Linie für die Niederschläge. Unterteile sie in gleichmäßige Abstände von 1 cm. Schreibe an die Teilungsstriche die Niederschlagswerte ③.
- Verbinde die Nullwerte mit einer Linie ④.

2 Zeichnen der Temperaturkurve und der Niederschlagssäulen

- Markiere die Höhe der Werte der Monatsmitteltemperaturen von M2 in der Mitte des jeweiligen Monats ⑤. Verbinde die Markierungen mit einem roten Buntstift ⑥.
- Markiere die Höhe der Niederschläge jedes Monats. Zeichne für jeden Monat Säulen, die du mit blauem Buntstift ausmalst ⑦.

3 Beschriften des Klimadiagramms

- Trage oben Namen und Höhe des Ortes ein, an dem die Werte ermittelt wurden (M2).
- Ergänze die Werte für die Jahresmitteltemperatur mit rotem und für den Jahresniederschlag mit blauem Stift ⑧.

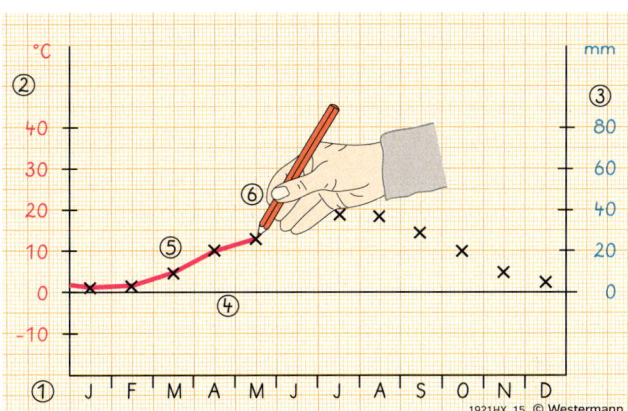

M5   Zeichnen der Temperaturkurve (Monatsmitteltemperaturen)

Braunschweig, 83 m ü.M.   T = 9 °C ⑧   N = 599 mm

M6   Zeichnen der Niederschlagssäulen (Monatsniederschläge)

- Geodreieck oder Lineal
- roter und blauer Buntstift
- Millimeterpapier oder kariertes Papier
- Klimawerte des Ortes

M7   Das brauchst du zum Zeichnen.

Fachbegriffe

- das Klima
- die Durchschnittstemperatur
- der Jahresniederschlag
- das Klimadiagramm

M1 Verschiedene Ereignisse im Wettergeschehen

Wetterelemente, die mit einem Instrument messbar sind:

a) Windrichtung
b) Windstärke
c) Luftfeuchtigkeit
d) Niederschlagsmenge
e) Lufttemperatur
f) Wolkenart
g) Luftdruck

Über die Luft:

a) Luftdruck ist das Gewicht der Luft.
b) Luft ist unsichtbar.
c) Bei aufsteigender Luft lösen sich Wolken auf.
d) Die Lufthülle der Erde heißt Atmosphäre.
e) Erwärmte Luft steigt auf.
f) Kalte Luft sinkt ab.

Begriffe, die den Kreislauf des Wassers beschreiben:

a) Niederschlag
b) Verdunstung
c) Wolken
d) Kondensation
e) Gewässer
f) Wind
g) Luftdruck

M2 Falsche Aussage gesucht!

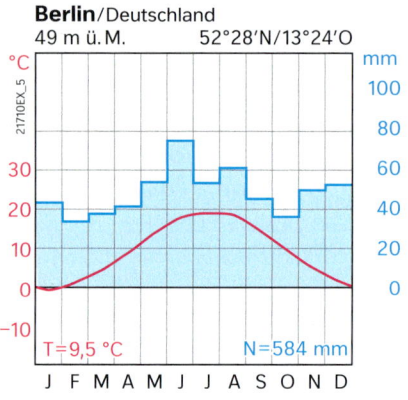

Berlin/Deutschland
49 m ü. M.   52°28'N/13°24'O
T = 9,5 °C   N = 584 mm

M5 Klimadiagramm

M3 Die Wetterelemente

kühl   bedeckt   Luftströmung
kalt   Schneefall   Sturm
bewölkt   eisig   heiter
Sprühregen   wolkenlos
Orkan   Hagel   Raureif
Tau   schwül   warm

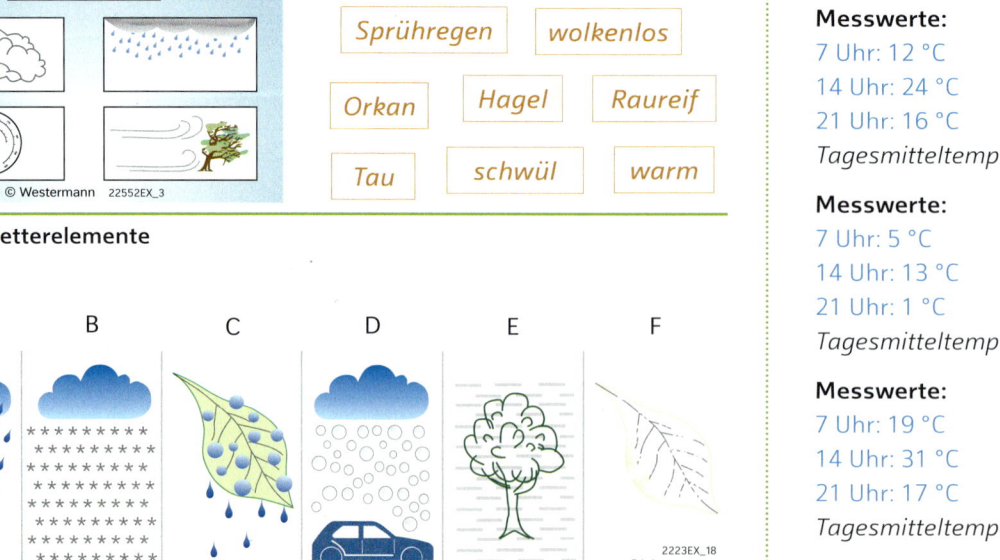

Messwerte:
7 Uhr: 12 °C
14 Uhr: 24 °C
21 Uhr: 16 °C
Tagesmitteltemperatur?

Messwerte:
7 Uhr: 5 °C
14 Uhr: 13 °C
21 Uhr: 1 °C
Tagesmitteltemperatur?

Messwerte:
7 Uhr: 19 °C
14 Uhr: 31 °C
21 Uhr: 17 °C
Tagesmitteltemperatur?

M4 Niederschlagsarten

M6 Tagesmitteltemperatur

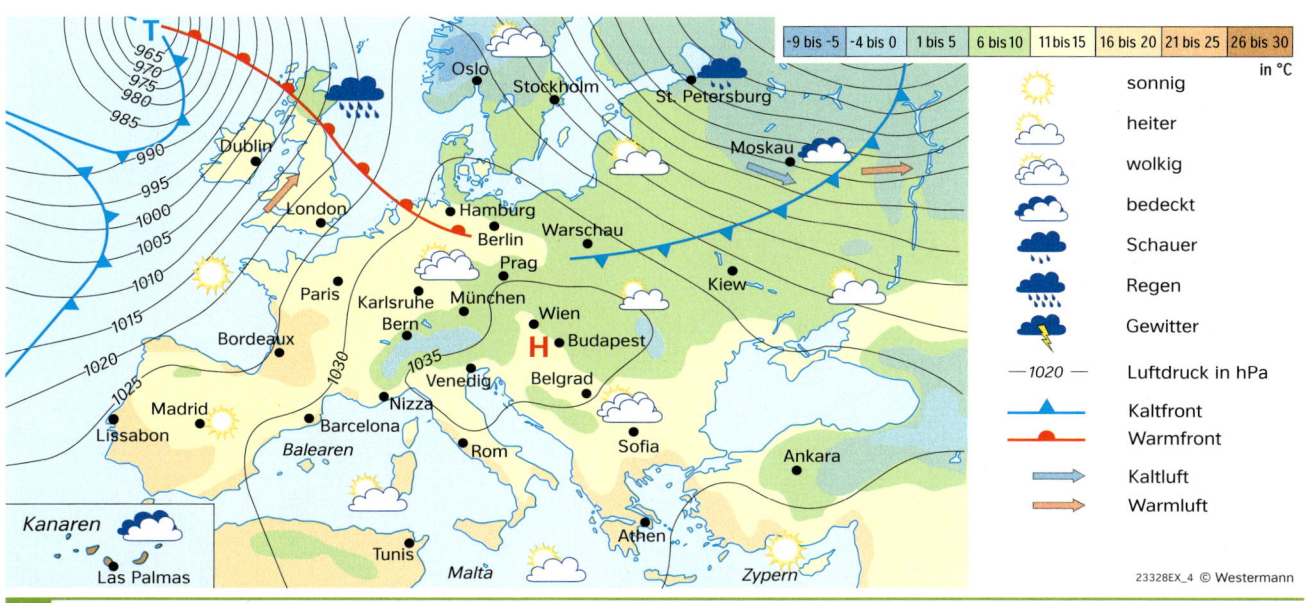

	in °C
-9 bis -5	-4 bis 0	1 bis 5	6 bis 10	11 bis 15	16 bis 20	21 bis 25	26 bis 30

sonnig
heiter
wolkig
bedeckt
Schauer
Regen
Gewitter

—1020—   Luftdruck in hPa
Kaltfront
Warmfront
Kaltluft
Warmluft

23328EX_4 © Westermann

M7 Wetterkarte

1. Wähle fünf Fachbegriffe aus der Liste und erkläre sie.

2. Notiere, um welche Niederschlagsarten es sich in M4 handelt. *(S. 52)*

3. a) Benenne die fünf eingezeichneten Wetterelemente in M3.
   b) Ordne die in M3 genannten Begriffe jeweils einem Wetterelement zu.

4. a) Beschreibe die Bilder in M1 und erkläre das Wettergeschehen.
   b) Notiere, welche Gefahren von den Wetterlagen in M1 ausgehen können.

5. Beschreibe den Unterschied zwischen Wetter und Klima. *(S. 48–59)*

6. Lies und beschreibe das Klimadiagramm M5 und triff die Kernaussagen zu dem Diagramm nach der Anleitung auf Seite **143** .

7. Bestimme die Tagesmitteltemperaturen in M6. *(S. 51)*

8. a) Nenne zwei Wetterelemente, die in der Wetterkarte M7 dargestellt sind.
   b) Werte die Wetterkarte M7 aus. *(S. 49)*

9. Unterscheide zwischen einem Tiefdruckgebiet und einem Hochdruckgebiet. Beschreibe jeweils das typische Wettergeschehen. *(S. 54/55)*

10. Eine Aussage in M2 ist jeweils falsch. Suche sie und begründe deine Wahl.

11. Gestalte mithilfe der Wetterkarte M7 eine Wettervorhersage für einen Ort deiner Wahl.

12. Du interessierst dich für den Beruf eines Wetterkundlers. Notiere mindestens fünf Fragen, die du einem Meteorologen oder einer Meteorologin stellen würdest. *(S. 56/57)*

13. Erläutere, welchen Einfluss das Wetter auf verschiedene Berufe hat.

14. Entscheide, welche Kleidung du für eine Fahrt mit der Seilbahn im Hochgebirge mitnehmen willst. Nenne Gründe für deine Auswahl. *(S. 52/53)*

Fachbegriffe

- das Wetter
- das Wetterelement
- der Niederschlag
- die Wolke
- die Verdunstung
- die Luftfeuchtigkeit
- die Kondensation

- der Wind
- der Luftdruck
- das Barometer
- das Tief
- das Hoch
- der Meteorologe/ die Meteorologin

- die Wettervorhersage
- die Wetterkarte
- die Wetterlage
- das Klima
- die Durchschnittstemperatur

- der Jahresniederschlag
- das Klimadiagramm

WES-115780-061

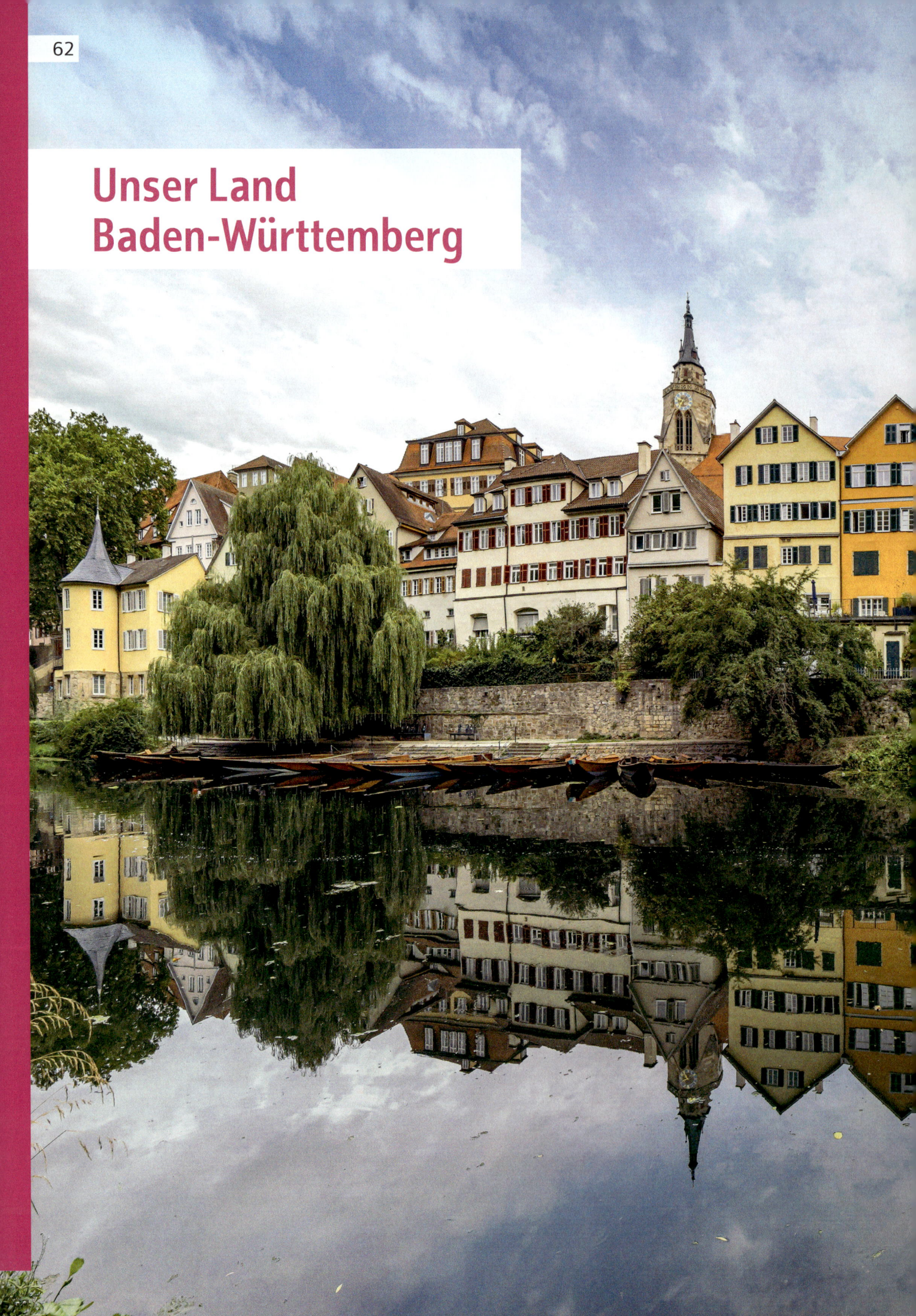

Unser Land
Baden-Württemberg

Die „Neckarfront" in der Stadt Tübingen am Fluss Neckar.

Tübingen ist eine von vielen sehenswerten Städten in Baden-Württemberg. Welche anderen Städte kennst du noch? Wo bist du schon einmal gewesen?

32936EX_1
© Westermann

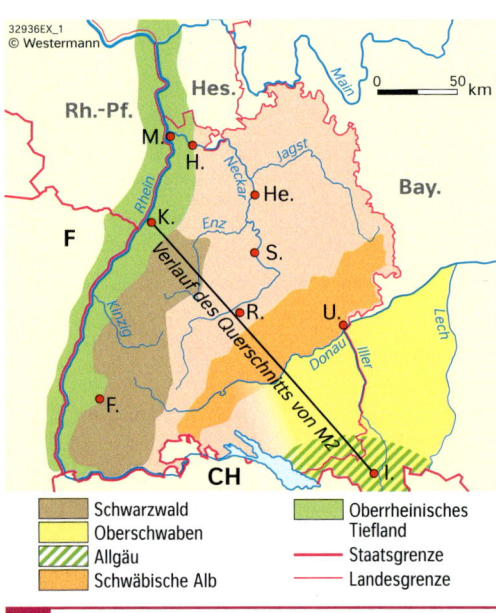

M1 Landschaften in Baden-Württemberg

Legende:
- Schwarzwald
- Oberschwaben
- Allgäu
- Schwäbische Alb
- Oberrheinisches Tiefland
- —— Staatsgrenze
- —— Landesgrenze

Ⓐ **Schwarzwald**
Das höchste und größte Mittelgebirge Deutschlands liegt parallel zum Oberrheinischen Tiefland. Der Schwarzwald ist dicht bewaldet. Er ist beliebt bei Wanderern und Mountainbikern, und im Winter kann man hier Skifahren.

Ⓑ **Oberschwaben**
Grenzt an die Schwäbische Alb und den Bodensee. Nahe dem Bodensee begünstigen warme Temperaturen den Hopfenanbau in der hügeligen Landschaft. Nördlich davon ist es kühler und die Landschaft flach. Hier herrscht Getreideanbau vor. Im südlichen Teil liegt das Allgäu.

Ⓒ **Allgäu**
Kühle Temperaturen und hohe Niederschläge prägen das bergige und hügelige Allgäu. Die Landwirte halten auf den zahlreichen Weiden Milchkühe.

Ⓓ **Schwäbische Alb**
Blickt man von Stuttgart Richtung Südosten, so sieht man die Alb als eine „blaue Mauer", die den Blick versperrt. Die Schwäbische Alb ragt steil auf. Sie ist quer von Südwesten nach Nordosten wie ein Riegel gelegen. Im Untergrund befinden sich zahlreiche Höhlen. Einzelne Berge im Albvorland zeugen davon, wie weit die Alb einst reichte.

Ⓔ **Oberrheinisches Tiefland**
Das Tiefland liegt im Westen und erstreckt sich von Süden nach Norden. Der Rhein als wichtige Schifffahrtsstraße durchfließt das Tiefland. Fruchtbare Böden und warmes Klima ermöglichen den Anbau von Obst, Wein und Spargel.

Die Landschaften in Baden-Württemberg sind vielfältig. Neben tief gelegenen Gebieten gibt es auch viele bergige Regionen.
Welche Landschaften gibt es und worin unterscheiden sie sich?

1. Nenne die Landschaften Baden-Württembergs (M1).

2. a) Beschreibe die Lage der Landschaft, in der du wohnst (M1, Atlas). 136▶
   b) Beschreibe die Lage der anderen Landschaften in Baden-Württemberg (M1).

3. Lies die Texte Ⓐ–Ⓔ und betrachte die Fotos ①–⑤. Ordne die Texte den Fotos richtig zu. Begründe deine Entscheidung. 144▶

4. Recherchiere Besonderheiten der Landschaft, in der du wohnst. Präsentiere deine Ergebnisse mit einem Computerprogramm. 140▶ 147▶

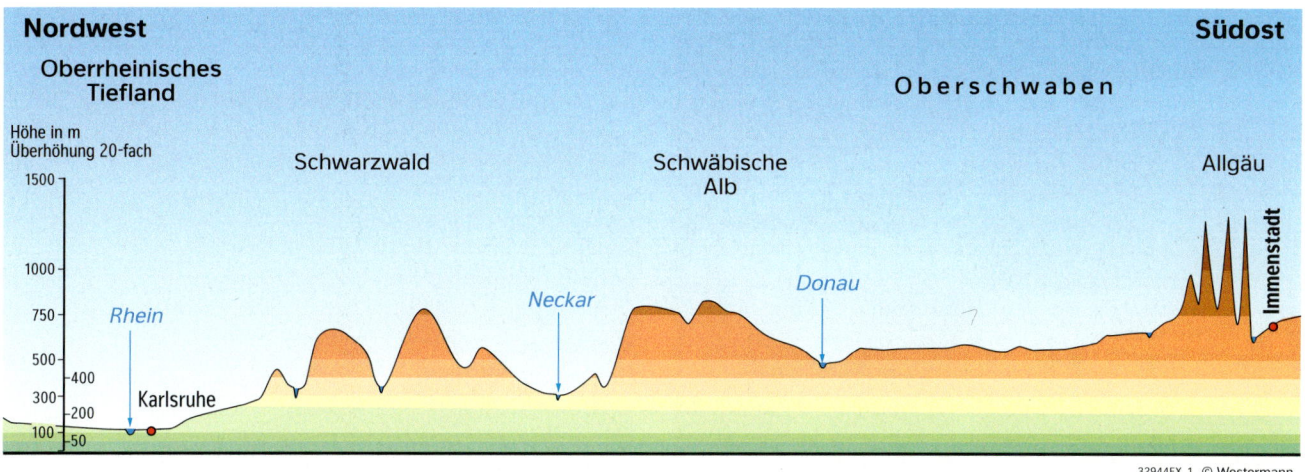

Nordwest

Oberrheinisches Tiefland

Südost

Oberschwaben

Höhe in m
Überhöhung 20-fach

Schwarzwald

Schwäbische Alb

Allgäu

Immenstadt

Rhein

Neckar

Donau

Karlsruhe

1500
1000
750
500
400
300
200
100
50

32944EX_1 © Westermann

M2 Querschnitt durch Baden-Württemberg von Nordwest nach Südost

Unser Baden-Württemberg

Typisch für die Landschaften Baden-Württembergs ist die Vielfalt. Diese zeigt sich nicht nur in den fünf großen Landschaften (siehe M1), sondern auch in den vielen kleinen Besonderheiten, die unser Bundesland zu bieten hat, wie zum Beispiel:

- Die Hornisgrinde im Nordschwarzwald ist einer der höchsten Berge in Baden-Württemberg. Auf ihr befindet sich ein Aussichtsturm und ein Sendemast (M3). Die Berghänge und Kuppen sind nicht durchgängig bewaldet.
- Im Vorland der Schwäbischen Alb stehen immer wieder einzelne, steil ansteigende Berge. Besonders bekannt ist die Burg Hohenzollern bei Hechingen (M4).
- In Baden-Württemberg gibt es auch Inseln. Eine davon ist die Insel Reichenau im Bodensee, auf der sich ein Kloster befindet (M5).
- Während an den Hängen des Oberrheinischen Tieflandes vor allem Weinreben gut gedeihen (M6), findet man in der Ebene häufiger Ackerflächen. Von hier aus hat man sozusagen den Schwarzwald vor Augen.

M4 Burg Hohenzollern

M5 Insel Reichenau

M3 Hornisgrinde im Schwarzwald

M6 Weinanbau am Kaiserstuhl

M1 Fahrradtouren entlang des Rheintal-Wegs in Baden-Württemberg sind beliebt. Hier steht ein Wegweiser nahe Breisach am Rhein.

M2 Weinbaugebiete prägen die Landschaft im Norden und Westen des Bundeslandes.

Von Norden nach Süden und von Westen nach Osten gibt es in Baden-Württemberg viel zu erkunden.
Wo liegen bekannte Städte, Flüsse und Gebirge? Wie gut kennst du dich aus?

1. Arbeite mit der Maßstabsleiste. Ermittle die Nord-Süd-Ausdehnung (etwa die Strecke Wertheim – Friedrichshafen) und die West-Ost-Ausdehnung (etwa die Strecke Kehl – Ulm) Baden-Württembergs (M5, Atlas). 136 ▶

2. a) Bearbeite mithilfe des Atlas die Übungskarte M5. Notiere die jeweilige Ziffer oder den Buchstaben und ergänze die entsprechenden Namen
   - für Gebirge und markante Berge: ①–⑪;
   - für Gewässer (Flüsse und Seen): a – i;
   - für Landschaften: 1 – 9.
   b) Ermittle mithilfe des Atlas und von M5 Städte in Baden-Württemberg. Suche die Namen und notiere sie, indem du zuerst die Abkürzung und dann den Namen der Stadt aufschreibst.

Ⓦ 3. Baden-Württemberg kann man hervorragend auf dem Fahrrad erkunden. Zahlreiche Radwege durchziehen das Land. Der Rheintal-Weg und der Neckartal-Radweg sind die beiden längsten Radwege. Sie sind in der Karte M5 eingezeichnet.
   a) Wähle aus:
   A Ermittle die Länge des Rheintal-Wegs und des Neckartal-Radwegs mithilfe des Maßstabs.
   B Nenne die Städte, die am Rheintal-Weg oder am Neckartal-Radweg liegen.
   b) Recherchiere. Stelle weitere Fahrradrouten durch Baden-Württemberg vor. 140 ▶

M3 Dieser Turm steht in einer Stadt im südlichsten Teil von Baden-Württemberg.

M4 Blick über die selbsternannte „Stadt der Spiele"

WES-115780-067

Über den folgenden Link
gelangst du zu einer Auswahl
von Internetadressen, mit deren
Hilfe du dich besser in Baden-
Württemberg orientieren kannst.

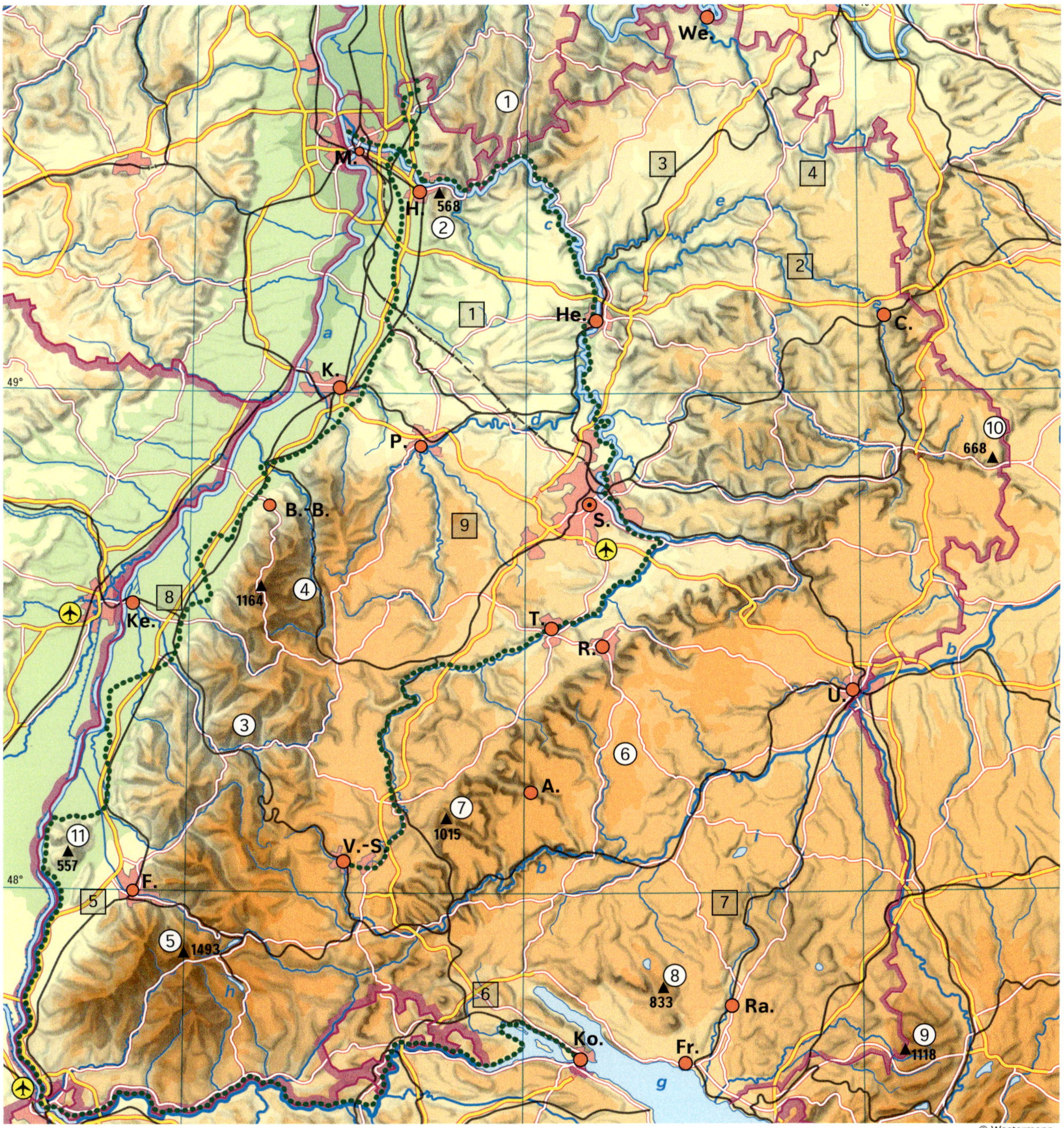

© Westermann
32955EX_2

① – ⑪ Gebirge / Berg

a – i Gewässer

1 – 9 Landschaften

● **S.** Städte mit
Anfangsbuch-
staben

▨▨▨ Staatsgrenze

▬▬▬ Landesgrenze

••••••• Radwanderwege

✈ Flughafen

▲689 Berg mit Höhenangabe

0   20   40 km

M5 Übungskarte Baden-Württemberg

Der Schwarzwald – ein Mittelgebirge

M1 Lage des Schwarzwalds in Baden-Württemberg

M2 Die Ravennabrücke im Höllental

Landschaften können ganz unterschiedlich aussehen. Der Schwarzwald ist eine der außergewöhnlichsten Regionen in Baden-Württemberg. Wie ist er entstanden? Was macht ihn besonders?

1. a) Beschreibe den Weg der Familie Greber von Ihringen bis zum Feldberg.
   b) Finde heraus, ob es auch möglich wäre, mit dem Zug von Ihringen bis nach Hinterzarten zu fahren (Atlas).

2. Ermittle die Entfernung (Luftlinie) zwischen Ihringen und dem Feldberg (Atlas).

3. Die Landschaft verändert sich vom Oberrheinischen Tiefland bis zum Feldberg (M3 – M8). Erläutere.

4. Die Fotos M7 und M8 sind begehrte Postkartenmotive. Wähle ein Motiv aus und verfasse dazu einen Postkartentext, in dem du von der Region berichtest (Atlas, Internet). **144**▸

5. „Der Feldberg ist nicht nur der höchste Berg im Schwarzwald, sondern auch der höchste Berg der deutschen Mittelgebirge." Überprüfe diese Aussage mithilfe von M9 und dem Atlas.

Durch das Höllental auf den höchsten Berg von Baden-Württemberg

Leona und Noel Greber haben Ferien, ihre Eltern Urlaub. Die Familie wohnt in Ihringen am Kaiserstuhl. Sie hat sich für die nächsten Tage etwas Besonderes vorgenommen, denn das Wetter soll schön bleiben. Familie Greber will vom Ort Hinterzarten aus bis zum Feldberg wandern. Das ist der höchste Berg im Schwarzwald. Der Schwarzwald ist ein **Mittelgebirge**.

Die Familie fährt mit dem Auto über Freiburg bis zum Bahnhof in Kirchzarten und stellt den Pkw auf dem Parkplatz ab. Dort steigt sie in die Höllentalbahn ein und fährt mit diesem Zug bis zum Bahnhof Hinterzarten. Von dort aus geht es zu Fuß bis zum Feldberg.

Auf dem Weg von Ihringen bis Hinterzarten ist Familie Greber mit dem Auto und der Bahn durch verschiedene Landschaften gefahren: durch das meist flache Oberrheinische Tiefland mit der hügeligen Vorbergzone bis in den Schwarzwald.

Das Höllental steigt steil an. Hinterzarten liegt rund 400 Meter höher als der Bahnhof Himmelreich.

INFO

Mittelgebirge
In einem Mittelgebirge sind die höchsten Berge nicht höher als 1500 Meter hoch. Die Berge sind abgerundet und häufig bewaldet. Steile Gipfel und hohe Felswände gibt es kaum.

Das Oberrheinische Tiefland ist 30 bis 40 Kilometer breit und rund 300 Kilometer lang. Es reicht von der Stadt Basel im Süden an der Schweizer Grenze bis nach Mainz im Norden. Durch das meistens flache Tiefland fließt der Rhein. Die höchste Erhebung ist der Kaiserstuhl (557 Meter ü. M.). Die hügelige Vorbergzone bildet den Übergang zum Mittelgebirge des Schwarzwaldes.

M3 Oberrheinisches Tiefland

M4 Vorbergzone am westlichen Rand des Schwarz-walds

M7 Freiburg im Breisgau mit dem Schwarzwald im Hintergrund

M5 Blick hinauf zum Feldberg

M8 Blick hinunter vom Feldberg

Fachbegriff

■ das Mittelgebirge

Das Höllental ist eines der eindrucksvollsten Täler im Schwarzwald. Es ist etwa zehn Kilometer lang und verbindet die Stadt Freiburg mit Hinterzarten. Das Höllental ist ein enges Felsental. Rechts und links des Tales steigen bewaldete Hänge bis zu 600 Meter steil an. Sie begrenzen das Tal. Der Rotbach schlängelt sich durch das Tal, in dem es auch mehrere Wasserfälle zu bestaunen gibt.

M6 Aus einem Reiseführer über das Höllental

Feldberg   Bayerischer Wald   Schneeberg

Harz   Großer Arber   Rhön   Eifel

Thüringer Wald   Hohe Acht   Schwarzwald

Erbeskopf   Hunsrück   Großer Beerberg

Schwäbische Alb   Brocken   Erzgebirge

Fichtelberg   Fichtelgebirge   Wasserkuppe

Rothaargebirge   Langenberg   Lemberg

M9 Ausgewählte deutsche Mittelgebirge (hellbraun) und ihre höchsten Berge (blau)

M1 Blick vom Feldberg auf den Feldbergsee

Der Schwarzwald ist das größte Mittelgebirge in Deutschland. Der höchste Berg im Schwarzwald ist der Feldberg mit 1493 Metern Höhe. Was zeichnet die Region rund um den Feldberg aus?

1. Beschreibe das Foto M1. **144**

2. Nenne Freizeitmöglichkeiten im Gebiet des Feldbergs (M1–M4, Atlas).

3. Durch einen Gletscher wurde die Landschaft rund um den Feldberg geformt. Berichte (M2).

W 4. Wähle aus:
   A Erläutere, warum viele Täler im Westen des Schwarzwalds Kerbtäler sind (M7).
   B Arbeite den Unterschied zwischen einem Kerbtal und einem Muldental heraus (M7, M8).

5. Du möchtest im Oktober eine Wanderung am Feldberg machen. Erstelle eine Liste mit Kleidungsstücken, die du anziehen und mitnehmen willst (M5, M6). **143**

Der Ranger erzählte uns, dass der Feldberg vor etwa 15 000 Jahren von einem Gletscher bedeckt war. Damals war es viel kälter als heute. Es hat häufiger geschneit und aus dem Schnee ist Eis geworden. Das Eis hat dafür gesorgt, dass der Feldberg oben so rund ist, also ein richtiger Buckel. Auch die Täler am Feldberg hat der Gletscher verändert. Er hat sie ausgeschürft und breiter gemacht. Der Ranger hat uns Überreste der früher vereisten Landschaft am Feldsee gezeigt. Der See ist kreisrund. Er entstand, als der Gletscher abgeschmolzen ist. Steine, die der Gletscher vom Feldberg mitgebracht hat, liegen hier herum.

M2 Aus dem Tagebuch von Noel Greber

Unterwegs mit einem Ranger

Familie Greber hat in der Jugendherberge Feldberg übernachtet. Heute macht die Familie eine Wanderung mit dem Feldberg-Ranger Achim Laber. Der kennt sich hier aus wie in seiner Westentasche. Am Haus der Natur treffen sich die Teilnehmer der Wanderung um 10 Uhr. Ranger Achim Laber begrüßt die Gäste. Er zeigt und erläutert auf einer großen Karte den Wanderweg. Die Kinder Leona und Noel Greber kennen den Ranger aus einer Fernsehsendung. Während der Wanderung bleibt er immer wieder stehen und erklärt den Gästen verschiedene Dinge entlang des Weges.

M3 Fotos von Leona Greber

M4 Skifahren auf dem Feldberg

Die Landschaft im Südschwarzwald

Auf dem Feldberg im Schwarzwald kann man noch Skifahren, wenn die Obstbäume im Oberrheinischen Tiefland schon blühen. Auf dem Feldberg ist das Klima rauer und feuchter als im Tiefland. Hier wird es nicht so warm und es fallen mehr Niederschläge. Auch der Wind weht häufiger und stärker als im Tiefland. Das ist kein Wunder. Durch starke Kräfte im Inneren der Erde wurde der Schwarzwald vor etwa 40 Millionen Jahren hochgehoben. Es entstand das höchste Mittelgebirge Deutschlands. Gleichzeitig ist das Gebiet des heutigen Oberrheinischen Tieflandes abgesunken.

Der Südschwarzwald fällt zum Oberrheinischen Tiefland hin steil ab. Das Gefälle der Bäche und Flüsse ist groß. Sie führen vor allem im Frühjahr und nach starken Regenfällen eine Menge Wasser und haben enge, tiefe Täler geschaffen (**Kerbtäler**). Nach Osten zur Donau hin fällt der Schwarzwald weniger steil ab. Dort gibt es breitere und flachere Täler (**Muldentäler**).

M7 Kerbtal

M8 Muldental

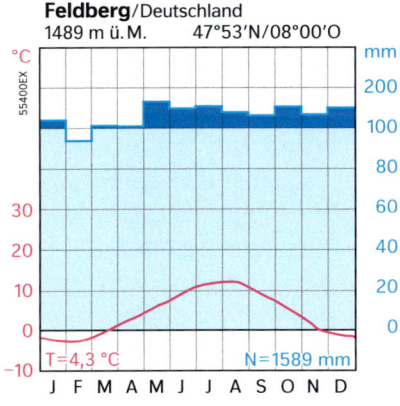

Feldberg/Deutschland
1489 m ü. M.   47°53'N/08°00'O

T=4,3 °C   N=1589 mm

M5 Klimadiagramm vom Feldberg

M6 Wetterextreme am Feldberg

- niedrigste Temperatur: -30,7 °C
- höchste Temperatur: 27,4 °C
- höchste Windgeschwindigkeit: 213 km/h
- durchschnittlicher Jahresniederschlag: 1637 mm
- größte Schneehöhe: 350 cm
- im Mittel an 157 Tagen im Jahr eine Schneedecke

Fachbegriffe

- das Kerbtal
- das Muldental

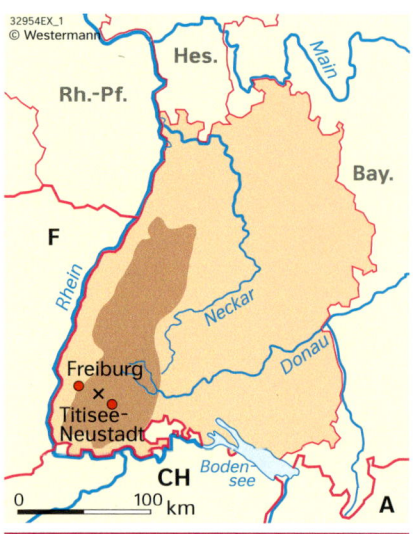

M1 Lage von Titisee-Neustadt und dem Tannenhof (x)

M2 Der Tannenhof

Der Schwarzwald mit seiner besonderen Landschaft macht die Region attraktiv für Tourismus. Auch Landwirtschaft wird hier betrieben. Welche Freizeitmöglichkeiten bietet die Region um den Schwarzwald? Was erschwert die landwirtschaftliche Nutzung?

1. Beschreibe das Foto M2. **144**

2. Nenne mögliche Gründe, warum sich das Ehepaar Schuster für die Grünlandwirtschaft entschieden hat.

3. Erstelle eine Zeichnung zum Weg der Milch vom Tannenhof bis zur Molkerei in Freiburg (M2, M3, Atlas).

4. Erstelle eine Liste mit Milchprodukten, die du in den letzten drei Tagen getrunken oder gegessen hast.

5. Nenne Gründe, warum der Schwarzwald ein beliebtes Erholungsgebiet ist (M4, Atlas).

6. Erstelle eine Mindmap zum Thema „Tourismus im Schwarzwald". Nutze auch den Atlas. **145**

7. Der Tourismus ist ein Motor der Wirtschaft im Schwarzwald. Erläutere (M6).

W 8. Wähle aus:
   A Gestalte ein Werbeplakat zu einem Tourismusort oder zu einer Sehenswürdigkeit im Schwarzwald (Atlas, Internet). **139** **140**
   B Verfasse ein Referat zu einem Tourismusort oder einer Sehenswürdigkeit im Schwarzwald (Atlas, Internet). **140** **146**

Der Tannenhof im Südschwarzwald

Der Tannenhof liegt in der Nähe der Stadt Titisee-Neustadt in fast 1000 Meter Höhe. Der Bauernhof gehört Hans und Erika Schuster. Er steht inmitten saftig grüner Wiesen und Weiden.

Im Südschwarzwald betreiben viele Landwirtinnen und Landwirte **Grünlandwirtschaft**. Sie halten entweder Milchkühe wie das Ehepaar Schuster oder Rinder für die Fleischproduktion. In den höheren Bergregionen des Südschwarzwaldes ist das Klima zu kühl und zu feucht für den Ackerbau. Auch die Böden sind nicht so fruchtbar.

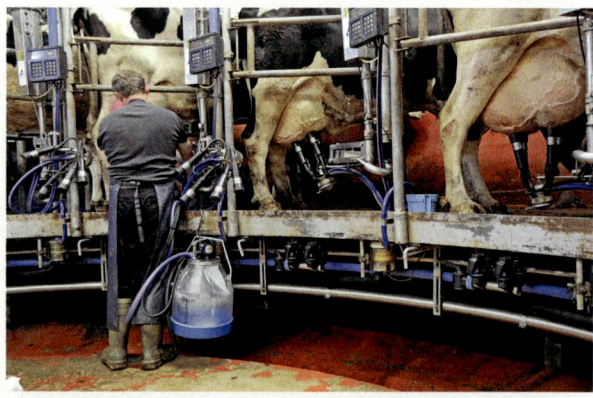

„Wir haben 35 Milchkühe. Sie sind nur im Sommer draußen auf der Weide. Die übrige Zeit bleiben sie im Stall. Dann füttern wir die Tiere mit Gras und Heu von unseren Wiesen. Das Gras wächst schnell, so dass wir die Wiesen mehrmals im Jahr mähen können. Die Kühe bekommen zusätzlich noch Kraftfutter, das wir kaufen. Die Milchkühe melke ich jeden Tag morgens und abends im Melkstand. Die Milch verkaufen wir an eine Molkerei in Freiburg. Ein Tankwagen holt sie ab."

M3 Landwirtin Erika Schuster erzählt.

M4 Am Titisee in Titisee-Neustadt. Hier machen jedes Jahr mehr als 100 000 Menschen Urlaub.

Erholung im Schwarzwald

Der Schwarzwald ist ein beliebtes Erholungsgebiet. Hier verbringen jedes Jahr über acht Millionen Menschen ihren Urlaub. Hinzu kommen etwa 135 Millionen Tagesausflügler. Die Touristinnen und Touristen schätzen die reizvolle Landschaft, das angenehme Klima und die vielen Freizeitmöglichkeiten.

Viele kommen zum Beispiel her, um zu wandern. Andere nutzen lieber die Fahrradwanderwege oder Mountainbikestrecken. Oft besucht werden die Seen und die hohen Aussichtsberge des Schwarzwaldes.

Im Winter ist der Feldberg ein beliebtes Ziel zum Skifahren und Snowboarden. Auch das Skilanglaufen und das Schneeschuhwandern sind beliebt.

Mit dem Nationalpark Schwarzwald wurde eine weitere Touristenattraktion geschaffen. Urlaubsgäste geben im Durchschnitt rund 110 Euro am Tag aus und Tagesgäste circa 25 Euro. Im Schwarzwald leben etwa 400 000 Menschen vom **Tourismus**. Jede siebte beschäftigte Person ist im Tourismus tätig.

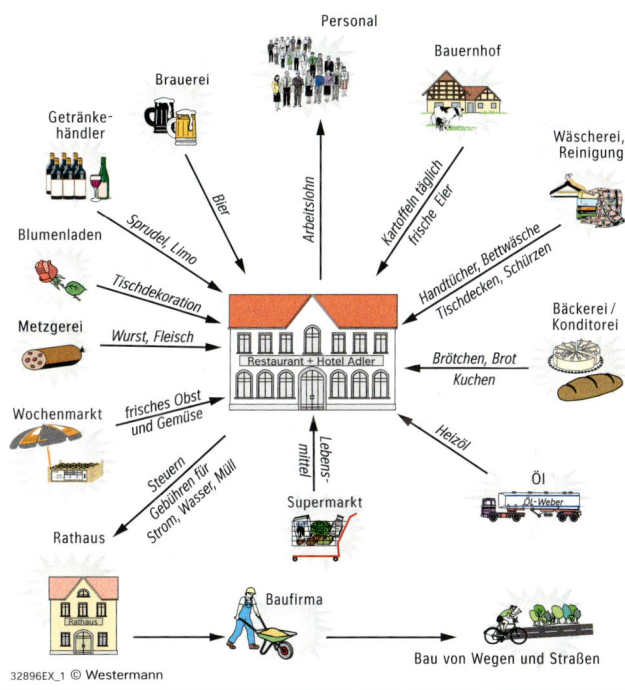

M6 Auswirkungen des Tourismus auf die Wirtschaft

„Von der Milchwirtschaft allein konnten wir nicht mehr leben. Deshalb haben wir im Sommer 2018 den Bauernhof umgebaut und vier Ferienwohnungen eingerichtet, die wir an Urlauberinnen und Urlauber vermieten.

Damals haben wir auch noch einen neuen Stall für die Kühe gebaut. Ich hoffe, dass später eines unserer drei Kinder den Hof übernehmen wird. Dann hätte sich die hohe Investition auf jeden Fall sehr gelohnt."

M5 Landwirt Hans Schuster berichtet.

Tourismus

Unter Tourismus versteht man den Reiseverkehr zu Zwecken der Erholung und Bildung. Reiseziele sind Gebiete oder Länder, die die Reisenden (Touristen) schön und interessant finden. Dort gibt es oft viele touristische Einrichtungen, zum Beispiel Hotels, Museen, Wanderwege oder Skipisten.

Fachbegriffe

- die Grünlandwirtschaft
- der Tourismus

Lage der Schwäbischen Alb in Baden-Württemberg

M1 Lage der Schwäbischen Alb in Baden-Württemberg

Ein Flug über das Albvorland

Sophia wartet so lange, bis ihr der Wind ins Gesicht bläst. Dann nimmt sie ein paar Schritte Anlauf und stürzt sich mit ihrem Drachenflieger ins Leere. Warme Luft, die aufsteigt, bringt sie wie ein Fahrstuhl immer weiter nach oben.

Die Sicht ist gut. Sophia kann in der Ferne die Albhochfläche erkennen. 50 Meter unter ihr hebt sich der Albtrauf, die Oberkante des Albaufstiegs, deutlich von der Umgebung ab. Sophia fliegt an der Burg Hohenzollern vorbei, die auf einem einzeln stehenden Berg erbaut wurde. Leute winken ihr zu.

Sie sucht eine geeignete Stelle, wo sie landen kann. Schließlich entdeckt sie eine große Wiese im Albvorland, auf der sie sanft mit ihrem Flieger aufsetzt. Dort holt sie ihr Freund ab.

INTERNET

Über den folgenden Link gelangst du zu einer interaktiven Übersichtskarte mit vielen Sehenswürdigkeiten rund um die Schwäbische Alb.

WES-115780-074

Die Schwäbische Alb ist ein rund 200 Kilometer langes Mittelgebirge im Südosten Baden-Württembergs. Weite Ebenen mit zahlreichen Höhlen, Quellen und Felsen prägen die Landschaft. Begleite Sophia auf ihrem Flug über einen Teil der Alb.

1. Beschreibe, wie das Albvorland, der Albaufstieg und der Albtrauf sowie die Albhochfläche aussehen (M3–M5).

2. Ordne die Fotos M3–M5 den Zahlen ①–③ in der Übungskarte M2 zu.

3. Löse die Übungskarte M2 mithilfe des Atlas. 136 ▶

4. Auf der Schwäbischen Alb entspringen mehrere Flüsse. Welche davon sind Nebenflüsse der Donau und welche sind Nebenflüsse des Neckars? Erstelle eine Tabelle (M2, Atlas).

W **5.** Wähle aus:
  A Ermittle die Länge und Breite der Schwäbischen Alb (Atlas).
  B Vergleiche die Länge und Breite der Schwäbischen Alb mit dem Schwarzwald (Atlas).

Z **6.** Recherchiere im Internet und präsentiere eine Sehenswürdigkeit deiner Wahl, die sich auf der Schwäbischen Alb befindet (Internet).

M2 Übungskarte Schwäbische Alb

M3 Albvorland mit Burg Hohenzollern

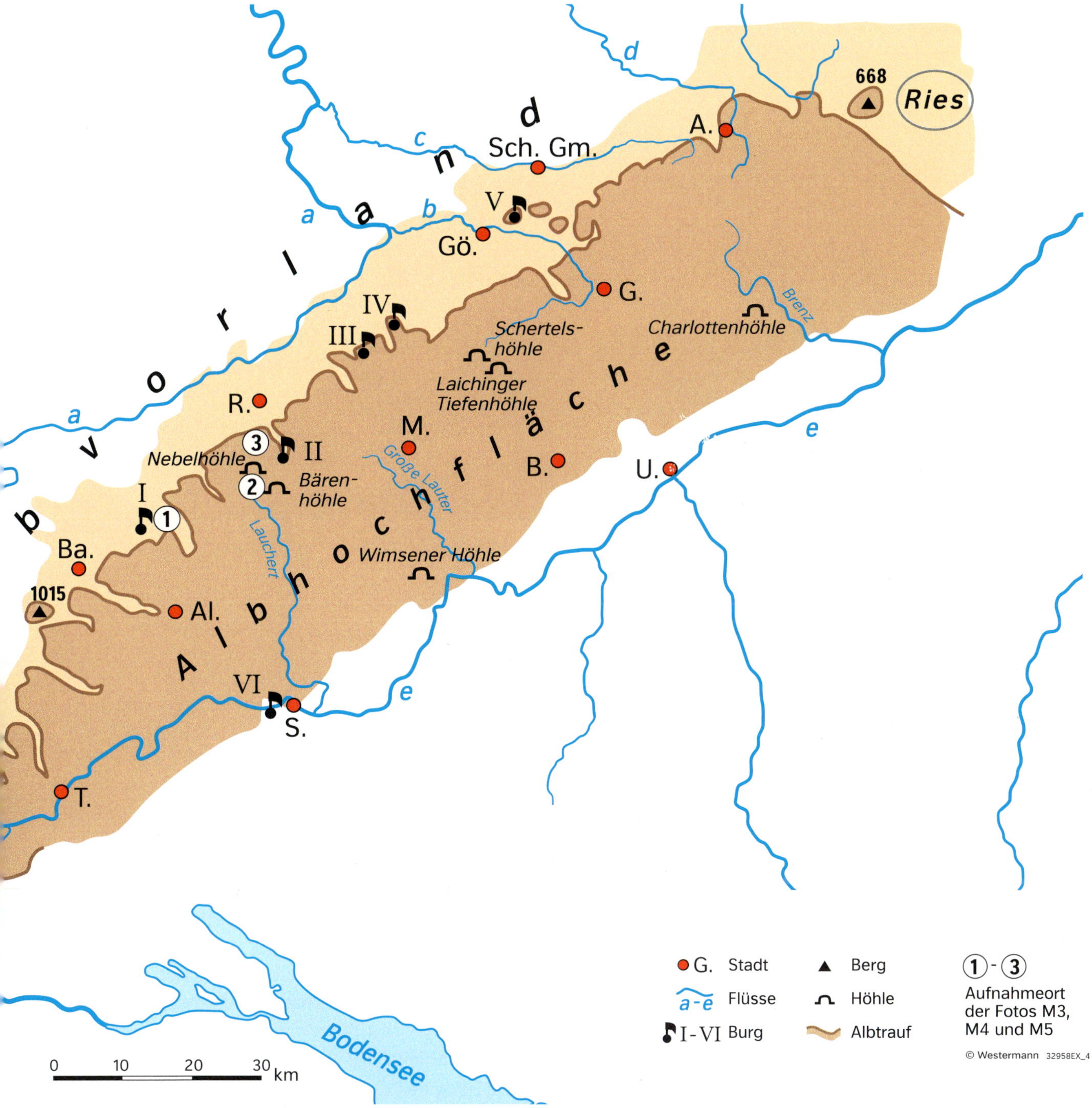

668
▲ Ries

Sch. Gm.

A.

V
Gö.

G.

Brenz

Schertels-
höhle

Charlottenhöhle

IV

III

Laichinger
Tiefenhöhle

R.

M.

Große Lauter

3

Nebelhöhle
II

B.

U.

2

Bären-
höhle

I
1

Lauchert

Ba.

Wimsener Höhle

e

1015
▲

Al.

VI

S.

e

T.

Bodensee

● G.	Stadt	▲	Berg	①-③
⁀a-e	Flüsse	⌒	Höhle	Aufnahmeort der Fotos M3, M4 und M5
♪ I-VI	Burg	∿	Albtrauf	© Westermann 32958EX_4

0   10   20   30 km

M4 Albaufstieg mit Albtrauf bei Reutlingen

M5 Albhochfläche bei Sonnenbühl

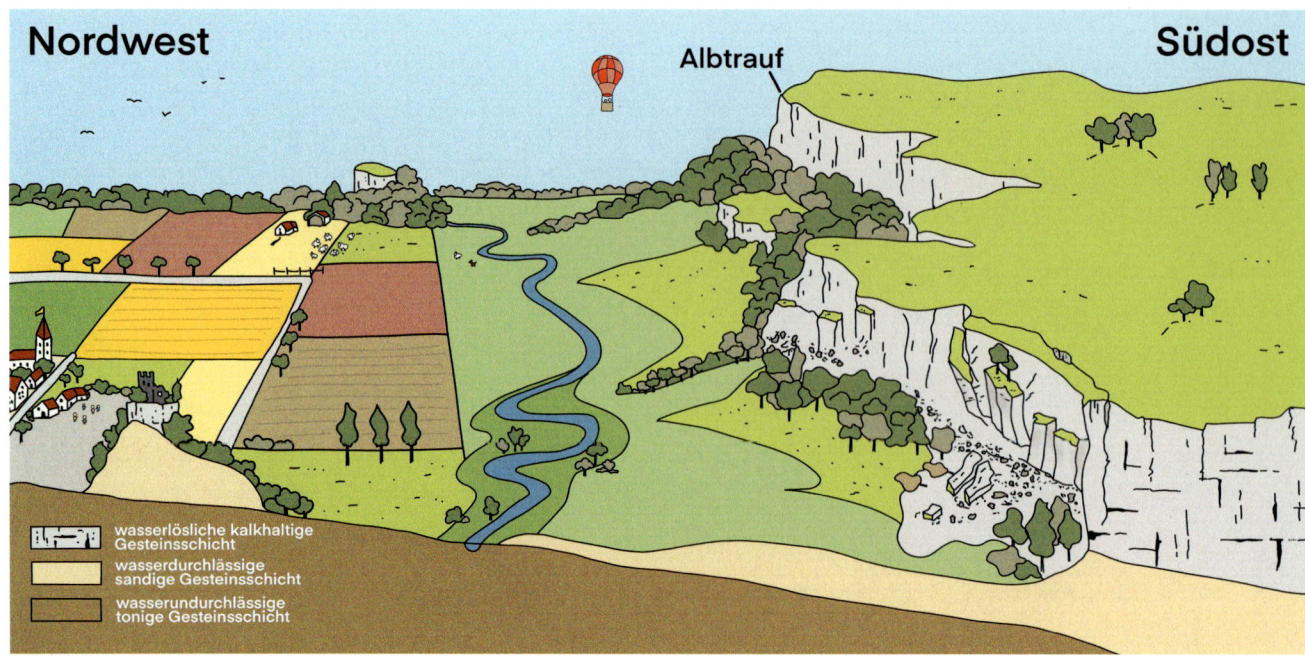

Nordwest

Südost

Albtrauf

wasserlösliche kalkhaltige Gesteinsschicht

wasserdurchlässige sandige Gesteinsschicht

wasserundurchlässige tonige Gesteinsschicht

M1 Schnitt durch das Albvorland mit Zeugenbergen bis zur Albhochfläche

Der Albtrauf ist ein nach Nordwesten ausgerichteter, oft bewaldeter Steilhang der Schwäbischen Alb. Er trennt die Hochebene vom tiefer gelegenen Albvorland.
Wie ist der Albtrauf entstanden? Und wieso bewegt er sich?

1. Beschreibe, wie sich die Landschaft vom Albvorland im Nordwesten bis zur Albhochfläche im Südosten verändert (M1).

W **2.** Wähle aus:
A Nenne die Gesteinsschichten, aus denen das Albvorland aufgebaut ist.
B Nenne und charakterisiere die oberste Gesteinsschicht, aus der die Schwäbische Alb aufgebaut ist.

3. Lege Transparentpapier auf die Zeichnung M1. Zeichne mit Buntstiften ein: das Albvorland (grün), die Zeugenberge (braun), den Steilanstieg der Alb und die Geröllhalden (blau), den Albtrauf (dicke rote Linie) und die Albhochfläche (gelb).

4. „Die Alb besteht aus Meeresablagerungen, die sich zu Gesteinsschichten verfestigt haben." Erläutere diese Aussage (Text, M2).

5. Erkläre, wie es zum Bergsturz von Mössingen kam (M3–M6).

Z **6.** Recherchiere im Internet oder anderen Medien. Wie hat der Bergrutsch von Mössingen die Landschaft verändert? 140
Verfasse ein Referat darüber. 146

Der Albtrauf wandert

Während der Jurazeit, vor etwa 180 bis 130 Millionen Jahren, lagerten sich am Boden des Jurameers zunächst dunkle Tone ab, danach vorwiegend braune, sandige Schichten und schließlich hell gefärbte Kalke (siehe M3). Diese Ablagerungen verfestigten sich im Laufe der Zeit zu Gesteinsschichten. Sie wurden durch Kräfte aus dem Erdinneren schräg gestellt, nachdem sich das Jurameer zurückgezogen hatte.
In die steile Seite der Schwäbischen Alb, die nach Nordwesten zum Neckar hin zeigt, haben sich Flüsse tief eingeschnitten und Gesteinsmaterial abgetragen. Durch **Erosion** wurde der Albtrauf in Richtung Südosten zurückverlegt.
An verschiedenen Stellen blieben jedoch einzelne Berge stehen, die **Zeugenberge** genannt werden. Diese Bergkuppen sind Teil des Albvorlands und zeugen davon, dass sie einmal Teil der Alb gewesen sind.

Meer
Festland

Hamburg
Bremen
Hannover
Magdeburg
Köln
Leipzig
Frankfurt
Nürnberg
Stuttgart
Scharnhausen
Mössingen
Basel

32946EX_1

0   100 km

M2 Meer und Festland zur Jurazeit mit Städten und Grenzen, die es damals noch nicht gab.

M3 Blick auf den Albtrauf

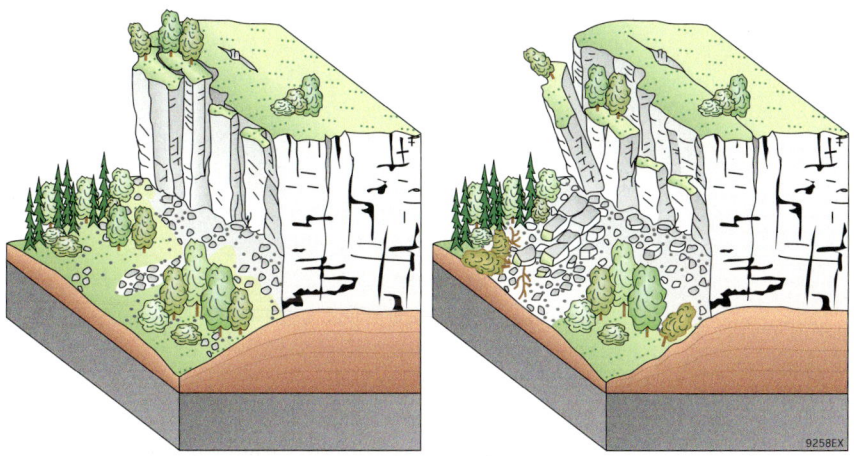

M4 Auswirkungen der Erosion am Albtrauf

Geologen (Wissenschaftlerinnen und Wissenschaftler, die sich mit der Zusammensetzung der Erdkruste und den Eigenschaften ihrer Gesteine beschäftigen) haben in der Nähe des Ortes Scharnhausen in einem erloschenen Vulkan Gesteine des Weißen Jura entdeckt. Sie konnten dadurch beweisen, dass die Schwäbische Alb vor rund 15 Millionen Jahren zumindest bis Scharnhausen, wahrscheinlich aber sogar bis nach Stuttgart gereicht hat.

Die Forscher haben ausgerechnet, dass der Albtrauf durch Erosion jedes Jahr um etwa zwei Millimeter zurückverlegt wird. Die Schichten des Braunen Jura saugen sich nach starken Regenfällen mit Wasser voll und kommen ins Gleiten. Dadurch rutschen die darüberliegenden härteren Kalkschichten nach. Am Albtrauf lösen sich große Gesteinsschollen ab. Wenn sie keinen festen Halt mehr haben, rutschen sie langsam hangabwärts oder kippen um. Am Fuß des Albtraufs haben sich Geröllhalden gebildet.

M5 Der Albtrauf weicht zurück.

Dienstag, 12. April 1983: Es ist neblig und es regnet wie an den Tagen zuvor. Förster Heinrich Nagler ist auf einem Waldweg in seinem Revier am Hirschkopf bei Mössingen unterwegs. Plötzlich wird die Stille durch das heftige Bersten von Baumstämmen gestört. Der Förster schreckt zusammen vom Lärm der herabstürzenden Felsbrocken. Er rennt 200 Meter auf dem Waldweg weiter und bleibt fassungslos vor einem Abgrund stehen. Der Weg vor ihm ist weggerissen. Wie von Geisterhand gleiten ganze Waldstücke talwärts. Was früher fester Boden war, scheint nun wie eine zähflüssige Masse. Der Albtrauf ist auf einer Länge von 600 Metern in die Tiefe gestürzt. Eine nackte steile Felswand tut sich vor Förster Nagler auf.

M6 Bergsturz bei Mössingen

Fachbegriffe

- die Erosion
- der Zeugenberg

M1 Der Blautopf – ein beliebtes Ausflugsziel

M3 Eingang zur Falkensteiner Höhle – eine Karsthöhle auf der Schwäbischen Alb

Die Schwäbische Alb ist eine Karstlandschaft. Sie ist mit einer Vielzahl von Höhlen durchsetzt. Niederschläge versickern schnell und das Wasser fließt unterirdisch ab und kommt an Karstquellen wieder an die Oberfläche. Wie entstehen Karsthöhlen? Welche Rolle spielt das Wasser?

1. Nenne je eine Karstformen, die unter der Erdoberfläche und an der Erdoberfläche vorkommt (M1–M4, M6).

2. Beschreibe das Foto M1.

W 3. Wähle aus:
   A Erläutere mithilfe des Textes, wie eine Karsthöhle entsteht.
   B Erläutere, wie Tropfsteine entstehen (M6).

4. Erörtere, warum die Wasserversorgung der Menschen auf der Alb schwierig ist (Text, M5).

An der Oberfläche trocken, im Inneren feucht

„Die Bäche und Flüsse auf der Alb kann man mit einer Hand abzählen", berichtet die Geologin Andrea Eberle. „Nur im Kalkstein selbst gibt es genügend Wasser. Es sammelt sich unterirdisch auf wasserundurchlässigen Gesteinsschichten des Braunen Jura (siehe S. 76 M1) und kommt in Form von Karstquellen am Rand der Alb oder in den Tälern wieder zum Vorschein." Mit diesem Wasser werden die Menschen auf der wasserarmen Schwäbischen Alb zum Teil versorgt.

Die bekannteste Karstquelle ist der Blautopf. Er ist der Endpunkt eines 1400 Meter langen Höhlensystems. Darin sammelt sich das Wasser, das im Umkreis von sieben Kilometern versickert. Nach sehr starken Regenfällen treten an der Quelle bis zu 32 000 Liter Wasser pro Sekunde aus. So viel Wasser verbrauchst du in ungefähr 250 Tagen.

M2 Der Blautopf bei Blaubeuren

M4 In einer Tropfsteinhöhle

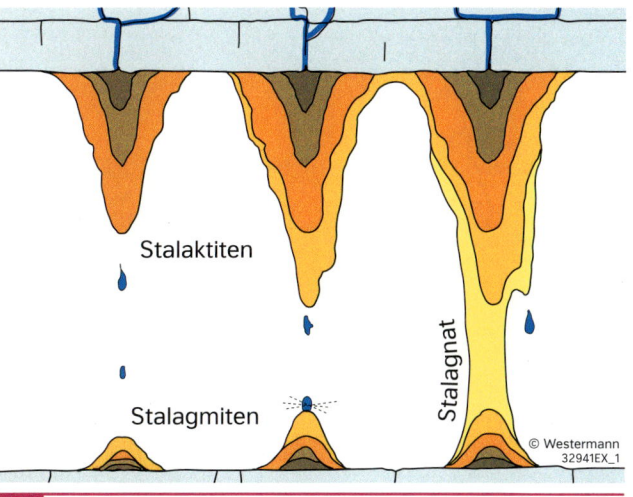

M6 Entstehung von Tropfsteinen

Steter Tropfen höhlt den Stein

Die Schwäbische Alb besteht aus Kalkstein, der von unzähligen haardünnen Rissen durchzogen ist. Wenn es regnet, versickert deshalb ein Großteil des Wassers. Das Sickerwasser hat eine ähnliche Wirkung wie Essigwasser und löst den Kalkstein allmählich auf. Die feinen Risse werden deshalb im Laufe der Zeit immer breiter. Es bilden sich im wasserdurchlässigen Kalkstein Spalten, kleinere Hohlräume und schließlich sogar Gänge und **Karsthöhlen**.

Ein Teil des im Wasser gelösten Kalkes setzt sich in den Höhlen ab, es entstehen **Tropfsteine**.
Bricht eine Höhle unter dem Gewicht der Gesteinsschichten zusammen, sackt die Erdoberfläche darüber nach und es entsteht eine **Doline**. Dolinen und Höhlen sind typische Karstformen. Sie kommen in Landschaften wie der Schwäbischen Alb vor, die aus löslichem Gestein bestehen.

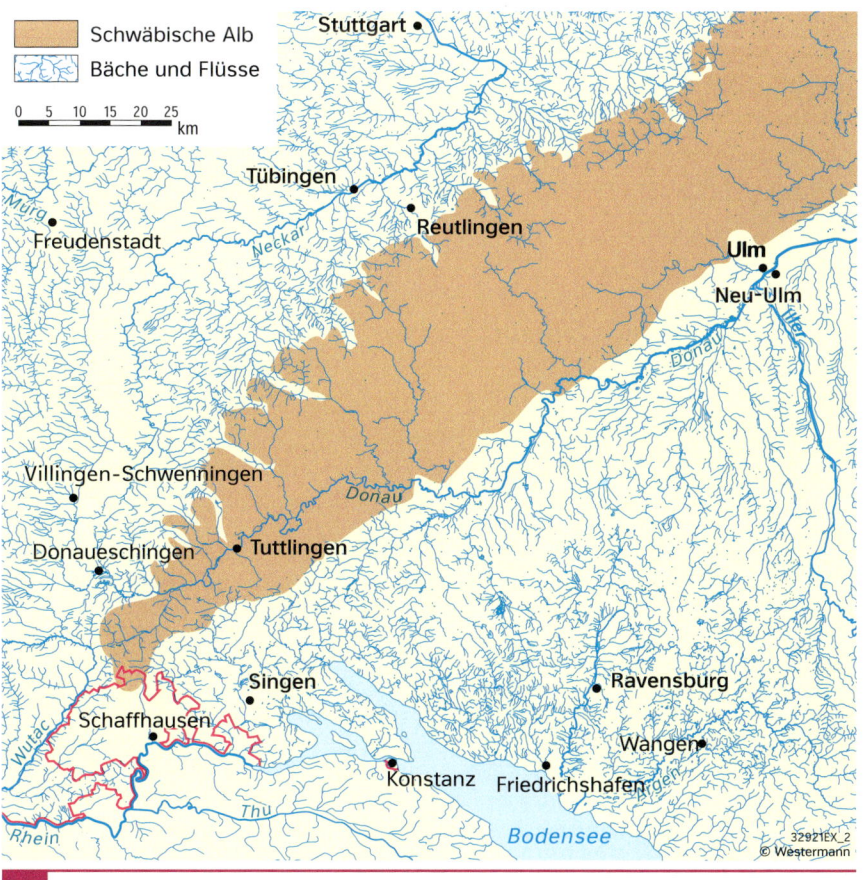

M5 Gewässernetz von Baden-Württemberg (Ausschnitt)

INTERNET

Weitere spannende Informationen, Bilder und Videos zur Karstquelle Blautopf gibt es auf der folgenden Webseite.

WES-115780-079

Fachbegriffe
- die Karsthöhle
- der Tropfstein
- die Doline

M1 Lage der Baar in Baden-Württemberg

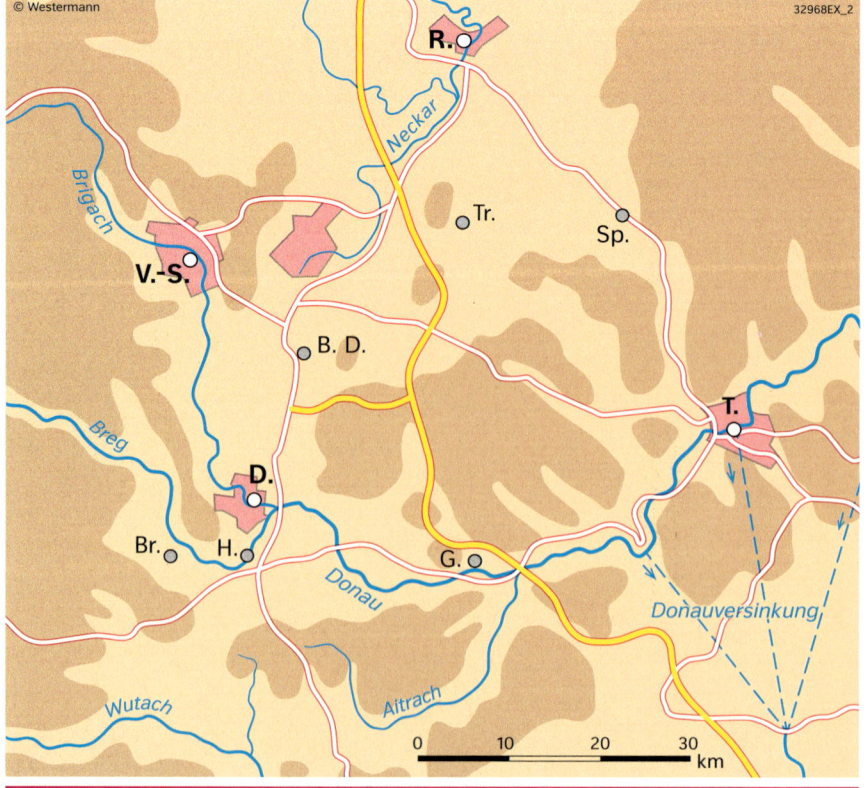

M4 Flache Landschaft der Baar

1. Beschreibe, wie sich die Landschaft der Baar von West nach Ost verändert.

2. Wo wurden die Fotos gemacht? Ordne M2, M3 und M4 den Zahlen in M5 zu. Begründe deine Entscheidung. Nutze auch den Atlas.

3. Löse die Übungskarte M5 (Atlas). 136 ▶

4. Einige Landwirte benötigen deine Hilfe. Rufe das Online-Modul „Die Baar" auf (Internet, M6). Dort findest du alle Materialien, die du brauchst, um den Landwirten zu helfen.

Auf der Hochebene

Die Baar ist eine Region zwischen dem Schwarzwald im Westen und der Schwäbischen Alb im Osten. Sie liegt zwischen 650 und 750 Meter hoch und wird als Hochebene bezeichnet.

Auf der Baar liegt die Quelle des Neckars, das Schwenninger Moos, und die Donauquelle im Schlosspark von Donaueschingen. Dort fließen die Quellflüsse der Donau – die Brigach und die Breg – zusammen.

Die Baar ist ein landwirtschaftlich geprägtes Gebiet.

M2 Am Albtrauf

M3 Sanfte Erhebung

M5 Übungskarte Baar

Online quer durch die Baar

Mehrere Landwirtinnen und Landwirte benötigen in dem Online-Modul „Die Baar" deine Hilfe. Sie alle stehen vor der Herausforderung, eine geeignete Frucht für ihre Felder zu finden.

Du, als fachkundige Geographin oder fachkundiger Geograph, berätst sie. Dabei benötigst du viele Informationen:

- Wie ist der geologische Untergrund?
- Für welche Pflanzen eignen sich die Böden?
- Wo können die Landwirte ihre Maschinen aufgrund zu steiler Hänge nicht einsetzen?
- Gibt es zwischen Geologie, Boden und Relief einen Zusammenhang?
- Welche klimatischen Besonderheiten der Baar gilt es zu berücksichtigen?

INTERNET

Mithilfe von „GEO online" kannst du all diese Fragen aus dem Text oben beantworten und so den Landwirtinnen und Landwirten bei ihren Problemen helfen.

WES-115780-081

M7 Sie benötigen deine Hilfe.

M6 Ausschnitt der Benutzeroberfläche aus dem Online-Modul „Die Baar"

Landwirtschaft in Baden-Württemberg

M1 Landwirtschaftliche Nutzung westlich des Schwarz-waldes

M2 Landwirtschaftliche Nutzung südlich der Donau

**Baden-Württemberg wird landwirtschaftlich vielfältig genutzt. Die Nutzung hängt beispielsweise vom Boden oder vom Klima ab.
Wo wird welches Vieh gehalten? Welche Region ist für den Ackerbau bekannt?**

1. Beschreibe die Fotos M1 und M2. `144`

2. Bestimme mithilfe der Bildunterschriften, wo die Fotos M1 und M2 gemacht worden sein könnten (M4).

3. Erkläre, warum die Landwirtschaft von natürlichen Voraussetzungen wie Klima und Boden abhängig ist (M3).

4. Erläutere, wie das Gebiet genutzt wird, in dem du wohnst (M4).

W 5. Wähle aus:
   A Gestalte ein Plakat zur landwirtschaftlichen Nutzung des Oberrheinischen Tieflandes. `139`
   B Schreibe einen Text zur landwirtschaftlichen Nutzung des Schwarzwaldes.

INFO

Boden

Als Boden bezeichnet man die obere Schicht der Erdoberfläche. Er ist eine wichtige Voraussetzung für den Ackerbau. Gute Böden sind für den Ackerbau geeignet, auf weniger guten Böden wird eher Vieh gehalten.
Ein Boden aus Löss ist ein besonders guter Boden, weil er viele Nährstoffe enthält. Außerdem saugt er Regen auf wie ein Schwamm und gibt die Feuchtigkeit nach und nach an die Pflanzen wieder ab. Der Lössboden erwärmt sich auch schnell, wenn die Sonne scheint. Er wirkt dann wie eine Fußbodenheizung für die Pflanzen.

Baden-Württemberg – vielfältig genutzt

In Baden-Württemberg gibt es rund 38 000 landwirtschaftliche Betriebe (Stand: 2022). Einige Landwirtinnen und Landwirte bauen auf den Feldern Getreide an oder halten Vieh, andere haben sich auf den Anbau von Obst und Gemüse spezialisiert. Beim Ackerbau richten sie sich nach dem Klima und danach, ob die Böden nährstoffreich sind oder nicht. In Gebieten mit einem weniger günstigen Klima und nicht so guten Böden werden oft Rinder auf Weiden gehalten. Die Nähe zu den Verbraucherinnen und Verbrauchern spielt für Obst- und Gemüsebauern eine große Rolle. Man findet sie häufig in der Nähe von Städten und dicht besiedelten Gebieten.

Ⓐ Zuckerrüben und Weizen sind anspruchsvolle Nutzpflanzen. Sie werden vor allem dort angebaut, wo der Boden sehr gut bis gut ist.

Ⓒ Das Halten von sehr vielen Schweinen und Hühnern in großen Ställen ist vom Klima und den Böden weitgehend unabhängig. Das Futter wird oft von weither herantransportiert.

Ⓑ Viehhaltung herrscht oft in Gebieten vor, wo die Niederschläge für den Getreideanbau zu hoch sind und der Boden wenig Nährstoffe enthält. Dort findet man Weiden, auf denen Rinder grasen. Die Wiesen werden gemäht, Gras und Heu dienen als Viehfutter.

Ⓓ Obst und Gemüse, vor allem aber Weinreben, brauchen viel Wärme. Sie sind frostempfindlich und vertragen keine hohen Niederschläge. Landschaften, in denen es warm ist, sind ideal für den Anbau von Obst, Gemüse und Wein.

M3 Klima, Boden, Landwirtschaft – was am besten zusammenpasst

Sonderkulturen

- **• •** Obst
- **○ ○** Gemüse
- **⬭ ⬭** Spargel
- **ı ıı ı** Wein
- **x x** Hopfen

Ackerbau

	auf sehr guten und guten Böden (vor allem Weizen und Kartoffeln)
	auf mittleren und armen Böden
	Weizen
🥕 🥕	Zuckerrüben

Viehhaltung

	Wiese, Weide
🐄	Rinder
🐖	Schweine
🐓	Hühner
🐎	Pferde
🐑	Schafe

Forstwirtschaft

| | Wald |

Grenzen

	Staatsgrenze
	Landesgrenze
	geschlossene Besiedlung

Verkehr (Auswahl)

- Autobahn
- Straße
- Eisenbahn
- Fluss

```
0   10   20   30   40   50
                          km
```

M4 Baden-Württemberg – landwirtschaftliche Nutzung

Überall in Baden-Württemberg gibt es Bauernhöfe, sicherlich auch in eurer Umgebung. Eine Hoferkundung ist interessant, man sieht einen Betrieb einmal ganz aus der Nähe. Bevor es losgeht, solltet ihr euch Fragen überlegen. Diese stellt ihr vor Ort der Bäuerin oder dem Bauern.

1. Vorbereitung
- Sucht nach der Adresse eines Bauernhofes in eurer Nähe (Internet). Fragt bei dem Hof an, ob ihr zu einer Erkundung kommen dürft. 149
- Sprecht Erkundungsthemen ab (M2).
- Bildet Expertenteams.
- Überlegt euch in den Expertenteams Fragen, die für euer Thema wichtig sind (M1, M2).
- Besorgt die Arbeitsmittel für die Befragung, zum Zeichnen eines Planes oder für sonstige Notizen.
- Bringt ein Handy für die Aufnahme eines Interviews oder das Fotografieren der Hofanlage mit.
- Legt fest, wer für das Fotografieren, wer für das Befragen und wer für Notizen zuständig ist.

2. Durchführung vor Ort
- Besichtigt die Hofanlage.
- Interviewt die Kontaktpersonen auf dem Bauernhof.
- Fertigt Fotos und Skizzen an, so dass ihr euer Thema später anschaulich präsentieren könnt.

3. Auswertung und Präsentation
- Besprecht die Ergebnisse und legt die wichtigsten Informationen gemeinsam fest.
- Für die Präsentation könnt ihr eine Wandzeitung erstellen. Nutzt vorhandene Texte, Fotos, Skizzen usw. 139 148

M1 Mögliche Fragen an die Bäuerin oder an den Bauern

- Lage des Betriebes
- Naturraum (z.B. Boden, Niederschlag, Temperatur)
- Art des Betriebes (Ackerbau, Viehhaltung, Energiegewinnung, Tourismus-Angebote)
- Größe des Betriebes (z. B. Fläche in Hektar, Anzahl der Arbeitskräfte)
- anfallende Arbeiten zu welchen Jahreszeiten
- Maschinen und ihre Verwendung
- Mittel, um Erträge zu steigern (z. B. Dünger, besondere Pflanzen, Kraftfutter)
- Entwicklung des Betriebes (z. B. Spezialisierung, Intensivierung)
- mögliche Belastung der Umwelt (z. B. Gülle)
- Verkauf der Erzeugnisse (z. B. Hofladen)

M2 Interessante Themen für Fragen

 **INTERNET**

Auf der folgenden Webseite findest du zahlreiche Informationen rund um den Lernort Bauernhof.

WES-115780-084

M3 Auf einem Bauernhof bei Ellwangen in Baden-Württemberg

Name des Betriebs: _____

Straße, Haus-Nr.: _____

PLZ, Ort: _____

Baujahr: _____

Größe des Betriebs in ha: _____

Anzahl der Gebäude: _____

Nutzung der Gebäude: _____

Anzahl der Arbeitskräfte: _____

Nutzung der Ackerflächen: _____

Tierbestand: _____

Maschinenbestand: _____

Biogasproduktion pro Jahr: _____

Stromerzeugung pro Jahr: _____

Wärmeerzeugung pro Jahr: _____

M4 Betriebsspiegel mit Energieerzeugung

M7 Gülle wird unter den Spaltenböden gesammelt.

M5 Im Gärtank entsteht Biogas.

M8 Im Bio-Heizkraftwerk verbrennt man das Biogas. Strom und Wärme werden dadurch erzeugt.

M6 Skizze einer Schülerin zur Biogas-Nutzung auf einem Bauernhof

M1 Lage des Strobing-Hofes (x) in Baden-Württemberg

M2 Bei der Spargelernte im Oberrheinischen Tiefland

Obst, Gemüse, Weinreben oder auch Blumen zählen zu den Sonderkulturen. Ihr Anbau kostet verhältnismäßig viel Zeit und Geld.
Hast du schon einmal einen Hof besucht, auf dem Sonderkulturen angebaut werden?

1. Beschreibe das Bild M2. **144**

2. Nenne Sonderkulturen, die im Oberrheinischen Tiefland angebaut werden (Atlas).

3. Begründe, warum Spargel eine Sonderkultur ist (M2, M5–M7).

4. Der Spargelanbau ist von Klima und Boden abhängig. Erläutere mithilfe von M3.

Ⓦ 5. Ihr arbeitet auf dem Strobing-Hof und sollt für den Hofladen werben (M4). Wählt aus:
   A Gestaltet ein Plakat, das vor dem Laden aufgestellt werden soll. **139**
   B Gestaltet eine Werbeanzeige für die Tageszeitung.

6. Recherchiere, warum Spargelfelder mit Folie abgedeckt werden (M2, Internet). **140**

Spargel ernten – mit Geschick und Verstand

Backlim, Cumulus, Mondeo und Ravel – das sind Namen von Spargelsorten, die von April bis Juni auf den Feldern des Strobing-Hofes täglich geerntet werden. Dann herrscht Hochbetrieb auf dem Hof. Frühmorgens um fünf Uhr werden 140 Erntehelfer und Erntehelferinnen mit Kleinbussen auf die Felder gefahren. Marian Dumitru ist einer von ihnen. Er kommt aus Rumänien und arbeitet schon zum achten Mal auf dem Strobing-Hof, aber immer nur während der Erntezeit. Herr Dumitru ist eine Saison-Arbeitskraft. Er berichtet von seiner Arbeit:

„Wir gehen durch die Spargelreihen. Wir heben die Folie hoch und sehen die Köpfe (Spitzen) der Spargelstangen, die geerntet werden können. Wir beseitigen die Erde vorsichtig mit der Hand und stechen die Stangen mit dem Stechmesser über der Spargelwurzel ab. Dann decken wir die Stelle wieder mit Erde zu.
Die Spargelstangen werden sofort nach der Ernte zum Hof gebracht und dort im Kühlhaus gekühlt. Bei einer Temperatur von 3 °C bleiben die weißen Stangen frisch und verfärben sich nicht."

„Hier bei uns im Oberrheinischen Tiefland ist es wärmer als in anderen Gegenden Deutschlands. Die sandigen Böden eignen sich besonders gut für den Spargelanbau. Sie sind locker und erwärmen sich schnell. Allerdings speichern sie den Regen nicht so gut, wie zum Beispiel lehmige Böden. Wenn im Sommer längere Zeit keine Niederschläge fallen, müssen wir die Spargelfelder beregnen. Die Spargelpflanzen brauchen nicht nur Wärme, sondern auch Feuchtigkeit, damit sie sich bis zum darauf folgenden Jahr gut erholen können."

M3 Josefine Strobing, Inhaberin des Strobing-Hofes, erklärt.

M4 Im Hofladen des Strobing-Hofes

M6 Die Spargelschälmaschine hat 35 000 Euro gekostet. Sie schält 6000 Spargelstangen in einer Stunde. Die Stangen wiegen zusammen rund 300 kg.

Ein arbeitsreiches Geschäft

Josefine und Patrick Strobing, die den Hof bewirtschaften, haben sich auf den Anbau von Spargel und Erdbeeren spezialisiert. Das sind **saisonale Produkte**, die überwiegend im Hofladen verkauft werden. Die Verbraucherinnen und Verbraucher schätzen die Qualität und Frische des Angebots. Auch auf den Feldern gibt es viel zu tun.

Die Arbeit ist sehr zeitaufwendig, obwohl Maschinen und spezielle Geräte eingesetzt werden: zum Beispiel beim Schälen der Spargelstangen oder beim Verlegen von Folie auf den Erdbeerfeldern. Für einen Hektar Land – die Fläche ist etwas größer als ein Fußballplatz – müssen pro Jahr etwa 2000 Arbeitsstunden aufgewendet werden. Die Felder müssen gedüngt und von Unkräutern befreit werden. Besonders viel Zeit und Sorgfalt sind bei der Ernte notwendig. Jede einzelne Spargelstange wird per Hand gestochen und jede Erdbeere einzeln gepflückt. Spargel und Erdbeeren sind **Sonderkulturen**. Ihr Anbau ist mit einem großen Arbeitsaufwand verbunden und verursacht hohe Kosten.

Größe des Erdbeer- und Spargelhofes	65 ha
davon: - Hoffläche (z. B. Gebäude, Parkplatz)	2 ha
- Spargelfelder (etwa 4 ha werden jedes Jahr neu bepflanzt)	35 ha
- Erdbeerfelder (alle Felder werden jedes Jahr neu bepflanzt)	5 ha
- Sonstiges	18 ha
Saison-Arbeitskräfte	140
davon: - Spargelernte	100
- Erdbeerernte	30
- zusätzlich Verkäuferinnen und Verkäufer im Hofladen	10

Das Mittagessen wird für alle gemeinsam gekocht.

Das ganze Jahr über arbeiten fünf Personen (Josefine und Patrick Strobing sowie drei Angestellte) auf dem Hof. Familienangehörige helfen zusätzlich mit.

M7 Angaben zum Strobing-Hof (Auswahl)

„Die Spargelstangen und die Erdbeeren, die morgens auf den Feldern geerntet werden, verkaufen wir noch am gleichen Tag in unserem Hofladen. Spargelgerichte und Erdbeerleckereien bieten wir auch in unserem Restaurant an. Unsere Kunden und Gäste schätzen die Qualität und Frische des Angebots. Wir sind Selbstvermarkter. Vier Fünftel der Spargel- und Erdbeerernte verkaufen wir an Privatkunden. Den restlichen Teil liefern wir an Restaurants in der Region oder an Obst- und Gemüsehändler."

M5 Patrick Strobing, Inhaber des Strobing-Hofes, berichtet.

Fachbegriffe
- das saisonale Produkt
- die Sonderkultur

Obst vom Bodensee

M1 Lage des Bodensees in Baden-Württemberg (x = Hof Klewe)

M2 Apfelblüte am Bodensee

Etwa jedes dritte in Deutschland geerntete Baumobst kommt aus Baden-Württemberg. Besonders am Bodensee wird Obst in großer Vielfalt angebaut, vor allem Äpfel, Kirschen und Zwetschgen.
Was ist wichtig für den Obstanbau? Wie kommt das Obst auf unseren Teller?

1. Charakterisiere den Obsthof des Ehepaares Klewe.

2. Beschreibe das Foto M4. `144`

3. a) Erläutere die unterschiedlichen Wege der Äpfel vom Obstbauern zum Verbraucher (M5).
   b) Ordne den Obsthof Klewe der richtigen Stelle in M5 zu. Begründe deine Entscheidung.

4. Analysiere das Angebot von Äpfeln (Apfelsorten, Herkunftsländer, Preis pro Kilogramm) in einem Supermarkt und auf einem Wochenmarkt (S. 90/91) und werte es in einer Tabelle aus.

5. Stelle dar, warum die Region um den Bodensee für den Anbau von Obst geeignet ist.

6. „Das Klima ist gut, aber das Wetter entscheidet letztendlich darüber, wie viel Geld wir im Jahr verdienen", sagt Obstbäuerin Klewe. Beurteile diese Aussage.

7. Recherchiere im Internet. Berichte darüber, wie Obstbauern ihr Obst gegen Hagelschlag (M3) schützen können. `140`

Obstbäume soweit das Auge reicht

Spätestens im Mai verwandelt sich die Landschaft am Bodensee in ein Blütenmeer. Dann springen die Knospen der Obstbäume auf, der Frühling hält endgültig Einzug. Hier gedeihen auf einer Fläche von über 7500 ha vor allem Äpfel, Kirschen, Zwetschgen, Birnen und andere Obstsorten. Die Bodenseeregion ist das größte Obstanbaugebiet in Baden-Württemberg.
Ralf Klewe ist einer von den rund 1600 Obstbauern, die sich auf den Anbau von Äpfeln spezialisiert haben. Er hat den Familienbetrieb übernommen und bewirtschaftet ihn zusammen mit seiner Frau. Sie wohnen in der Nähe von Friedrichshafen und bauen verschiedene Apfelsorten an, wie Elstar und Braeburn, die in Deutschland am meisten gekauft werden. Während der Apfelernte (August bis Oktober) beschäftigt Herr Klewe zusätzlich zehn Saison-Arbeitskräfte. Auch die beiden Kinder des Ehepaares helfen mit. Herr Klewe verkauft die Äpfel nur auf dem Wochenmarkt. Andere Landwirte sind Mitglied einer Erzeuger**genossenschaft** und verkaufen die Äpfel an die Genossenschaft.

M3 Hagelschaden am Apfelbaum

M4 Apfelernte

Obstblüten können vor Frostschäden geschützt werden, indem sie mit feinem Sprühnebel beregnet werden. Gefriert das Wasser auf den Blüten, wird sogenannte Kristallationswärme freigesetzt. Das Eis legt sich wie ein Schutzpanzer über die Blüten und hält die Temperatur bei null Grad.

Das Klima ist prima, das Wetter nicht immer

Das milde Klima am Bodensee ist günstig für die Sonderkultur Obst. Scheint die Sonne im Sommer, speichert der See die Wärme. Er gibt sie im Winter an die Luft wieder ab. Deshalb wird es am Bodensee im Sommer nicht so heiß und im Winter nicht so kalt. Im Frühjahr erwärmt sich die Luft nur langsam. Dadurch beginnt die Obstblüte etwas später als am Oberrhein.

Die Obstbäume sind sehr frostempfindlich. Bereits geöffnete Blüten erfrieren schon, wenn die Temperatur in nur einer Nacht unter 0 °C sinkt.

Große Schäden an den Obstbäumen richten immer mal wieder starke Unwetter mit Hagel an. Hagelkörner zerfetzen die Blätter der Obstbäume und zerschlagen die Früchte. Sie können dann nicht mehr als Tafelobst verkauft werden.

M6 In Kühlhäusern gelagert, kann das Obst auch im Winter verkauft werden.

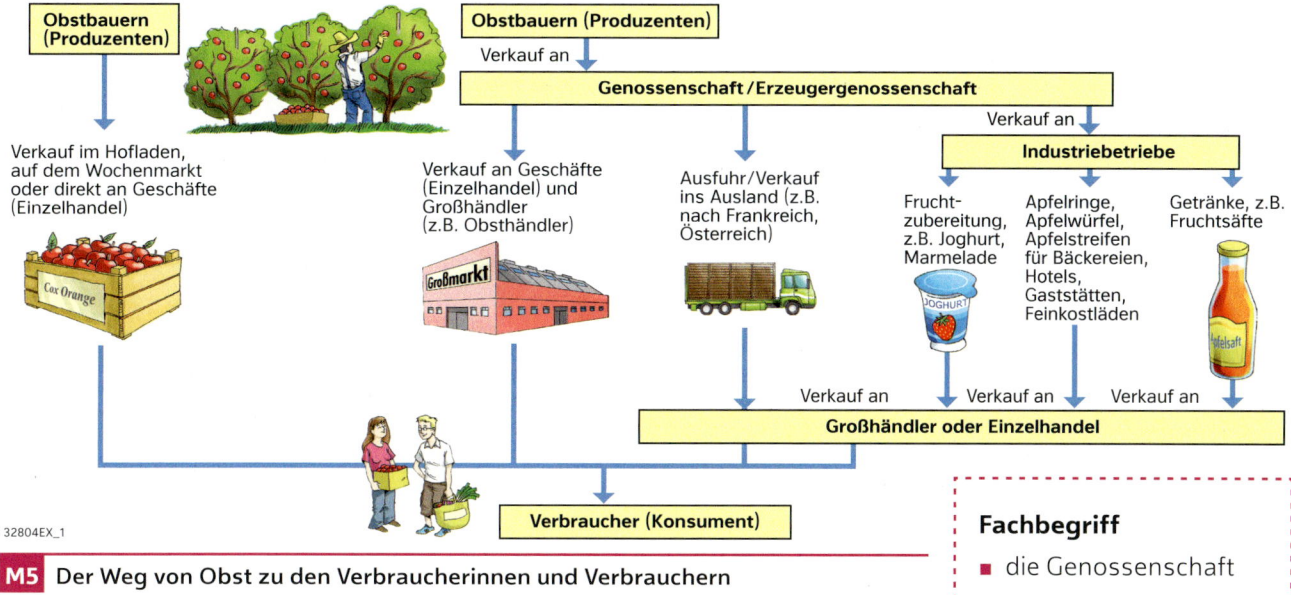

32804EX_1

M5 Der Weg von Obst zu den Verbraucherinnen und Verbrauchern

Fachbegriff
- die Genossenschaft

M1 Wochenmarktstand A

M3 Wochenmarktstand B

Einmal in der Woche besuchen Daria und Ben mit ihren Eltern einen Wochenmarkt. Hier bieten viele Händlerinnen und Händler aus der Region frische Waren an.

1. Welche Produkte werden auf den Wochenmarktständen A und B verkauft (M1, M3)?

2. Erkundet einen Wochenmarkt in eurer Nähe mithilfe der Anleitung auf Seite 91 (M2, M4, M5, M6).

3. Der Wochenmarkt in deiner Region soll abgeschafft werden.
a) Liste auf: Was spricht dafür und was spricht dagegen?
b) Schreibe deine Meinung dazu auf.

Märkte – schon vor 100 Jahren

Schon in früheren Zeiten gab es in deutschen Städten **Märkte**. Bereits damals verkauften Händlerinnen und Händler dort ihre Waren zu bestimmten Zeiten an Kundinnen und Kunden. Bauern, Handwerker, Schlachter und Bäcker hatten ihre Stände und Buden auf dem Markt. In vielen Städten gibt es anstelle dieser alten Märkte heute Wochenmärkte. Auf Wochenmärkten kannst du einmal pro Woche frische Nahrungsmittel kaufen, wie Obst, Gemüse, Fleisch, Honig, Milch, Eier und Käse. Aber auch andere Waren wie Blumen werden hier verkauft.
Viele der Waren auf dem Wochenmarkt kommen aus dem Nahraum.

1. Bitte nennen Sie mir Namen und Sitz Ihrer Firma.
   _____

2. Welche Waren haben Sie im Angebot?
   _____

3. Haben Sie Ihre Waren selbst hergestellt oder wurden diese eingekauft?
   _____

4. Aus welcher Region stammen Ihre Waren überwiegend?
   _____

5. Aus welchem Ort sind Sie heute angereist?
   _____

6. Um wie viel Uhr beginnen Sie mit den Vorbereitungen für Ihren Stand?
   _____

7. Was geschieht mit der nicht verkauften Ware nach Marktende?
   _____

M2 Beispiel eines Fragebogens für Händlerinnen und Händler

1. Können Sie mir bitte Ihren Wohnort nennen?
   _____

2. Sind Sie zufällig auf dem Wochenmarkt oder sind Sie extra wegen des Marktes gekommen?
   _____

3. An welchem Stand und welche Produkte kaufen Sie in der Regel ein?
   _____

4. Kaufen Sie regelmäßig auf dem Wochenmarkt ein oder eher selten?
   _____

5. Mit welchem Verkehrsmittel fahren Sie zum Wochenmarkt?
   _____

6. Legen Sie besonderen Wert auf Bio-Produkte?
   _____

7. Kaufen Sie bevorzugt Produkte aus der Umgebung?
   _____

M4 Beispiel eines Fragebogens für Kundinnen und Kunden

Auswertung der Wochenmarkt-Erkundung

	Anzahl der Stände
Gemüse/Obst	7
Käse	3
Fleisch/Wurst	5
Blumen	3
Süßwaren	1
Imbiss	2
Fisch	3

	Mit welchen Verkehrsmitteln sind die Marktbesucher gekommen?
Fahrrad	14
Auto	13
zu Fuß	7
Bus/Bahn	3

	Welche Produkte kaufen Sie meistens?
Obst/Gemüse	23
Fleisch/Wurst	20
Käse	13
Süßwaren	5
Fisch	18
Blumen	12

M5 Auswertung einer Wochenmarkt-Erkundung

Einen Wochenmarkt erkunden

1 Vorbereitung
- Sucht einen Wochenmarkt für die Erkundung aus.
- Kennzeichnet die Lage des Wochenmarktes in einem Stadtplan oder einer Stadtplan-Kopie. Ermittelt den Weg dorthin.
- Erstellt einen Fragebogen nach dem Muster von M2 und M4.

2 Durchführung
- Befragt einige Händler und Kunden auf dem Markt.
- Schreibt die Antworten auf oder nehmt sie mit einem Smartphone auf.
- Erstellt eine Liste mit Produkten, die auf dem Markt angeboten werden.
- Zeichnet eine Lageskizze des Marktes (M6). Nach dieser Skizze sollt ihr später eine genaue Karte des Wochenmarktes zeichnen.
- Macht Fotos von dem Wochenmarkt.

3 Auswertung
- Fasst die Ergebnisse der Befragung in Stichpunkten zusammen. Erstellt eine Karte des Wochenmarktes.
- Präsentiert die Ergebnisse eurer Wochenmarkt-Erkundung auf einer Wandzeitung.

139 ▸

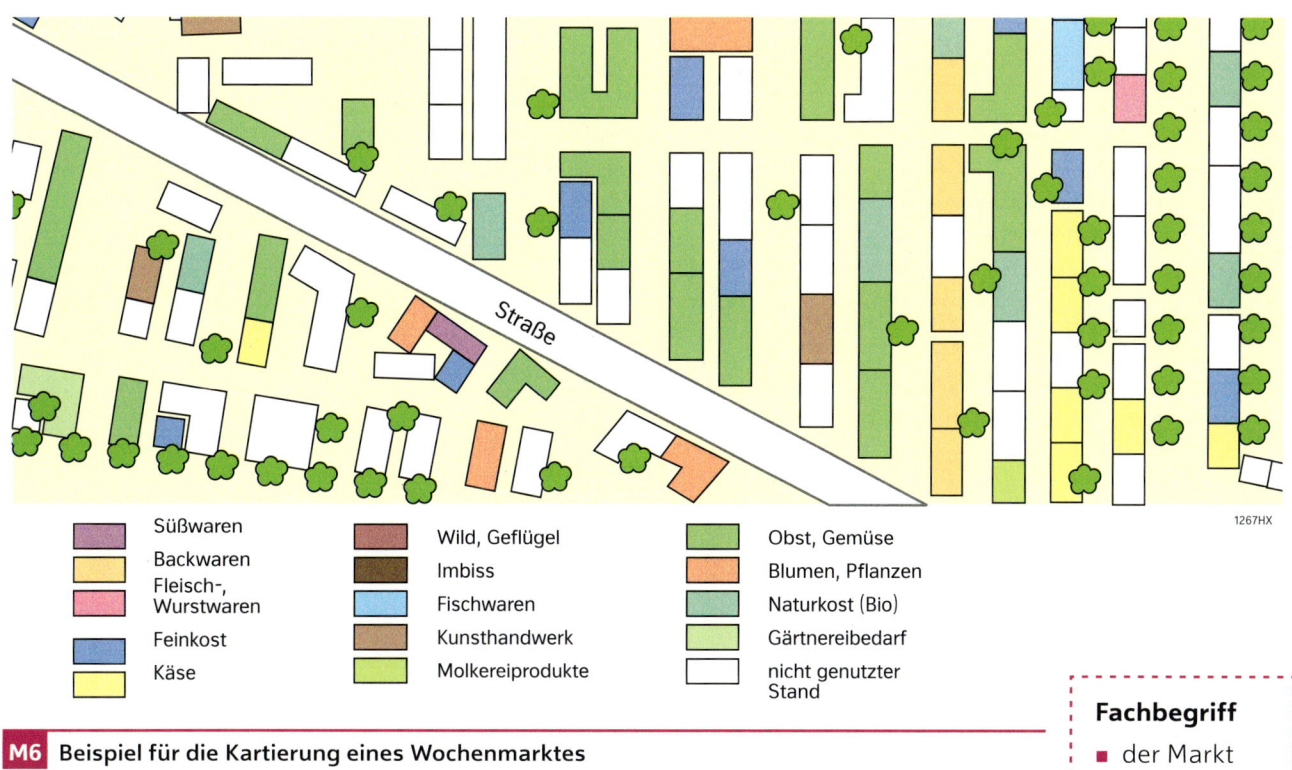

1267HX

Legende		
Süßwaren	Wild, Geflügel	Obst, Gemüse
Backwaren	Imbiss	Blumen, Pflanzen
Fleisch-, Wurstwaren	Fischwaren	Naturkost (Bio)
Feinkost	Kunsthandwerk	Gärtnereibedarf
Käse	Molkereiprodukte	nicht genutzter Stand

M6 Beispiel für die Kartierung eines Wochenmarktes

Fachbegriff
- der Markt

M1 Mannheim ist eine Großstadt mit rund 314 400 Einwohnenden.

M2 Das Dorf Ritschweier bei Weinheim östlich von Mannheim hat etwas über 300 Einwohnende.

Jeder von uns hat Freunde und Verwandte, die in der Stadt wohnen und andere, die auf dem Land wohnen.
Was sind die Unterschiede zwischen Stadt und Land? Zwischen Städten und Dörfern? Aus der Luft kann man schon vieles gut erkennen.

1. Anna und Malik nennen viele typische Merkmale von Dörfern und Städten (Text).
   a) Fasse die Merkmale in einer Tabelle zusammen.
   b) Nenne ein Beispiel für eine Stadt oder ein Dorf aus deiner Umgebung und beschreibe die Stadt oder das Dorf.

W 2. Wähle aus:
   A Beschreibe das Luftbild von Mannheim in einem Text (M1).
   B Überprüfe die Merkmale von Städten am Beispiel von Mannheim. Notiere in Stichworten (M1).

3. Zeichne drei Säulen in dein Heft. Nimm dafür die Einwohnendenzahl einer Kleinstadt, einer Mittelstadt und einer Großstadt.
   Wähle dazu die entsprechenden Werte aus M4 aus. 142 ▸

4. Recherchiere und ermittle die Einwohnendenzahl der Stadt, die deiner Schule am nächsten liegt. 140 ▸

Z 5. Vergleiche, wie Mannheim und seine Umgebung in der Panoramakarte M3 und in einer physischen Karte im Atlas dargestellt sind. Liste die Unterschiede auf. 136 ▸　144 ▸

Eine Ballonfahrt über Stadt und Land

Anna aus Ritschweier hat zum Geburtstag eine Fahrt mit einem Heißluftballon geschenkt bekommen. (Man sagt beim Heißluftballon nicht „er fliegt", sondern man sagt „er fährt".) Sie nimmt auf die Fahrt ihren Freund Malik mit.
Anna und Malik haben für ihre Klasse einen Bericht auf dem Smartphone aufgenommen:
„Wir sind auf 350 Meter gestiegen. Wir treiben im Wind. Unter uns sehen wir Felder, Wiesen, Wälder und Weiden mit Kühen. Und da: ein Reiterhof mit Pferden! Manche **Dörfer** bestehen nur aus einzelnen Bauernhöfen, andere aus vielen Wohnhäusern. Manche Bauernhöfe liegen mitten im Dorf, andere weiter draußen in den Feldern. Fast alle Dörfer haben Neubaugebiete. Die neuen Häuser mit ihren Garagen und Gärten sind gut zu sehen.
Man erkennt schon von Weitem: Jetzt kommt eine **Stadt**. Erste Gewerbegebiete, immer mehr Verkehr, große Einkaufsmärkte, Bau- und Möbelmärkte! Davor sind riesige Parkplätze, auf denen die Autos dicht an dicht stehen. Viele Wohnhäuser haben mehrere Stockwerke. Die Häuser stehen immer enger. Es gibt kaum noch Gärten. Auf den Straßen zwischen Kaufhäusern und Geschäften strömen Menschen. Aus der Luft wirken sie wie Ameisen."

2023 TerraMetrics, Kartendaten © 2023 GeoBasis-DE/BKG (©2009), Google

Ritschweier

Mannheim

M3 Städte und Dörfer östlich von Mannheim (Panoramakarte; Blick nach Norden)

Dorf und Stadt – mit Unterschieden
Ein Dorf ist ein kleiner Ort. Die Bevölkerung lebte dort früher häufig von der Landwirtschaft. Eine Stadt ist ein größerer Ort mit vielen Einwohnerinnen und Einwohnern. Hier gibt es auch zahlreiche Einkaufsmöglichkeiten und Betriebe.

Städte kann man nach der Anzahl der Einwohnenden einteilen:

Kleinstadt: weniger als 20 000 Einwohnende
Mittelstadt: 20 000 bis 100 000 Einwohnende
Großstadt: über 100 000 Einwohnende

Großstädte		Mittelstädte		Kleinstädte	
Stuttgart	632 200	Esslingen	93 900	Sachsenheim	19 300
Mannheim	314 400	Konstanz	85 500	Breisach a. R.	15 700
Karlsruhe	307 200	Göppingen	58 400	Gengenbach	11 000
Freiburg	234 400	Crailsheim	35 400	Meersburg	6 200
Heidelberg	161 500	Vaihingen	29 300	Hayingen	2 200

Fachbegriffe
- das Dorf
- die Stadt

M4 Städte in Baden-Württemberg (Auswahl; Einwohnendenzahl Stand 06/2022, gerundet)

M1 Panorama von Stuttgart

Stuttgart ist mit über 630 000 Einwohnerinnen und Einwohnern die größte Stadt in Baden-Württemberg.
Was bietet die Stadt den Menschen? Welche täglichen Herausforderungen gibt es?

1. Beschreibe die Lage von Stuttgart mithilfe des Atlas und M1.

2. Schreibe einen Lexikonartikel zu den Merkmalen einer Stadt (Text, M2).

3. Erkläre den Begriff Stadtviertel.

4. a) Seit einigen Jahren ziehen die Menschen vermehrt in Städte (M5). Nenne mögliche Gründe für die Attraktivität von Städten.
   b) Lebst du gerne in deiner Stadt/deinem Dorf oder würdest du gerne in einem Dorf/einer Stadt leben? Begründe.

5. In Stuttgart gibt es viel zu sehen. Beschreibe eine mögliche Entdeckungsroute durch die Stadt (M4).

Fläche: 207 km²
Höhenlage: tiefster Punkt: 207 Meter
　　　　　höchster Punkt: 549 Meter
Einwohnendenzahl: 632 200,
　　davon Personen unter 30 Jahren: rund 200 000
Bevölkerungsdichte: ca. 2835 Einwohnende/km²
Öffentliche Schulen: ca. 160
Betriebe: ca. 31 000
Straßennetzlänge: ca. 1500 km
Müllaufkommen im Jahr: ca. 330 000 t
Krankenhäuser: 20

M2 Steckbrief Stuttgart (Stand: 2022)

Die Großstadt Stuttgart

Stuttgart ist die Landeshauptstadt von Baden-Württemberg. Im Zentrum der Stadt haben der Landtag und die Landesregierung ihren Sitz. Die Regierungsgebäude sind alle nah beieinander, so dass man von einem eigenen **Stadtviertel**, dem Regierungsviertel, spricht.
Daneben befindet sich mit Theater, Ballett, dem Kunstmuseum und vielem mehr das Kulturviertel. Das kulturelle Angebot ist so groß und vielseitig, dass Stuttgart als ein **Kulturzentrum** Baden-Württembergs gilt.
Direkt am zentral gelegenen Hauptbahnhof liegt die Königstraße – die beliebte Einkaufsstraße. Die Auswahl an Produkten und Marken ist hier riesig. Auch das Bankenviertel befindet sich am Bahnhof. Hier haben die großen Banken ihren Hauptsitz. Viele Menschen arbeiten bei den Banken oder auch bei weltbekannten Firmen wie Daimler, Porsche und Bosch. Stuttgart ist dadurch auch ein **Wirtschaftszentrum**.

Eine Großstadt in Bewegung

Jeden Morgen drängt sich Emin in die Straßenbahn, um zu seiner Ausbildungsstelle zu gelangen. Auf der Fahrt beobachtet er, wie auf der Straße Auto auf Auto folgt. Die ganze Stadt ist unterwegs zur Arbeit, zur Schule oder zum Einkaufen. In Stuttgart wohnen sehr viele Menschen auf einer kleinen Fläche – die **Bevölkerungsdichte** ist also hoch. Die hohe Bevölkerungsdichte erkennt man gut an den vielen hohen Mehrfamilienhäusern und der engen Bebauung.
Am Hauptbahnhof ist das Gewusel besonders groß. Täglich fahren mehr als 200 000 Menschen nach Stuttgart. Sie pendeln zwischen ihrer Arbeits- oder Ausbildungsstelle in Stuttgart und ihrer Wohnung außerhalb. Die **Pendler** nutzen dafür das Fahrrad, das Auto, den Bus oder die Bahn.

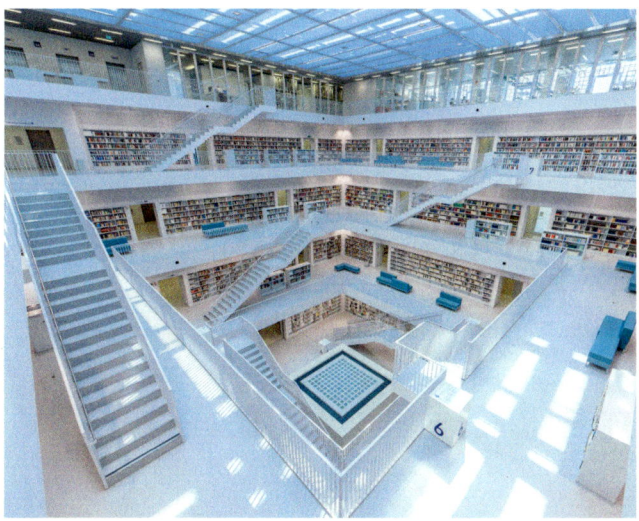

M3 In der Stadtbibliothek

M6 Einkaufsstraße Königstraße

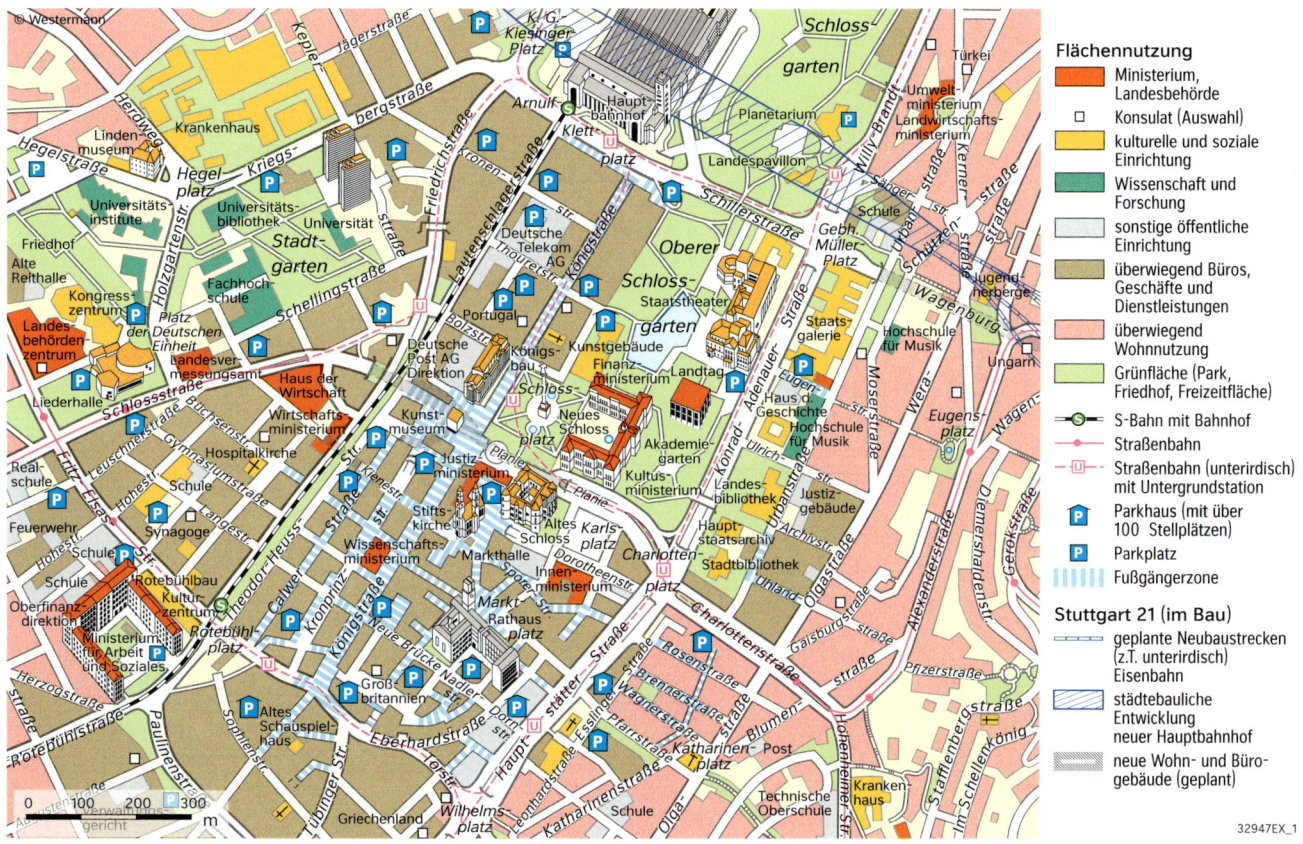

M4 Stuttgart – Plan der Innenstadt (Flächennutzung)

Stuttgart wird bei jungen Leuten als Ausbildungs- und Wohnort immer beliebter, sie zieht es vor allem in die Innenstadt. Dieser Trend lässt die Einwohnendenzahl in der Landeshauptstadt steigen, hat aber auch eine Kehrseite: das Wohnen, insbesondere im Zentrum, wird immer teurer. Schuld daran ist vor allem der Wohnungsmangel. 2020 lag die Landeshauptstadt im bundesweiten Vergleich auf Platz zwei der teuersten Städte bei den Mietpreisen für WG-Zimmer und kleine Wohnungen.

M5 Beliebtheit hat ihren Preis.

Fachbegriffe

- das Stadtviertel
- das Kulturzentrum
- das Wirtschaftszentrum
- die Bevölkerungsdichte
- der Pendler/
  die Pendlerin

Leben im Dorf – das Beispiel Neckarzimmern

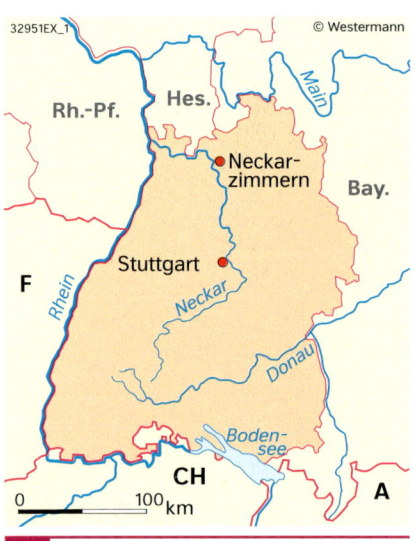

M1 Lage von Neckarzimmern

M3 Neckarzimmern am Neckar

Neckarzimmern ist ein Dorf im Norden des Bundeslandes, das direkt am Fluss Neckar liegt. Was sind Merkmale von Dörfern wie Neckarzimmern? Welche Herausforderungen haben die Bewohnerinnen und Bewohner?

1. a) Beschreibe das Leben von Tochter Luisa Gebauer auf dem Dorf (M2, M6).
   b) Nenne Vorteile und Nachteile des Lebens in der Stadt oder auf dem Dorf.

2. Vergleicht in Partnerarbeit den Steckbrief von Stuttgart (S. 94, M2) mit dem Steckbrief von Neckarzimmern (M2). Stellt dar, was Stadt und Dorf voneinander unterscheidet.

3. Erläutere die Beziehung zwischen einer Stadt und dem umliegenden Dorf (M3, M4) am Beispiel eines Familienmitglieds deiner Wahl (M6).

4. Suche im Atlas die Orte Neckarzimmern, Stuttgart, Mosbach und Heilbronn und berechne, wie viele Kilometer Familie Gebauer in der Woche ungefähr fährt. 136

Wohnen in Neckarzimmern

Familie Gebauer wohnt mit 1528 weiteren Menschen im Dorf Neckarzimmern. Die Anwohnerinnen und Anwohner sind oft auf das eigene Auto angewiesen, da Neckarzimmern an die öffentlichen Verkehrsmittel schlecht angeschlossen ist. Der Bus in die nächste Stadt fährt selten. Den Einwohnerinnen und Einwohnern stehen nur wenige Einkaufsmöglichkeiten, kaum Arbeitsplätze im Ort und auch kein Theater, Kino oder Sportstadion zur Freizeitgestaltung zur Verfügung. Die Familie nutzt daher das Auto, um in der nächsten Stadt zum Beispiel ins Kino zu gehen.
In der Umgebung befinden sich mehrere Bauernhöfe mit umliegenden Feldern. Durch die bewaldeten Gebiete führen zahlreiche Wanderwege. Im Tal gibt es einen kleinen Campingplatz sowie ein Jugendzentrum.
In Neckarzimmern wohnen wenige Menschen auf großer Fläche, die Bevölkerungsdichte ist gering. Ähnlich sieht es in der weiteren Umgebung aus. Der gesamte Neckar-Odenwald-Kreis, in dem Neckarzimmern liegt, zählt zum ländlichen Raum.

Fläche: 8,18 km²
Höhenlage: 160 m ü. M.
Einwohnendenzahl: 1532
   davon Personen unter 30 Jahren: 460
Bevölkerungsdichte: ca. 185 Einwohnende/km²
Kindergarten: 1
Grundschule: 1
Arzt, Apotheke: jeweils 1
Bäckerei: 1
Blumengeschäft: 1
Straßennetzlänge: ca. 7,4 km
Waldfläche: 1,68 km²

M2 Steckbrief Neckarzimmern (Stand: 2022)

M4 Beziehungen zwischen Stadt und Umland

Umland wohnen *Nacht*

Umland wohnen *Nacht*

Innenstadt
arbeiten, einkaufen, zur Schule gehen
Tag

Umland wohnen *Nacht*

Umland wohnen *Nacht*

→ Verkehr morgens
→ Verkehr abends

32852EX_1

M5 Burg Hornberg östlich von Neckarzimmern

Einkaufen und Arbeiten in der Stadt

Für den Wocheneinkauf oder auch nicht alltägliche Produkte, wie Kleidung oder Möbel, muss Familie Gebauer mit dem Auto in die Stadt fahren, da es hier mehr Angebote gibt.

Wie die meisten Einwohnenden in Neckarzimmern pendelt auch Frau Gebauer täglich zwischen ihrer Arbeitsstelle und dem Wohnort. Aus jeder Ortschaft und auf jeder Autobahnauffahrt kommen weitere Pendlerinnen und Pendler hinzu. So ergibt sich eine lange Wagenkolonne, die morgens zur Arbeit und abends wieder nach Hause rollt. Durch das hohe Verkehrsaufkommen kommt es regelmäßig zu Staus auf den Straßen.

Aufgaben einer Stadt für Menschen aus dem Dorf	Aufgaben der Dörfer für Menschen aus der Stadt
Arbeitsplätze	Erholung
Kultur (z. B. Theater, Museen)	Anbau von landwirtschaftlichen Produkten (Lebensmittel)
Gesundheitswesen (z. B. Ärzte, Krankenhäuser)	Abbau von z. B. Kies, Sand und Holz
Bildung (z. B. Schulen)	Wohnort
Einkauf (z. B. Geschäfte, Kaufhäuser)	Freizeit (z. B. Fahrradtouren, Wandern)
Sport (z. B. Stadien, Sporthallen, Sportplätze)	

M7 Aufgaben von Stadt und Dorf

„Wir haben uns damals für Neckarzimmern entschieden, weil das Bauland günstiger ist als in der Stadt. So konnten wir uns ein Einfamilienhaus mit einem großen Garten bauen. Hier im Ort ist es meistens ruhig. Wir kennen alle Nachbarn und helfen uns gegenseitig. Zur Arbeit bei Mercedes-Benz muss ich täglich nach Stuttgart fahren. Das bedeutet oft morgens Stau und abends Stau. Das viele Autofahren strengt manchmal schon etwas an."

„Seit ich auf die Realschule gehe, muss ich früher aufstehen. Die Realschule liegt nämlich in Mosbach. Dorthin muss ich erst mit der Bahn fahren. Meine Schulfreunde kommen aus unterschiedlichen Orten dorthin. Wenn ich einen Arzttermin habe, abends in den Sportverein gehe oder mich mit Freunden treffen will, dann fahren mich meistens meine Eltern nach Mosbach. Das ist so dreimal die Woche."

„Hier in Neckarzimmern gibt es einen Bäcker. Wenn ich Eier, Obst oder Gemüse will, kaufe ich es direkt ganz frisch bei unseren benachbarten Bauern. Trotzdem muss ich oft nach Mosbach, um Lebensmittel zu kaufen, denn wir haben keinen Supermarkt. Samstags fahren wir zum Familieneinkauf meist nach Heilbronn. Auch wenn wir ins Kino wollen oder meine Frau und ich mal abends ausgehen, geht es mit dem Auto nach Heilbronn."

M6 Familie Gebauer berichtet über ihren Alltag.

M2 Die Mahle GmbH ist ein weltweit tätiger Automobilzulieferer mit Sitz in Stuttgart. Über 70 000 Menschen arbeiten für das Unternehmen.

Die Region Stuttgart ist nicht nur geographisch gesehen das Zentrum von Baden-Württemberg, sondern hat auch wirtschaftlich eine zentrale Bedeutung. Viele weltweit tätige Unternehmen haben hier ihren Sitz.
Was macht die Region wirtschaflich so stark?

W **1.** Wähle aus:
   A Beschreibe die Verteilung der Industriebetriebe in der Region Stuttgart (M1).
   B Beschreibe das Verkehrswegenetz in der Region Stuttgart (M1).

2. a) Ermittle mithilfe des Atlas eine weitere Wirtschaftsregion in Baden-Württemberg.
   b) Vergleiche diese Region mit der Wirtschaftsregion Stuttgart (Info).

3. „Die Fabrik steht in Baden-Württemberg, aber die Schokolade ist ein Produkt von Zutaten aus aller Welt!" Überprüfe die Aussage (M3, Atlas).

4. Erläutere die Bedeutung der Verkehrsanbindung für Ritter Sport (Text, M2, M4, Atlas).

5. Ordne die Hauptzutaten für Schokolade (M5) nach Rohstoffen und bereits verarbeiteten Rohstoffen. Begründe deine Entscheidung. Nutze auch das Internet. **140**

Wirtschaften in der Region Stuttgart

In der Region Stuttgart leben sehr viele Menschen. Ein Grund dafür ist das große Angebot an Arbeitsplätzen. Die Beschäftigten sind in den Betrieben in unterschiedlichen Berufen tätig. Die meisten arbeiten im Dienstleistungsbereich, beispielsweise in Banken, der Verwaltung, bei Krankenkassen oder in Geschäften. Auch in Industriebetrieben finden viele einen Arbeitsplatz. Der Schwerpunkt liegt in dieser Region in der Produktion von Kraftfahrzeugen. In der Land- und Forstwirtschaft arbeiten in der Region Stuttgart nur wenige Menschen.
Die Region ist gut an das Autobahn-, Schienen- und Wasserstraßennetz angebunden. Die Unternehmen können dadurch ihre hergestellten Waren sehr schnell über die verschiedenen Verkehrswege zu den Verkaufsorten transportieren.

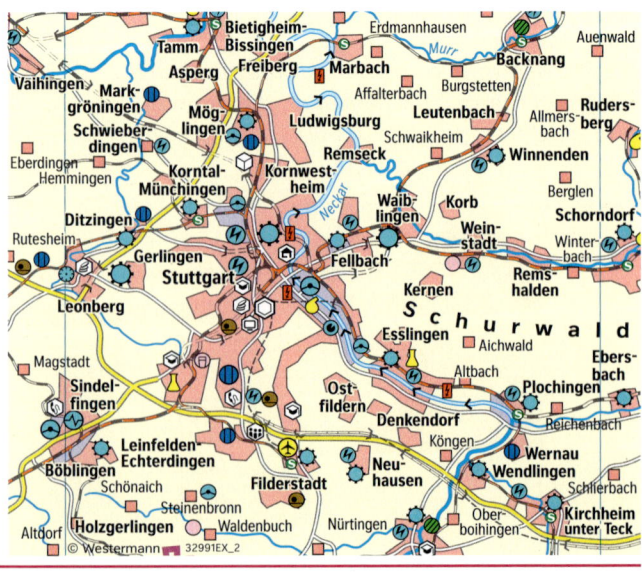

Legende:
- 🔵 Eisen-, Blech-, Metallwaren
- 🔷 Maschinenbau
- ⚙️ Kraftfahrzeugbau
- 🔶 Elektrotechnik
- 🔷 Elektronik
- 🔶 Feinmechanik
- ⚫ Optik
- 🔵 Chemie, Kunststoffe
- 🧪 Biotechnologie, Pharmazie
- 🟢 Textilien
- 🔴 Druckgewerbe, Verlag
- 🔴 Nahrungs- u. Genussmittel
- 🔶 Wärmekraftwerk
- ⬜ Industriegebiet
- ⬡ Verwaltung
- ⬡ Medien
- ⬡ Messe
- ⬡ Handel
- ⬡ Universität
- ⬡ Service
- ⬡ Logistik
- ⬡ Finanzen
- ━━ Autobahn
- ━━ Bundesstraße
- ┅┅ Eisenbahn
- →─── ICE-Trasse (im Bau, geplant)
- ━━ S-Bahn mit Endstation
- ◄━► schiffbarer Fluss
- ✈ Flughafen

0 ____ 10 km

32991EX_1 © Westermann

M1 Region Stuttgart – Wirtschaft und Verkehr

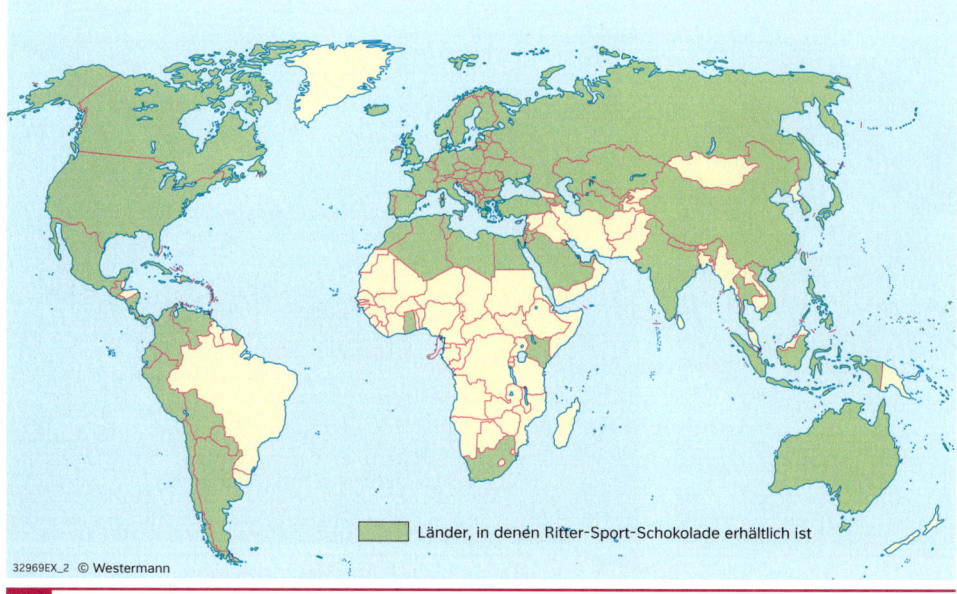

Länder, in denen Ritter-Sport-Schokolade erhältlich ist

32969EX_2 © Westermann

M3 In diesen Ländern kann Ritter Sport-Schokolade gekauft werden.

Die Schokoladenfabrik Ritter Sport

Tom ist mit seiner Schulklasse zu Besuch bei der Firma Ritter Sport in Waldenbuch südlich von Stuttgart. Frau Wagner zeigt der Klasse bei der Betriebsführung die Produktionshallen. Hier wird Schokolade von Maschinen aus verschiedenen Zutaten gefertigt. Schokolade ist ein Produkt der **Industrie**.

Ein Teil der Zutaten für die Schokolade werden als **Rohstoffe** in der Fabrik angeliefert. Der Großteil ist aber bereits verarbeitet worden. So wurde zum Beispiel aus Zuckerrüben in einer anderen Fabrik Zucker hergestellt, der dann mit Lkw herantransportiert wird. Wenn die Schokolade fertig ist, transportieren Lkw die Tafeln über die naheliegende Autobahn zu den Händlern.

Bei der Besichtigung müssen Toms Mitschülerinnen und Mitschüler viel laufen, denn das Betriebsgelände mit den großen Produktions- und Lagerhallen ist riesig. Das Unternehmen hat einen hohen **Flächenbedarf**. In den Hallen sieht die Klasse die zahlreichen Maschinen, die die fertigen Schokoladentafeln verpacken. Frau Wagner erzählt, dass die Maschinen von gut ausgebildeten Arbeitskräften bedient werden müssen. Die rund 1650 Mitarbeitenden des Unternehmens fahren täglich mit dem Auto oder Bus und Bahn zur Arbeit. Genügend Parkplätze und Haltestellen sind notwendig, damit alle den Betrieb schnell und unkompliziert erreichen können.

M4 Sitz der Firma Ritter Sport in Waldenbuch

Kakaobohnen (unten)   Soja

Kakaobutter   Zuckerrüben   Milch

M5 Die Hauptrohstoffe für die Schokoladenherstellung

Region Stuttgart in Zahlen

Nimmt man etwa zehn mal die Fläche der Region Stuttgart, so erhält man die gesamte Fläche Baden-Württembergs. In der Region Stuttgart leben in 179 Städten und Gemeinden rund 2,8 Millionen Menschen, also lebt dort etwa jede vierte Person in Baden-Württemberg.

Fachbegriffe

- die Industrie
- der Rohstoff
- der Flächenbedarf

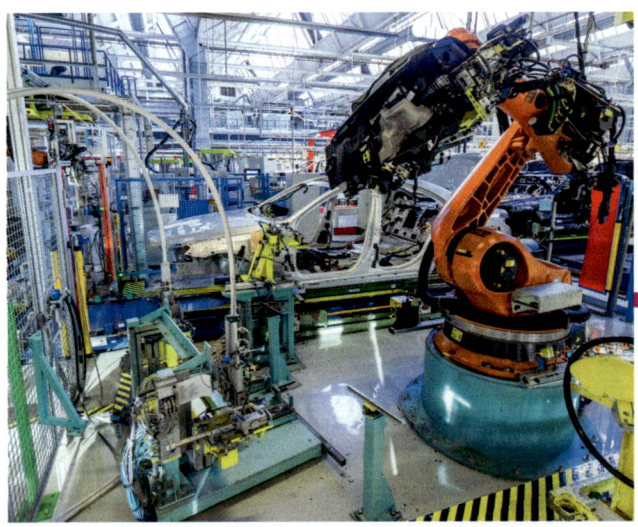

M1 Rohbau - Roboter schweißen Karosserieteile zu einer fertigen Karosserie eines Fahrzeugs zusammen.

M3 Oberfläche – Hier wird die Karosserie computergesteuert lackiert.

Ein Auto ist ein Industrieprodukt. Deutsche Autos sind weltbekannt. Viele Autos werden in den Automobilwerken von Porsche und Daimler hergestellt. Diese Werke liegen in der Region Stuttgart.
Hast du dich schon mal gefragt, wie ein Auto hergestellt wird?

1. Beschreibe die Lage der Region Stuttgart in Deutschland (Atlas).

2. Stuttgart ist ein weltweit bedeutender Standort der Automobilindustrie. Begründe (Text, M2, M4, M8, M9).

Ⓦ **3.** Wähle aus:
    A Beschreibe mithilfe der Fotos M1, M3, M4, M7 die Schritte bei der Herstellung eines Autos.
    B Beschreibe den Weg eines Autos von der Planung bis zum Verkauf (M2).

4. Erkläre, warum sich Zulieferbetriebe häufig in der Nähe von Automobilwerken ansiedeln (Text, M5).

Ⓩ **5.** Bei der Automobilherstellung werden immer häufiger automatisch gesteuerte Maschinen eingesetzt. Nenne Vor- und Nachteile.

Entwicklung der Automobilindustrie

Gottlieb Daimler und Robert Bosch waren erfolgreiche Erfinder. Sie entwickelten im 19. Jahrhundert die Ideen für motorisierte Kutschen. Später bauten Konstrukteure die ersten Autos. Heute wird die Entwicklung und die Produktion der Autos immer häufiger von Computern gesteuert. Man spricht von der **Digitalisierung** der Produktion.

Viele Unternehmen sind heute an der Produktion eines Autos beteiligt. Ein Auto besteht aus Tausenden Einzelteilen. Sogenannte **Zulieferbetriebe** stellen unter anderem Motoren, Elektronikteile oder Reifen her. Sie beliefern die Automobilhersteller. Rund 400 dieser Lieferanten haben ihren Standort in der Region Stuttgart. So können sie die Automobilwerke besonders schnell mit Einzelteilen versorgen. Es kommen aber auch Teile von Firmen aus ganz Deutschland und aus anderen Teilen der Welt. Um den Transport kümmern sich **Logistikunternehmen**. In der Region Stuttgart sind heute über 210000 Menschen in der Automobilindustrie beschäftigt.

ERSTAUNLICH

Mehr als die Hälfte der ca. 10000 Einzelteile eines Autos werden von Zulieferbetrieben produziert.

Forschung und Entwicklung → Anlieferung von Autoteilen → Logistik und Transport → Produktion (z.B. Montage, Lackierung) → Verkauf

© *westermann* 34035EX

M2 Der Weg eines Autos von der Planung bis zum Verkauf

M4 Fahrzeugmontage – In diesem Bereich wird die lackierte Karosserie um noch fehlende Teile ergänzt.

M7 Die fertigen Fahrzeuge auf dem Weg zur Endkontrolle

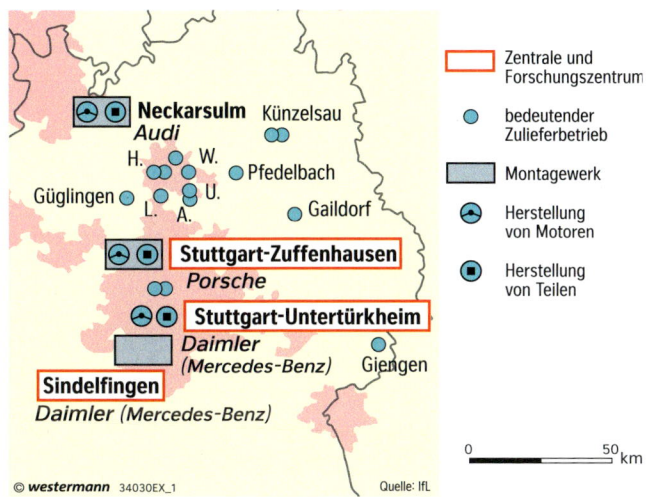

M5 Automobilwerke und Zulieferbetriebe in der Region Stuttgart

Neckarsulm
Audi
Künzelsau
H. W.
Güglingen
L. A. U.
Pfedelbach
Gaildorf
Stuttgart-Zuffenhausen
Porsche
Stuttgart-Untertürkheim
Daimler (Mercedes-Benz)
Giengen
Sindelfingen
Daimler (Mercedes-Benz)

Zentrale und Forschungszentrum
bedeutender Zulieferbetrieb
Montagewerk
Herstellung von Motoren
Herstellung von Teilen

© westermann 34030EX_1   Quelle: IfL
0   50 km

Daimler Werk Sindelfingen
Das Sindelfinger Daimler-Werk ist das größte von 15 deutschen Werken.
Beschäftigte: etwa 35 000
Herstellung von Fahrzeugen: über 300 000 pro Jahr

Daimler Werk Untertürkheim
Beschäftigte: etwa 18 500
Herstellung von Getrieben/Motoren: 2,3 Mio./Jahr
Ab 2020 Ausbau zu neuem Kompetenzzentrum für Elektroantriebs- und Batterietechnologie

Porsche Werk Zuffenhausen
Beschäftigte: etwa 15 400
Herstellung von Fahrzeugen: über 95 000 pro Jahr

M8 Zahlen zu wichtigen Produktionsstandorten in Stuttgart (2022)

800 kg Eisen und Stahl + 150 kg Aluminium (z. B. für Karosserie, Fahrwerk, Motor, Felgen)

Je 15 bis 20 kg Lithium und Kobalt (für eine durchschnittlich große Batterie in einem Elektroauto)

30 kg Glas (für Scheiben)

10 kg Kupfer (z. B. für Kabel)

1 kg Seltene Erden (z. B. für LED-Lampen, Katalysator)

250 kg Kunststoff (z. B. für Armaturen, Stoßstangen)

25 kg Kautschuk (für Reifen)

10 kg Zink (z. B. für Radkappen)

M6 In einem Auto sind sehr viele Rohstoffe und Einzelteile verarbeitet.

M9 Das Werk Sindelfingen ist die weltweit größte Daimler-Fabrik.

Fachbegriffe
- die Digitalisierung
- der Zulieferbetrieb
- das Logistikunternehmen

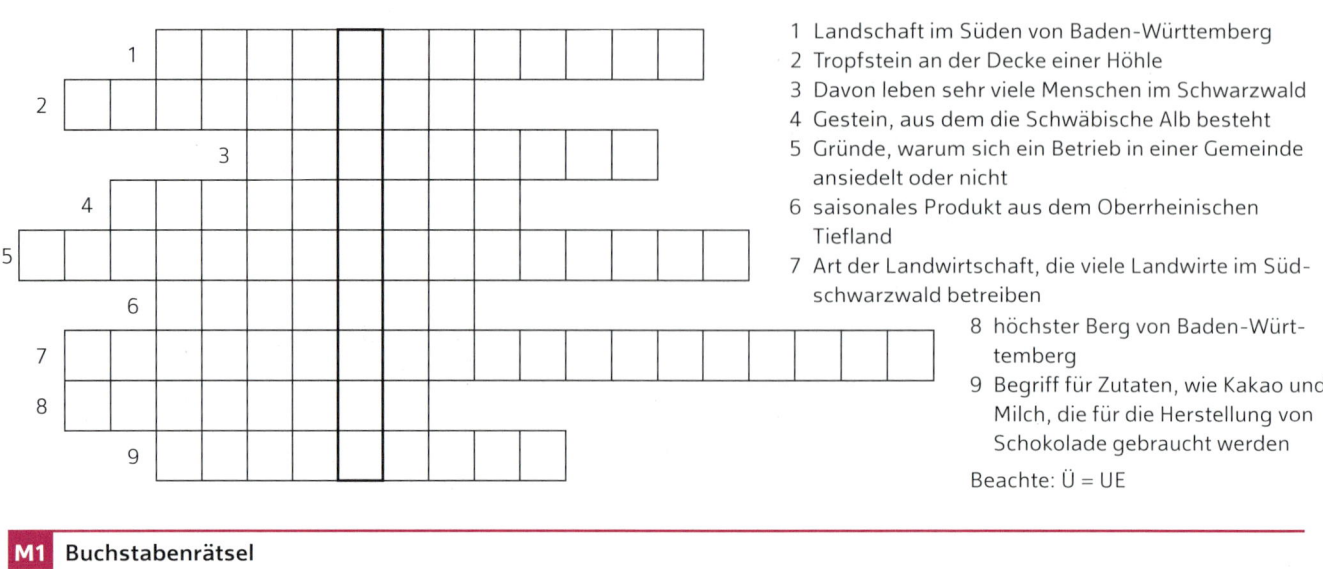

1 Landschaft im Süden von Baden-Württemberg
2 Tropfstein an der Decke einer Höhle
3 Davon leben sehr viele Menschen im Schwarzwald
4 Gestein, aus dem die Schwäbische Alb besteht
5 Gründe, warum sich ein Betrieb in einer Gemeinde ansiedelt oder nicht
6 saisonales Produkt aus dem Oberrheinischen Tiefland
7 Art der Landwirtschaft, die viele Landwirte im Süd- schwarzwald betreiben
8 höchster Berg von Baden-Würt- temberg
9 Begriff für Zutaten, wie Kakao und Milch, die für die Herstellung von Schokolade gebraucht werden

Beachte: Ü = UE

M1 Buchstabenrätsel

Zuckerrüben

sandige Böden

kein Unwetter (z. B. Hagel

möglichst keinen Frost

nährstoffreiche Böden

Spargel

mildes Klima

Äpfel

viel Sonne

Weinreben

M2 Pflanzen, Wetter, Klima und Boden

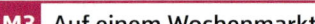

M3 Auf einem Wochenmarkt

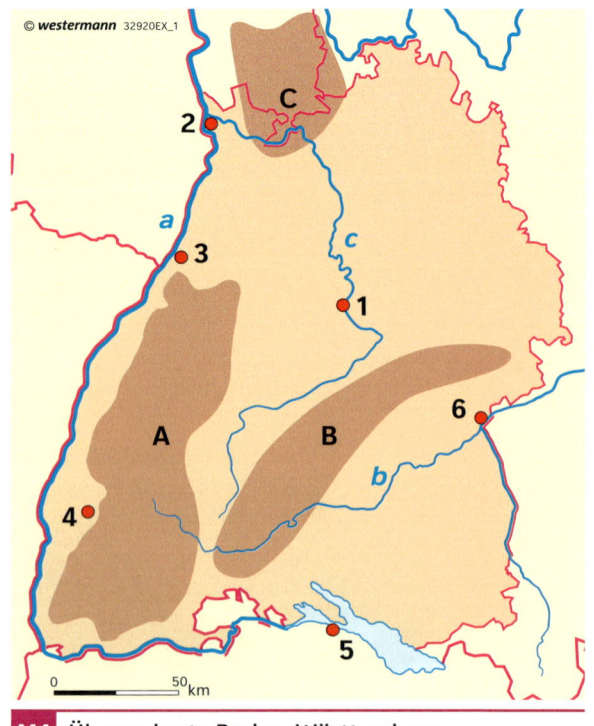

M4 Übungskarte Baden-Württemberg

M5 Bilder aus verschiedenen Landschaften Baden-Württembergs

1. Übertrage das Rätsel M1 in dein Heft und löse es. Wie heißt das Lösungswort?

2. Bestimme in der Übungskarte Baden-Württemberg (M4) die Namen
   – der Städte 1–6,
   – der Flüsse a–c und
   – der Gebirge A–C.

3. Nenne Baden-Württembergs Landschaften *(S. 64/65)*

4. Wähle einen Fachbegriff aus der Liste aus und erkläre ihn.

5. Nenne mindestens drei landwirtschaftliche Produkte, die in M3 auf dem Wochenmarkt angeboten werden.

6. Ordne den Pflanzen (rot) in M2 jeweils einen passenden Begriff bezüglich des Wetters/Klimas (grün) und des Bodens (braun) zu.

7. a) Ordne einen der Begriffe dem Lösungswort aus Aufgabe 1 zu: Großstadt, Mittelstadt, Kleinstadt.
   b) Welcher der Begriffe passt zu den Städten 3 und 4 in der Übungskarte M4? *(S. 92/93)*

8. Die Stadt 1 in der Übungskarte M4 ist Landeshauptstadt und ein Kultur- und Wirtschaftszentrum. Begründe diese Aussage.

9. Erkläre, welche Bilder in M5 zu den Landschaften aus Aufgabe 3 passen.

10. Erläutere, welche zwei weiteren Begriffe aus der Liste zu dem Fachbegriff aus Aufgabe 4 passen.

11. Notiere Fragen, die du bei der Erkundung eines Wochenmarktes zu den Produkten aus M3 stellen würdest. *(S. 90/91)*

12. Herr und Frau Römer haben entschieden, mit ihren zwei Kindern aus der Landeshauptstadt von Baden-Württemberg wegzuziehen und sich in einem Dorf ein Haus zu kaufen. Bewerte die Entscheidung mithilfe der Aufgabe 8 aus der Sicht der Eltern und der Kinder.

13. Erstelle zu einer Landschaft (Aufgabe 3) einen kurzen Steckbrief. Verwende dabei mindestens zwei Fachbegriffe aus der Liste.

14. Charakterisiere in Stichworten eine Wirtschaftsregion von Baden-Württemberg. *(S. 98/99)*

15. Beurteile das Leben in einem Dorf wie Neckarzimmern aus der Sicht eines älteren Menschen. *(S. 96/97)*

Fachbegriffe

- das Mittelgebirge
- das Kerbtal
- das Muldental
- die Grünlandwirtschaft
- der Tourismus
- die Erosion
- der Zeugenberg
- die Karsthöhle

- der Tropfstein
- die Doline
- das saisonale Produkt
- die Sonderkultur
- die Genossenschaft
- der Markt
- das Dorf
- die Stadt
- das Stadtviertel

- das Kulturzentrum
- das Wirtschaftszentrum
- die Bevölkerungsdichte
- der Pendler/ die Pendlerin
- die Industrie
- der Rohstoff

- der Flächenbedarf
- die Digitalisierung
- der Zulieferbetrieb
- das Logistikunternehmen

WES-115780-103

Leben in Deutschland

So wie hier auf dem Luftbild der Stadt Reutlingen mit ihrem Umland sieht es nicht überall in Deutschland aus. Die Landschaften sind vielfältig.

Was weißt du bereits darüber?

M1 Die Großlandschaften Deutschlands

M2 Norddeutsches Tiefland

Deutschland lässt sich nach unterschiedlichen Landschaftsformen gliedern.
Wo befinden sich das Radfahrland, das Wanderland und das Kletterland?

1. Ordne den Großlandschaften Deutschlands in M1 folgende Städte zu:
Rostock, Reutlingen, Münster, München (Atlas, Register und Karte: Deutschland – Physische Übersicht).

2. Finde zu jedem Gebirge den richtigen Berg und die richtige Höhe des Berges (Atlas).
Gebirge: Schwarzwald, Eifel, Harz
Berg: Brocken, Feldberg, Hohe Acht
Höhe des Berges: 747 m, 1493 m, 1142 m

3. Finde in M3 die Namen der Städte (①–③) und der Gebirge (Ⓐ, Ⓑ) mithilfe des Atlas.

4. Ermittle
a) die Nord-Süd-Ausdehnung von Deutschland (M3),
b) die West-Ost-Ausdehnung von Deutschland (Atlas, Karte: Deutschland – Physische Übersicht).

5. Nenne Unterschiede zwischen den Großlandschaften, die auf den Fotos M2, M4 und M5 deutlich werden. Nimm auch die Texte zuhilfe.
Vergleiche
a) das Norddeutsche Tiefland mit dem Mittelgebirge.
b) das Mittelgebirge mit dem Hochgebirge.

Die **Großlandschaft** im Norden Deutschlands heißt Norddeutsches **Tiefland**. Diese Großlandschaft ist tief gelegen und hat nur geringe Höhenunterschiede. Die Landhöhen liegen etwa zwischen dem Meeresspiegel und 200 Meter Höhe. Diese Landschaft erstreckt sich von der Küste im Norden bis etwa 200 Kilometer nach Süden.

„Radfahr-
land!"

Ella

M3 Von der Küste bis zu den Alpen – ein Landschaftsquerschn

M4 Mittelgebirge

M5 Alpenvorland und Alpen

In der Mitte Deutschlands befindet sich die Groß-landschaft der Mittelgebirge.

Es sind Bergländer mit abgerundeten, bewalde-ten Höhenzügen und lang gestreckten Tälern. Die Berge sind bis zu 1 500 Meter hoch. Sehr hohe Berge und steile Felswände gibt es in dieser Großlandschaft nicht.

Dann folgt nach Süden: das **Alpenvorland**. Es steigt von 300 Metern südlich der Donau auf 800 Meter am Beginn der Alpen an.

Die Alpen sind ein **Hochgebirge**. Sie erreichen in Deutschland Höhen von 1 500 bis fast 3 000 Me-tern. In den Alpen gibt es hohe Gipfel und steile Felswände. Dazwischen liegen oft enge Täler.

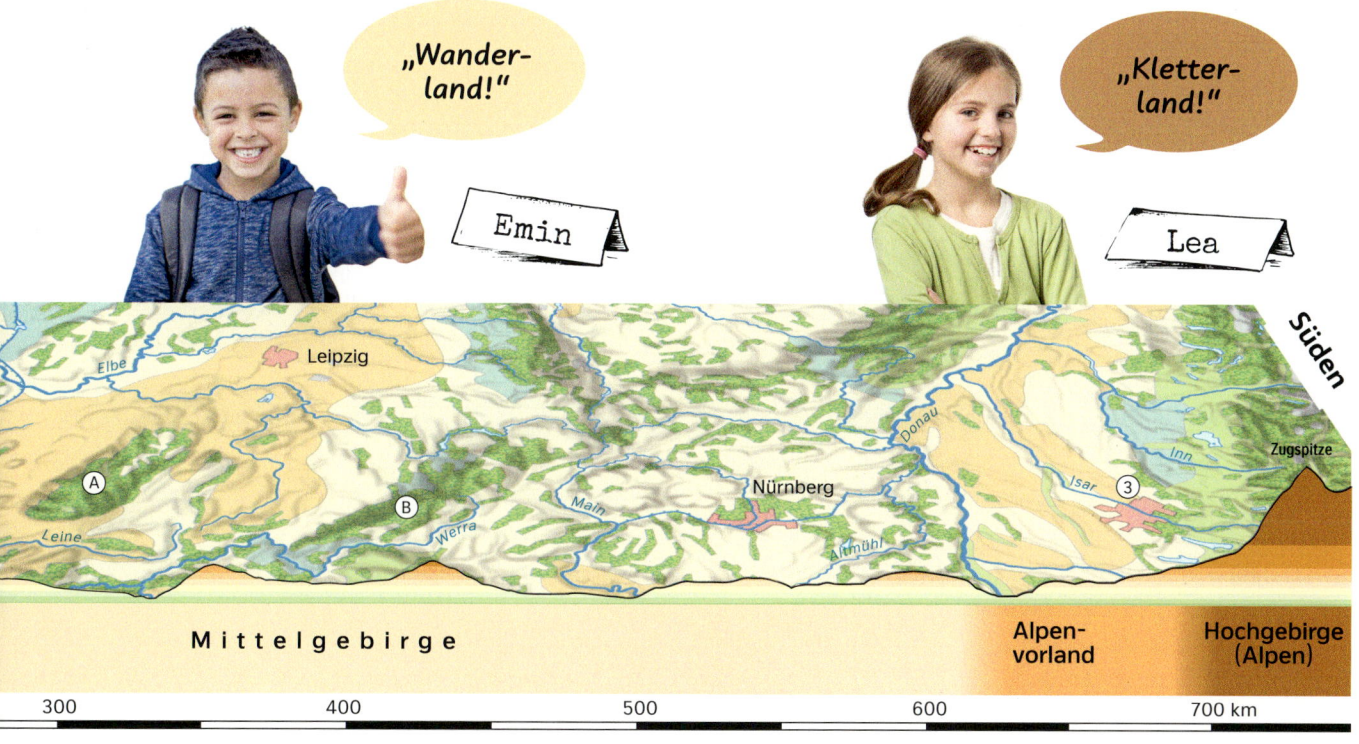

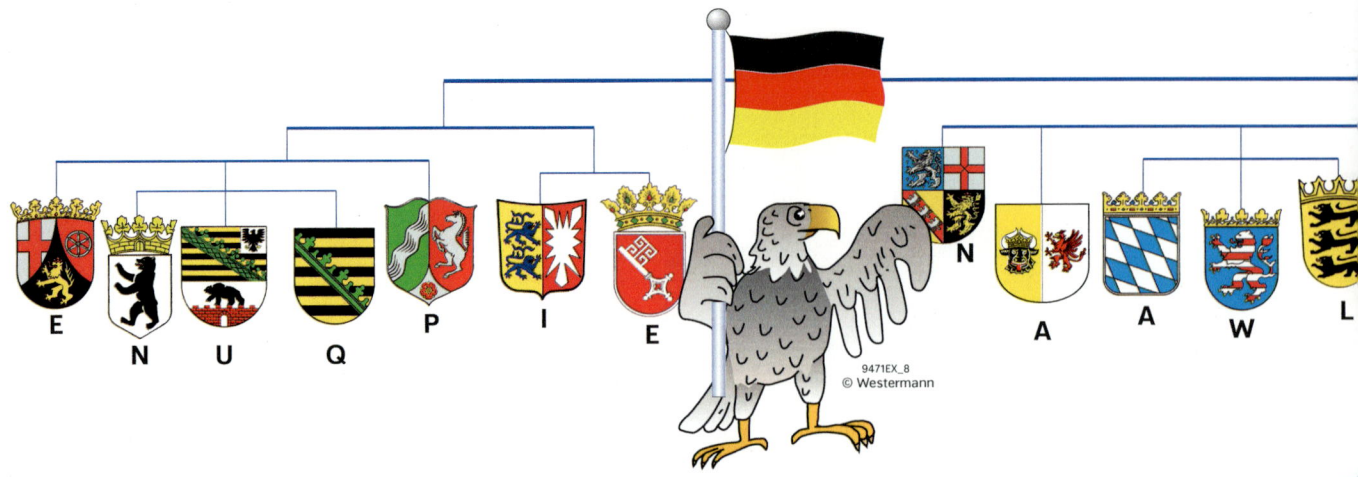

M1 Landeswappen der Bundesländer

Der Bundesstaat und die Bundesländer

Die Bundesrepublik Deutschland besteht aus 16 Bundesländern. Vergleichbar mit einem großen Puzzle verteilen sich die Bundesländer auf einer Gesamtfläche von 357 000 Quadratkilometern. Jedes Bundesland hat eine eigene Landeshauptstadt und ein eigenes Landeswappen (M1). In Baden-Württemberg ist Stuttgart die Landeshauptstadt. Besonders sind die Bundesländer Berlin, Hamburg und Bremen, denn sie sind Bundesland und Stadt zugleich. Zudem ist Berlin die Hauptstadt der gesamten Bundesrepublik Deutschland. Die Landeshauptstädte sind die politischen Zentren der Bundesländer. Politikerinnen und Politiker treffen hier Entscheidungen für die jeweiligen Bundesländer. Jedes Bundesland legt zum Beispiel fest, wie viele Feiertage es im Jahr gibt. Auch die Lehrpläne in den Schulen unterscheiden sich von Bundesland zu Bundesland.

Die Bundesrepublik Deutschland kann man nach Bundesländern unterteilen.
Welches ist das größte und welches das kleinste Bundesland? Warum sind die Bundesländer Berlin, Hamburg und Bremen besonders?

1. Ordne den Bundesländern Deutschlands in M2 das richtige Wappen in M1 zu (Atlas, Internet). Die Buchstaben, die unter dem jeweiligen Wappen stehen, ergeben in der Reihenfolge der Tabelle M2 ein Lösungswort.

W 2. Wähle aus: Nenne jeweils die drei größten und die drei kleinsten Bundesländer (M2)
   A nach ihrer Fläche.
   B nach ihrer Einwohnendenzahl.

3. Ordne den Buchstaben A bis P in M3 die Namen der Bundesländer und deren jeweilige Landeshauptstädte zu (Atlas).

4. Erkläre, warum die Bundesländer Berlin, Hamburg und Bremen besonders sind (Text, Info).

5. a) Ordne jedem Fußballverein in M5 das Bundesland und seine Hauptstadt zu.
   b) Aus welchem Bundesland kommen die meisten Vereine?
   c) Welche Bundesländer sind nicht vertreten?

> **INFO**
> **Flächenstaaten und Stadtstaaten**
> Die 16 Bundesländer Deutschlands sind unterschiedlich groß. 13 Bundesländer bezeichnet man als **Flächenstaaten** mit einer großen Landesfläche, einer Landeshauptstadt und vielen weiteren Städten. Weiterhin gibt es drei **Stadtstaaten**: Berlin, Hamburg und Bremen mit Bremerhaven. Sie sind sowohl Stadt als auch Bundesland.

Land	Einwohnende (Mio.)	Fläche (km²)	Land	Einwohnende (Mio.)	Fläche (km²)
Baden-Württemberg	11,1	35 748	Niedersachsen	8,0	47 710
Bayern	13,2	70 542	Nordrhein-Westfalen	17,9	34 113
Berlin	3,7	891	Rheinland-Pfalz	4,1	19 858
Brandenburg	2,5	29 654	Saarland	1,0	2 572
Bremen	0,7	419	Sachsen	4,0	18 450
Hamburg	1,9	755	Sachsen-Anhalt	2,2	20 464
Hessen	6,3	21 116	Schleswig-Holstein	2,9	15 804
Mecklenburg-Vorpommern	1,6	23 295	Thüringen	2,1	16 202

M2 Fläche und Bevölkerung der Bundesländer (gerundet, Quelle: Bundesamt für Statistik, Stand: 31.12.2021)

Z
D
P
S

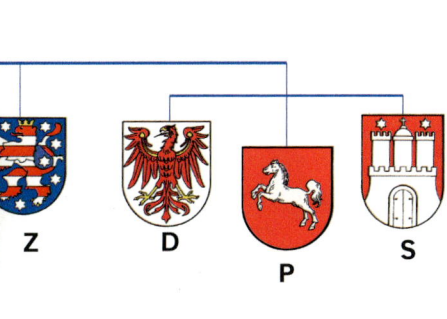

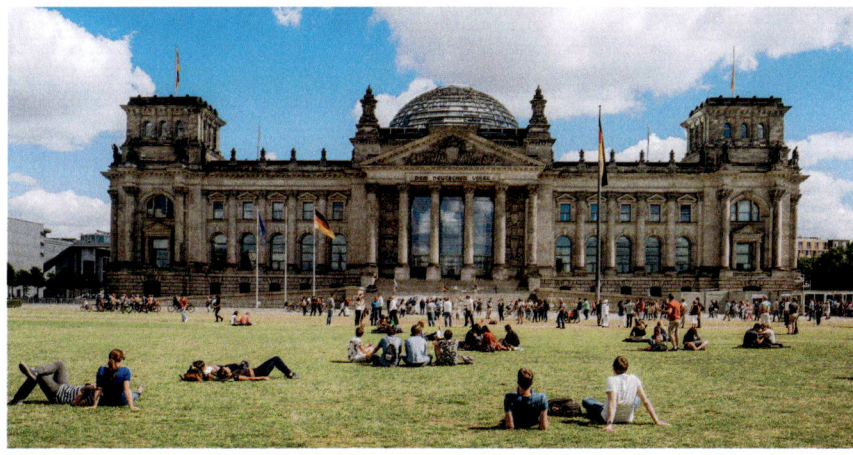

M4 Reichstag in Berlin – politisches Zentrum Deutschlands

A
K.
B
C
H.
Br.
D
Ha.
E
S.
F
D.
G
Ma.
H
B.
P.
I
J
Ma.
W.
K
Sa.
L
M
E.
N
Dr.
O
St.
P
M.
Staatsgrenze
Landesgrenze
A – P Bundesland
Bundeshauptstadt
St. Landeshauptstadt
0 20 40 60 80 100 km
©Westermann 24052EX_8

M3 Deutschland – politische Gliederung

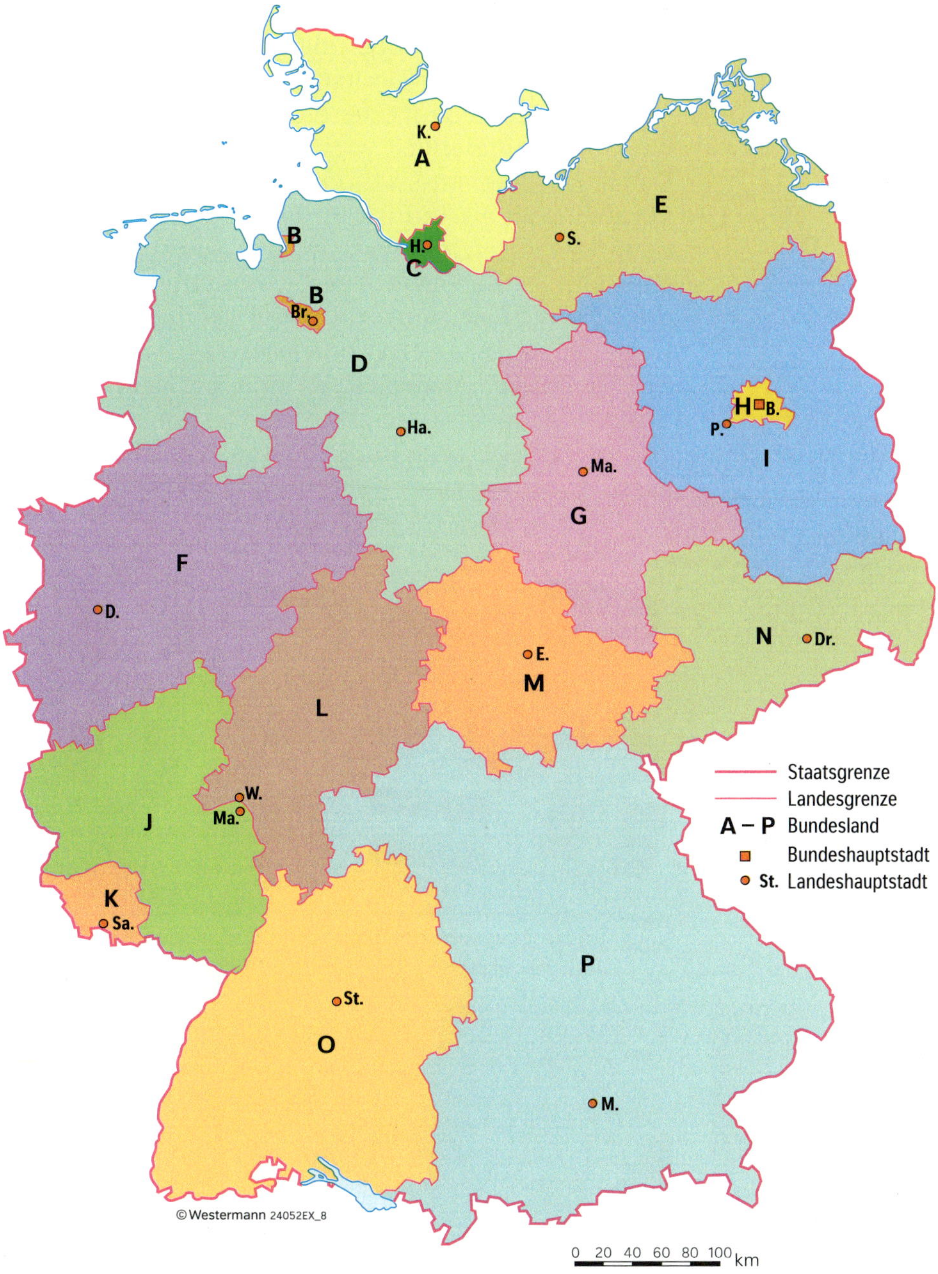

1. FC Bayern München
2. Borussia Dortmund
3. SV Werder Bremen
4. VfB Stuttgart
5. Borussia Mönchengladbach
6. Hamburger SV
7. FC Schalke 04
8. Eintracht Frankfurt
9. 1. FC Köln
10. Bayer 04 Leverkusen
11. 1. FC Kaiserslautern
12. Hertha BSC Berlin
13. VfL Bochum
14. 1. FC Nürnberg
15. VfL Wolfsburg
16. Hannover 96
17. MSV Duisburg
18. Fortuna Düsseldorf
19. SC Freiburg
20. Karlsruher SC

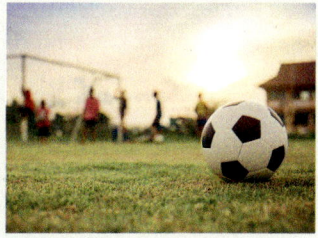

M5 Die ewige Bundesligatabelle (Quelle: www.fussballdaten.de, 04/2023)

Fachbegriffe
- der Flächenstaat
- der Stadtstaat

Berlin ist mit etwa 3,8 Millionen Einwohnerinnen und Einwohnern die größte deutsche Stadt. Die Stadt gilt als das politische Zentrum Deutschlands. Auch bei Touristen ist sie beliebt. Berlin wird jährlich von Menschen aus vielen Teilen der Welt besucht.

Was macht Berlin so besonders?

1. Beschreibe die Lage Berlins in Deutschland mithilfe des Atlas. `136`

2. Berlin gilt als politisches Zentrum Deutschlands. Erkläre (Text).

3. Warum ist Berlin bei Touristen sehr beliebt?

4. Das Leben in Berlin ist durch eine Vielfalt an Bevölkerungsgruppen geprägt. Erkläre mithilfe des Textes und M1.

5. Verfolge die Busroute der Stadtrundfahrt (M3, Internet) im Stadtplan M2. Ordne dabei die im Text genannten Sehenswürdigkeiten (①–⑪) den Fotos Ⓐ–Ⓚ richtig zu.

Ⓦ 6. Wähle aus:

   A Recherchiere. Halte ein Kurzreferat über eine Sehenswürdigkeit deiner Wahl. `140` `146`

   B Recherchiere. Erstelle ein Plakat zu einer Sehenswürdigkeit deiner Wahl. `139` `140`

Berlin – das Zentrum Deutschlands

Berlin ist der Sitz der Bundeskanzlerin oder des Bundeskanzlers. Im sogenannten Regierungsviertel werden im Reichstag oder in verschiedenen Ministerien wichtige politische Entscheidungen für das Leben in Deutschland getroffen. Auch der Bundespräsident oder die Bundespräsidentin hat den Sitz in Berlin.

Berlin ist eine international bedeutende Weltstadt. Sie gilt als Touristenmagnet. Über 13 Millionen Menschen aus dem In- und Ausland besuchen jährlich Berlins Museen, Kinos, Theater oder die historischen Gebäude. Auch die vielfältigen Einkaufsmöglichkeiten und Veranstaltungen sind bei Touristen beliebt. Berlin gilt als weltoffene Stadt. Hier leben etwa 780 000 Menschen ohne deutsche Staatsangehörigkeit aus über 190 Ländern.

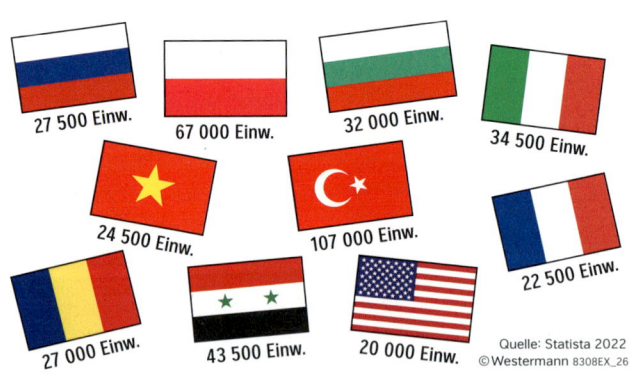

M1 Größte Bevölkerungsgruppen in Berlin nach Herkunftsländern im Jahr 2021 (gerundete Werte)

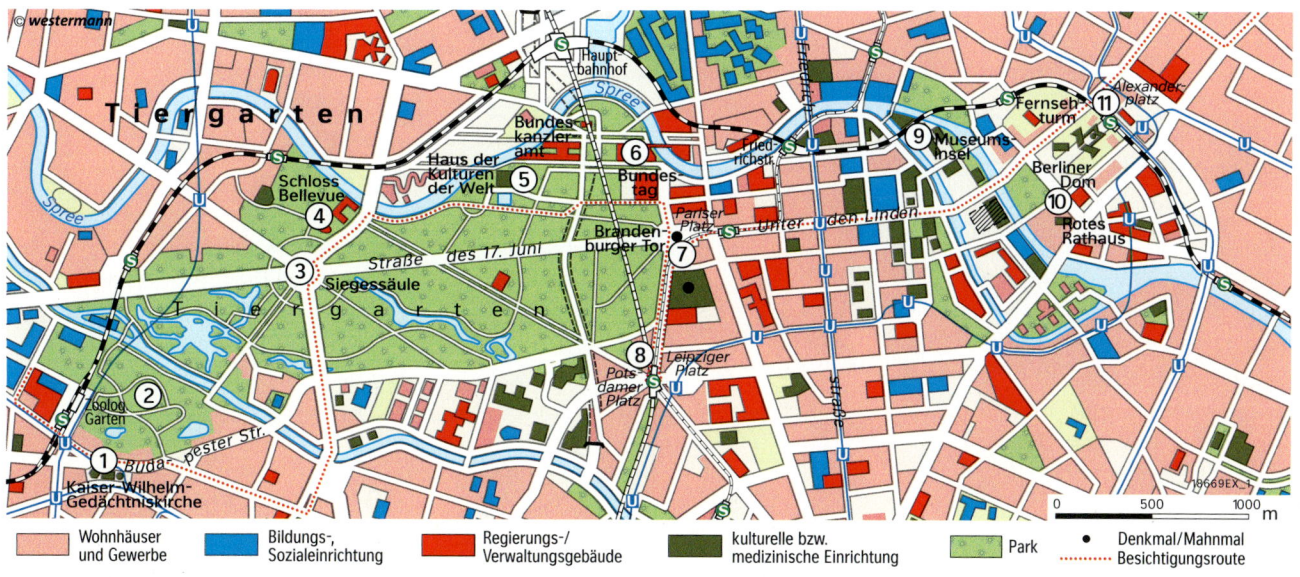

© westermann

Legende:
- Wohnhäuser und Gewerbe
- Bildungs-, Sozialeinrichtung
- Regierungs-/ Verwaltungsgebäude
- kulturelle bzw. medizinische Einrichtung
- Park
- Denkmal/Mahnmal
- Besichtigungsroute

M2 Die Busroute mitten durch Berlin: Ausschnitt aus einem Stadtplan

Wenn du Berlin besuchst, kannst du mit einem Bus fahren, der an vielen Sehenswürdigkeiten vorbeifährt. Am Bahnhof Zoo (Zoologischer Garten) geht es los. Die *Gedächtniskirche* wurde im Zweiten Weltkrieg zerstört; sie ist heute eine Ruine.

Gleich in der Nähe ist der Eingang zum ältesten *Zoo* Deutschlands. Schon von Weitem kann man dann die *Siegessäule* sehen. Berlinerinnen und Berliner nennen sie liebevoll „Gold-Else".

Im weißen Gebäude *Schloss Bellevue* wohnt der Bundespräsident oder die Bundespräsidentin.

Das *Haus der Kulturen der Welt* sieht aus wie eine Muschel und bietet Platz für Kunstausstellungen und Konzerte.

Jetzt sind wir auch schon mitten im Regierungsviertel. Es geht am *Bundestag* (dem Reichstagsgebäude) mit der Glaskuppel vorbei. Dann folgt das *Brandenburger Tor*.

Gleich in der Nähe liegt der Potsdamer Platz, ein großes Geschäfts- und Veranstaltungszentrum. Auf dem Potsdamer Platz ist auch das *Sony-Center* mit seinem tollen Dach.

Hinter dem Brandenburger Tor beginnt die Allee „Unter den Linden". Sie gehört zum östlichen Zentrum Berlins. Dazu gehört auch die *Museumsinsel*.

In der Mitte Berlins liegt der *Alexanderplatz mit dem Fernsehturm*. In der Nähe befindet sich das *Rote Rathaus*. Hier endet die Stadtrundfahrt.

M3 Eine Stadtrundfahrt durch Berlin

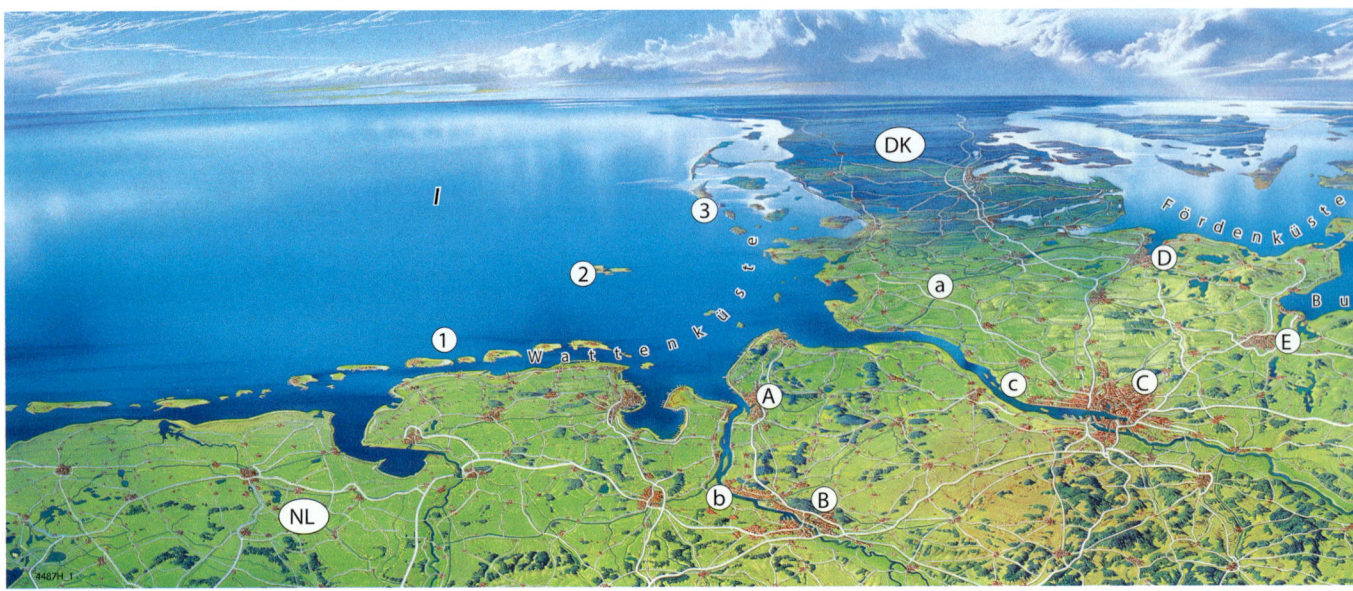

M1 Der deutsche Küstenraum

Der deutsche Küstenraum umfasst die Nordseeküste und die Ostseeküste.
Welche Unterschiede gibt es zwischen Nordseeküste und Ostseeküste? Welche Küstenformen gibt es? Welche Rolle spielt der Wechsel der Gezeiten an Nord- und Ostsee?

1. a) Bearbeite die Übungskarte zum deutschen Küstenraum (M1, Atlas).
   b) Nenne die Bundesländer, die zum deutschen Küstenraum gehören (M1, Atlas).

Ⓦ 2. a) Wähle aus:
   A Beschreibe die Gliederung der Wattenküste (Text, M1, Info).
   B Beschreibe die Lage der verschiedenen Küstenformen an der Ostseeküste (Text, M1, M4).
   b) Tauscht euch über eure Ergebnisse aus.

3. Ordne M2 und M3 einer Küstenform zu. Begründe deine Entscheidung.

4. Erkläre, wieso die Ostsee ein Binnenmeer ist (Text).

5. Begründe, warum die Gezeiten an der Ostseeküste kaum wahrzunehmen sind (Text).

6. Recherchiere. Nenne Buchten und Bodden an der Ostseeküste. 140 ▸

INFO

Halligen
Halligen sind kleine Inseln. Da sie bei Flut überspült werden, stehen ihre Häuser auf Erdhügeln, die man Warften nennt.

Die Nordseeküste

Die Nordsee ist ein Randmeer des Atlantischen Ozeans. Der Meeresspiegel steigt und fällt alle sechs Stunden um mehrere Meter. Große Teile des **Wattenmeeres** fallen dadurch regelmäßig trocken. Die Wattküste erstreckt sich über den gesamten deutschen Nordseeküstenraum.
In den Wattbereichen liegen vor dem Festland Inseln, Halligen und große Sandbänke. Die Inseln und Halligen sind aufgrund der einzigartigen Landschaft beliebte Urlaubsziele. Sie sind teilweise Reste des ehemaligen Festlandes.
In die Nordsee mündet der größte Fluss Norddeutschlands, die Elbe. Auch die Weser mündet in die Nordsee. Die Hafenstädte Hamburg und Bremen können von der Nordsee aus über die Elbe und die Weser auch von großen Schiffen erreicht werden.

M2 Hallig Hooge

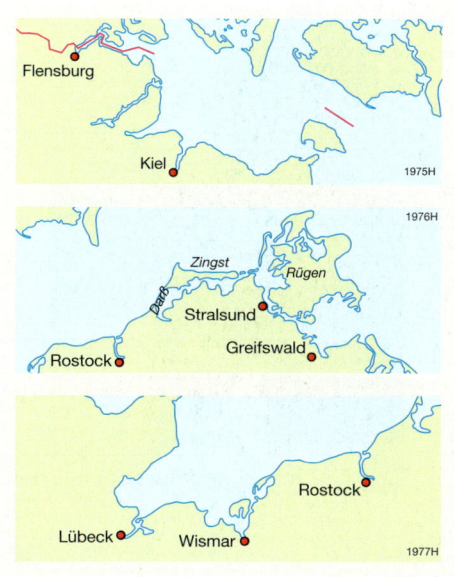

Förden sind schmale Meeres-buchten, die weit ins Landesin-nere reichen. Kiel liegt an einer Förde.

Bodden sind flache Meeres-buchten mit einer geringen Wassertiefe. Sie haben oft nur einen kleinen Zugang zum Meer.

Eine *Bucht* ist ein Meeresteil, der zum Teil in das Landes-innere hineinragt.

M4 Küstenformen an der Ostseeküste

Die Ostseeküste

Die Ostsee ist ein Binnenmeer. Sie ist fast voll-ständig von Landflächen umgeben. Nur über eine schmale Verbindung ist sie mit dem Atlantischen Ozean verbunden.

Durch den geringen Einfluss des Atlantischen Ozeans steigt und fällt der Meeresspiegel an der Ostsee nur um Zentimeter. Anders als an der Nordsee müssen sich Badetouristen von daher nicht an festgelegte Badezeiten halten.

An der Ostsee gibt es unterschiedliche **Küsten-formen**. Zwischen Flensburg und Lübeck liegt die Fördenküste. Weiter in Richtung Osten schließt sich bei Lübeck die Buchtenküste an. Östlich von Rostock wird diese Küstenform von der Bodden-küste abgelöst. An der Ostseeküste gibt es viele große Häfen. In den Häfen der Städte Kiel, Ros-tock und Lübeck können auch große Schiffe ein-laufen.

M5 Insel Koos im Greifswalder Bodden

Fachbegriffe
- das Wattenmeer
- die Küstenform

M3 Küstenform an der Ostsee in Kiel

M6 Bucht bei Sehlendorf

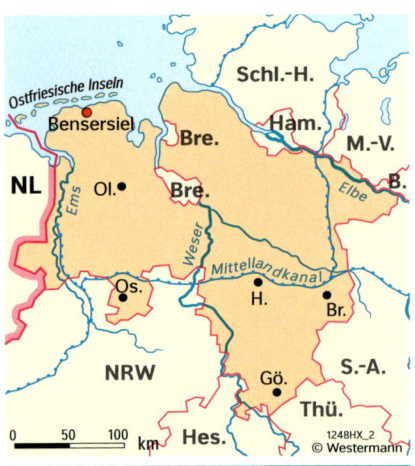

M1 Lage von Bensersiel in Niedersachsen

M3 Sprachnachricht aus dem Urlaub

„Hey Niklas,

wir sind gestern in Bensersiel angekommen. Hier ist richtig schönes Wetter! Heute Morgen sind wir sofort mit Badesachen zum Strand gegangen. Doch als wir da waren, waren wir erstmal total enttäuscht. Vom Meer war gar nichts zu sehen, nur grauer Meeresboden. Baden konnten wir also nicht, erst nach ein paar Stunden kam das Wasser wieder und wir hatten doch noch viel Spaß in den Wellen. Morgen werden wir erst später los zum Strand, denn …"

Das Leben an der Nordseeküste wird durch unterschiedliche Wasserstände des Nordseewassers beeinflusst.
Welche Vorgänge werden als Ebbe und Flut bezeichnet? Was sind die Gezeiten? Worauf müssen Badetouristen an der Nordseeküste achten?

1. Vervollständige sinnvoll den letzten Satz der Sprachnachricht (M3).

W 2. Wähle aus:
   A Lege zu folgenden Begriffen Karteikarten an: Niedrigwasser, Hochwasser, Ebbe und Flut, Gezeiten (Tide), Tidenhub (Text, M5).
   B Vergleiche die Inhalte der Fotos M4 und M6. Gib mithilfe von M5 die Inhalte in Stichpunkten wieder. 144 ▶

3. Betrachte den Tidekalender von Bensersiel (M7). Wann könntest du am 03.06. schwimmen gehen? Begründe.

4. Erkläre die Entstehung der Gezeiten (Text S. 115, M5, Internet). 140 ▶

5. Erläutere, warum die auf das Wasser einwirkenden Kräfte nicht immer gleich groß sind.

Was passiert mit dem Wasser?

Der Meeresspiegel an der Nordsee verändert sich ständig. Das Wasser verschwindet zweimal am Tag und kehrt zweimal wieder. Den höchsten Wasserstand nennt man dabei Hochwasser und den niedrigsten Niedrigwasser.
Das Ablaufen des Wassers wird als **Ebbe** bezeichnet. Das Wasser läuft so lange ab, bis der Meeresboden frei liegt. Nach ungefähr sechs Stunden steigt das Wasser wieder an. Die **Flut** hat eingesetzt. Bei Hochwasser ist der graue Meeresboden vollständig vom Wasser bedeckt.
Der Wechsel von Ebbe und Flut wird als **Gezeiten** oder auch Tide bezeichnet (M4, M6). In den Tidekalendern der Nordseeküstenorte werden die Hochwasser- und Niedrigwasserstände der verschiedenen Tage bekannt gegeben (M7). Nach dem Tidekalender können auch die Badezeiten in der Nordsee ermittelt werden.

INTERNET
Auf den folgenden Webseiten könnt ihr euch über die Entstehung der Gezeiten informieren.
WES-115780-114

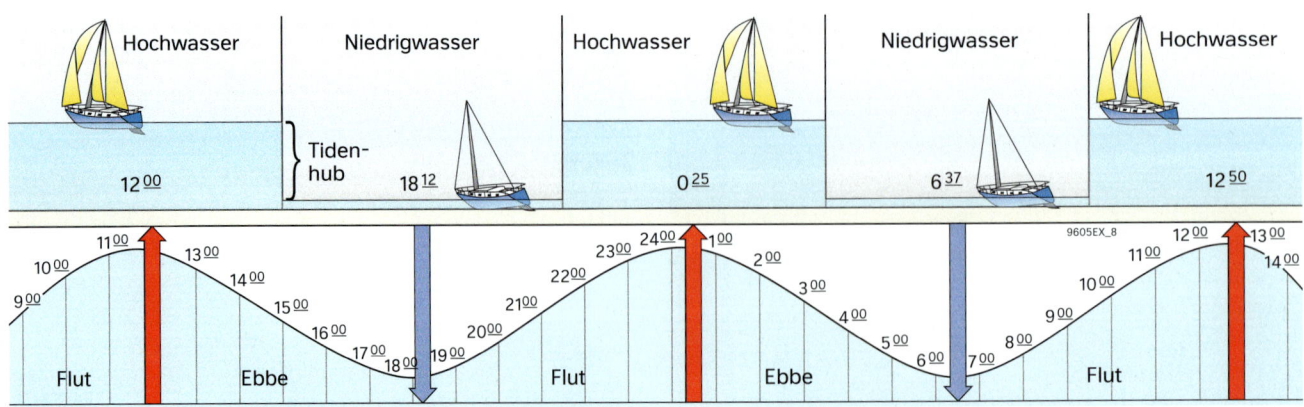

M2 Gezeiten – Wechsel von Ebbe und Flut

M4 Hochwasser

M6 Niedrigwasser

Die Entstehung der Gezeiten

Maßgeblich verantwortlich für die Entstehung von Ebbe und Flut ist der Mond. Seine Anziehungskraft führt zum Anheben des Meerwassers auf der Erde. Auf der ihm zugewandten Seite entsteht ein Flutberg. Durch die **Fliehkraft** bildet sich auf der dem Mond abgewandten Seite ebenfalls ein Flutberg.

Die Fliehkraft entsteht dadurch, dass sich Mond und Erde um einen gemeinsamen, innerhalb der Erde liegenden Schwerpunkt drehen. Unter den beiden Flutbergen und den beiden Ebbetälern dreht sich die Erde innerhalb von etwa 24 Stunden einmal hindurch. Deshalb schwappt das Wasser des Flutberges zweimal am Tag an die Küsten.

Da auch die Sonne einen Einfluss auf Ebbe und Flut hat, sind die Anziehungskräfte nicht immer gleich stark.

Deshalb ist der Unterschied zwischen höchstem und niedrigstem Wasserstand, dem **Tidenhub**, im Monatsverlauf verschieden.

	HW	NW	HW	NW
01.06.	02:51	09:13	15:26	21:20
02.06.	03:30	09:50	16:11	22:03
03.06.	04:20	10:41	17:09	23:02

M7 Tidekalender von Bensersiel

M8 Strand von Bensersiel bei Niedrigwasser

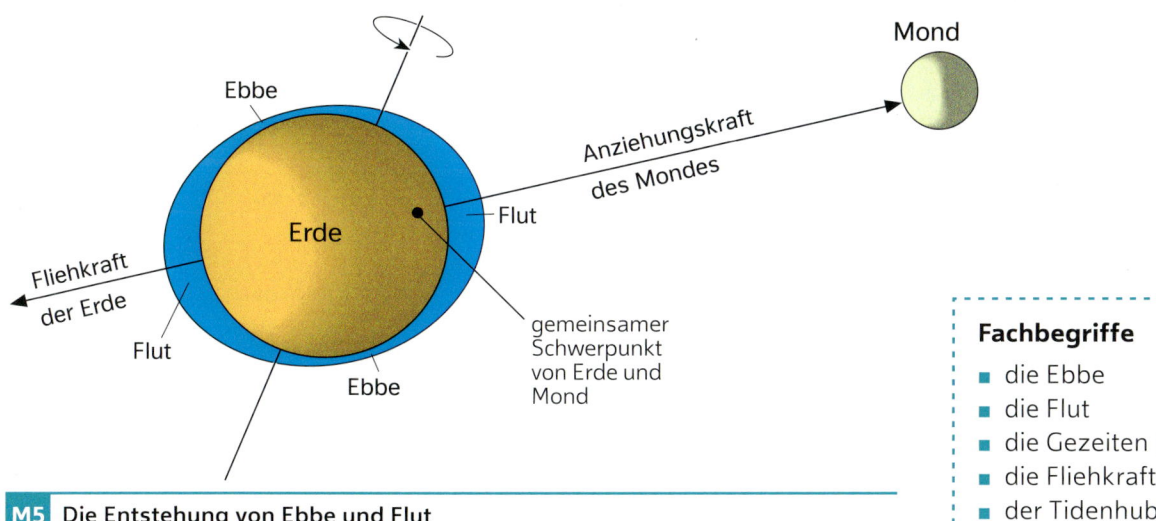

M5 Die Entstehung von Ebbe und Flut

Fachbegriffe

- die Ebbe
- die Flut
- die Gezeiten (Plural)
- die Fliehkraft
- der Tidenhub

M1 Sturmflut an der Nordseeküste

Am Sonntag, dem 11. Oktober 1634 brach ein furchtbarer Südweststurm los, der sich zu einem Orkan entwickelte. Donnernd schlugen die Wellen der Sturmflut gegen die Deiche. Immer höher stand das Wasser und stürzte letztlich durch und über die Deiche. Nach einer Stunde waren 6 408 Menschen und über 50 000 Stück Vieh in den Fluten versunken. 30 Mühlen, 6 Glockentürme und mehr als 1 300 Häuser waren zerstört. Das Glück von mehr als 9 000 Menschen war vernichtet. Nur die festeren Kirchtürme und Kirchen, obgleich beschädigt, ragten aus diesem riesigen Trümmerfelde hervor.

Auch heute noch sind die Küsten den Gefahren von Sturmfluten ausgesetzt. Nur durch aufwendige Schutzmaßnahmen konnten in den letzten Jahrzehnten in Deutschland katastrophale Folgen durch Sturmfluten verhindert werden. Wie schützen sich die Menschen?

1. Beschreibe das Foto M1 mithilfe des Textes.

2. Erkläre, wie sich der Küstenschutz in Deutschland entwickelte (Text).

W 3. Wähle aus:
   A Beschreibe den Aufbau des Deiches (M2).
   B Erläutere die Veränderungen im Deichbau (M6).
   Tauscht euch über eure Ergebnisse aus.

4. Beschreibe die Gliederung des Nordseeküstenraums vom Meer bis zur Geest (M3).

5. a) Beschreibe den Vorgang der Landgewinnung (M4–M8).
   b) Erläutere, warum die Landgewinnung zu den Küstenschutzmaßnahmen gehört (M4–M8).

Z 6. Recherchiere. Erkläre die Funktion eines Sieltores. 140 ▶

Küstenschutz

Um Natur und Menschen vor den Gefahren des Meeres zu schützen, wird seit ungefähr 3000 Jahren Küstenschutz betrieben.

Als erste Schutzmaßnahmen schütteten die Menschen Erdhügel auf, die als **Warften** oder Wurten bezeichnet wurden. Auf diesen Hügeln bauten sie ihre Häuser.

Später bauten die Menschen entlang der Küste Schutzwälle. Diese sogenannten **Deiche** schützen das niedrig gelegene Marschland vor Überschwemmungen. Die Bauweise der Deiche wurde über Jahrhunderte stetig verbessert (M2).

Die Wasserstände bei Sturmflut werden in Zukunft sehr wahrscheinlich steigen. Deshalb muss die Höhe der Deiche ständig angepasst werden.

INFO

Sturmflut
Eine Sturmflut entsteht bei Sturm. Wenn starker Wind über die Nordsee weht, schiebt er das Wasser wie einen Berg vor sich her. Das Wasser kann dann nicht wieder abfließen. Bei der nächsten Flut steigt der Wasserstand dadurch erheblich an. Es kann zu Überschwemmungen kommen.

M2 Querschnitt durch einen Deich

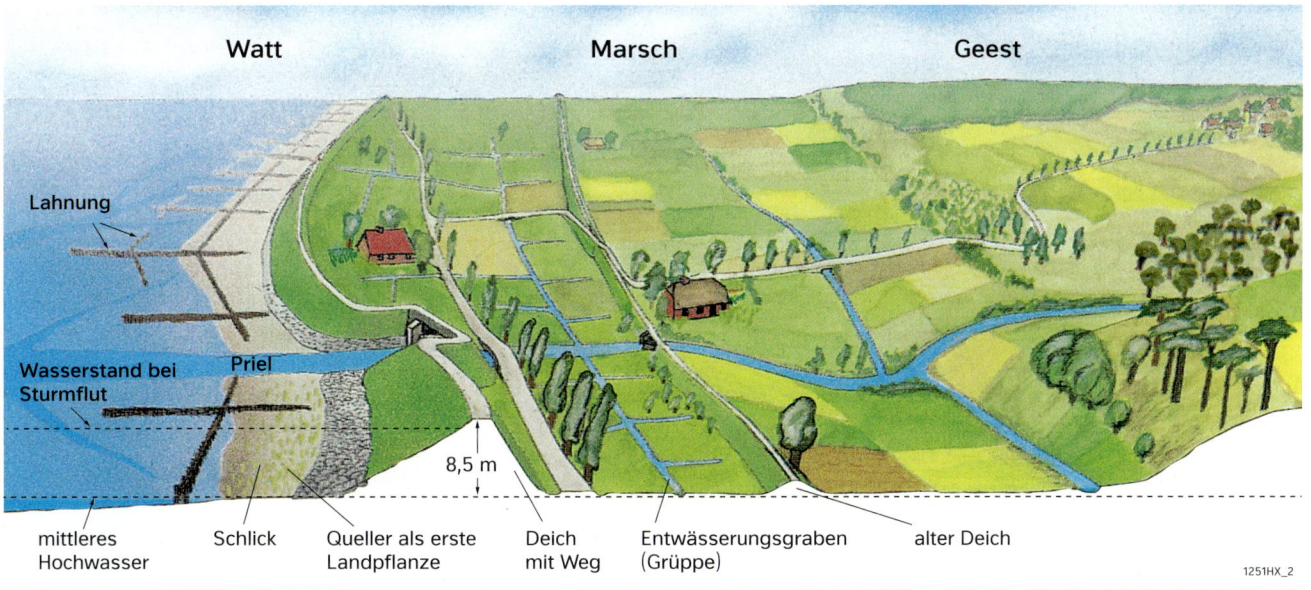

Watt   Marsch   Geest

Lahnung

Wasserstand bei Sturmflut

Priel

8,5 m

mittleres Hochwasser | Schlick | Queller als erste Landpflanze | Deich mit Weg | Entwässerungsgraben (Grüppe) | alter Deich

1251HX_2

M3 Blockbild des Nordseeküstenraums

Landgewinnung ist eine Form von Küstenschutz. Damit neues Land entstehen kann, bauen die Menschen Pfahlreihen mit Flechtwerk (Lahnungen) in das Meer. So kann sich der im Meer mitgeführte Schlick absetzen und es entsteht neues Land. Sobald die gewonnenen Landflächen groß genug sind, legt man Entwässerungsgräben an und pflanzt salzwasserverträgliche Pflanzen. Dadurch verfestigt sich der Boden.

M4 Küstenschutz durch Landgewinnung

M7 Queller – erste Pflanzen im Salzwasser

M5 Lahnungen zur Landgewinnung

M8 Neu gewonnenes Land viele Jahre später

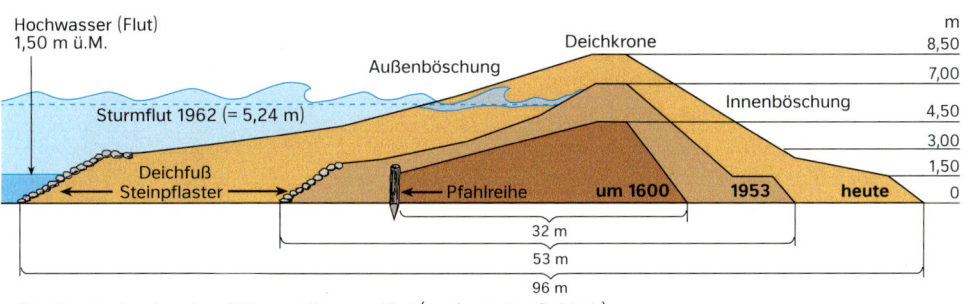

Hochwasser (Flut) 1,50 m ü.M.

Deichkrone

m
8,50

Außenböschung

7,00

Innenböschung

4,50

Sturmflut 1962 (= 5,24 m)

3,00

1,50

Deichfuß Steinpflaster

Pfahlreihe   um 1600   1953   heute   0

32 m

53 m

96 m

Die Deiche bestanden früher völlig aus Klei (verfestigter Schlick). Heute haben sie einen Sandkern. Darüber liegt eine dünne Kleischicht mit Grasbewuchs.

1250HX_2

M6 Deiche früher und heute

Fachbegriffe
- die Warft
- der Deich

M1 Am Strand von Norderney

Die Nordseeküste ist ein beliebtes Urlaubsziel. Warum reisen die Menschen an die Nordsee? Was unternehmen sie dort? Was muss bei einem Urlaub an der Nordseeküste beachtet werden?

1. Beschreibe das Besondere an einem Urlaub an der Nordseeküste (Text, M1, M2).

2. Erläutere die Bedeutung des Tourismus für die einheimische Bevölkerung (Text).

3. Erläutere die Einteilung des Nationalparks in einzelne Zonen (M3, M4).

4. Beschreibe den Lebensraum des Niedersächsischen Wattenmeeres (M5).

5. Begründe, warum Regeln für eine Wattwanderung unbedingt eingehalten werden müssen (M8).

6. Erläutere die Aussage: „Der Schutz des Wattenmeeres bedeutet den Erhalt hoher Touristenzahlen."

Vielfältige Ausflugsziele

Jeden Sommer reisen viele Menschen an die Nordseeküste. Hier entspannen sie bei einem Badeurlaub oder sie unternehmen Wanderungen und Fahrten ins Watt. Die großen Dünen auf den Ostfriesischen Inseln sind ebenfalls interessante Ausflugsziele. Für die Versorgung der Urlauberinnen und Urlauber werden neben Übernachtungsmöglichkeiten in Hotels, Pensionen oder auf Campingplätzen auch Restaurants und Freizeiteinrichtungen benötigt. So ist der Tourismus für die einheimische Bevölkerung eine wichtige Einnahmequelle.

„Dies ist wohl der bekannteste Wattbewohner, jedoch werden wir heute noch viel mehr entdecken!"

„Auch Seehunde haben wir weit am Horizont auf einer Sandbank gesehen. So, jetzt lass uns aber umkehren, die Flut kommt bald."

„Der bei Ebbe freigelegte schlammige Meeresboden ist Lebensraum für eine Vielzahl von Lebewesen wie Muscheln, Schnecken oder Krabben. War doch toll, unsere Wattwanderung! Vorbei an den Wasserläufen, über die das Wasser bei Ebbe und Flut zu- und abläuft."

M2 Leon und Nele berichten von einer Wattwanderung.

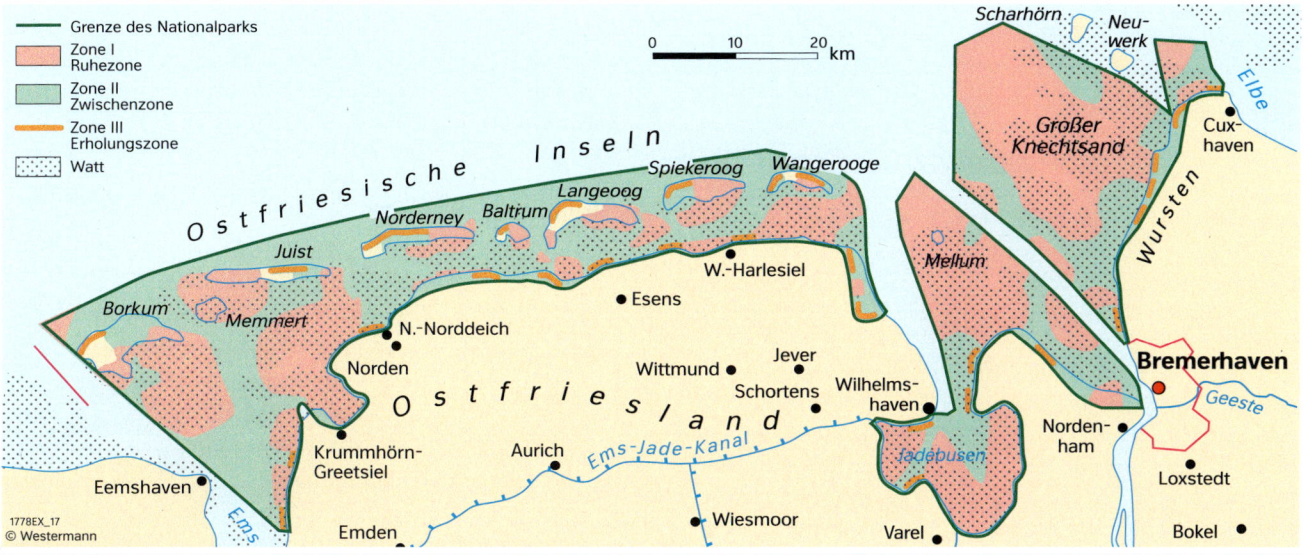

M3 Nationalpark Niedersächsisches Wattenmeer

Zone 1: Die am strengsten geschützte Ruhezone darf ganzjährig nur in wenigen Bereichen betreten werden. Auch Boote dürfen hier nicht fahren. Zu der Ruhezone gehören beispielsweise Seehund-Bänke und Brutgebiete der Vögel.

Zone 2: Die Zwischenzone darf mit Ausnahme von Vogelschutzgebieten auf ausgewiesenen Wegen ganzjährig betreten werden. Wattwandern und Bootfahren sind hier erlaubt.

Zone 3: Die Erholungszone dient überwiegend den Menschen zur Erholung. Hier liegen Hotels, Ferienwohnungen, Badestrände und Freizeiteinrichtungen.

M4 Schutzzonen im Niedersächsischen Wattenmeer – im Nationalpark Niedersächsisches Wattenmeer wird die Natur streng geschützt.

1. Gehe nie ohne einen Tidekalender ins Watt. Beginne deine Wanderung bei ablaufendem Wasser.
2. Bleibe in Sichtweite der Küste.
3. Unternimm eine größere Wanderung nur mit einer Wattführerin oder einem Wattführer.
4. Gehe bei Wetteränderungen und Nebel sofort zurück.

M8 Verhaltensregeln

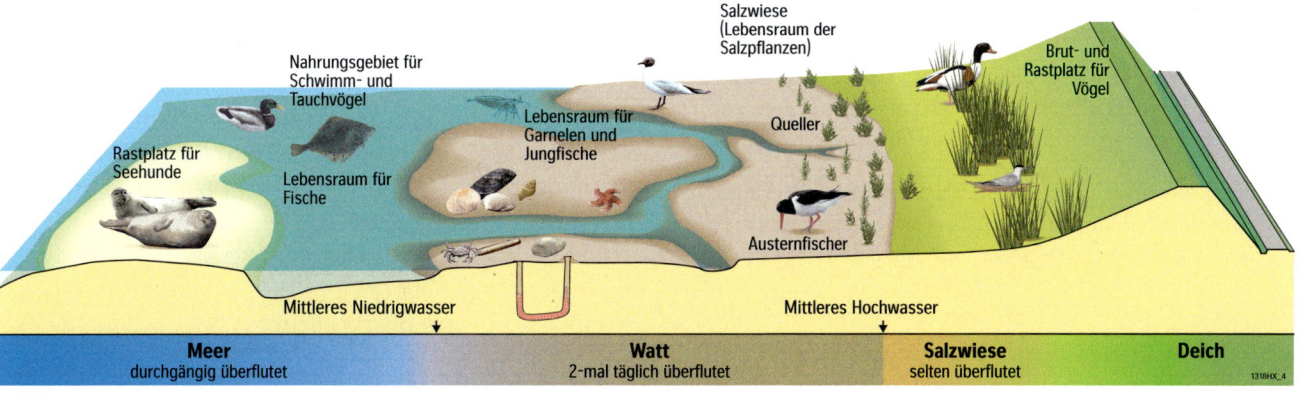

M5 Lebensraum Watt

M6 Promenade am Strand von Borkum

M7 Kitesurfer vor der Insel Juist

M1 Containerterminal im Hamburger Hafen

In großen Seehäfen wie in Hamburg kommen täglich verschiedene Güter und Waren an. Hier werden sie umgeladen, gelagert und ihr Weitertransport organisiert.
Was wird dabei als Stückgut oder Massengut bezeichnet? Welche Vorteile hat der Containertransport?

1. a) Nenne Güter, die als Massengut und Güter, die als Stückgut bezeichnet werden (Text, M4).
   b) Beschreibe, wie der Stückgut-, Massengut- und Containerumschlag erfolgt (Text, M4).
   c) Getreide, Teddybären und Druckmaschinen sollen mit dem Schiff transportiert werden. Ordne diese Güter einem der Bilder in M4 zu.

2. Stelle in einem Säulendiagramm dar, wie viel Tonnen Güter in wichtigen deutschen Häfen pro Jahr umgeschlagen werden (M2). 142▶

3. Berichte über Vorteile des Containertransports (Text, M3, M5).

4. a) Ostseehafen oder Nordseehafen? Ordne die in M2 genannten Häfen mit Hilfe des Atlas richtig zu. 136▶
   b) Liegen die Häfen mit den größten Frachtumsätzen an der Ostsee oder an der Nordsee (M2, Atlas)?

5. Die Verkehrsanbindung Hamburgs gilt für den Warentransport als günstig. Erkläre mithilfe des Atlas und der Karte M6. 136▶

6. Stelle Unterschiede zwischen See- und Binnenhäfen dar (Info).

Im Hamburger Hafen

Täglich werden im Hamburger Hafen mehr als 350 000 Tonnen Güter umgeschlagen, das heißt, sie werden aus- oder eingeladen. Bei den umgeschlagenen Gütern unterscheidet man zwischen **Massengütern** und **Stückgütern**. Erdöl, Kohle, Erze oder Getreide sind Massengüter, die auch als Greifgut bezeichnet werden. Sie werden unverpackt in den Laderäumen der Schiffe transportiert. Große Schaufelbagger oder Kräne entladen die Schiffe von Kohle oder Erzen. Getreide wird mithilfe von Getreidehebern in Silos befördert. Flüssige Güter wie Erdöl pumpt man in Tanks. Bei den Stückgütern handelt es sich zum Beispiel um Möbel, Maschinen, Bananenstauden oder Kaffeesäcke. Sie werden meistens in Kisten, Säcken oder **Containern** transportiert. Riesige Kräne auf Schienen, Katzbrücken genannt, be- und entladen die Schiffe.
Das Be- und Entladen erfolgt so schnell wie möglich, denn ein Containerschiff verursacht täglich Kosten von rund 60 000 Euro.

Hafen	Güter (in Mio. Tonnen)
Hamburg	111,2
Bremerhaven	46,8
Wilhelmshaven	23,7
Rostock	22,3
Lübeck	17,1
Bremen	12,8
Brunsbüttel	8,4
JadeWeserPort	6,7

M2 Jährlicher Güterumschlag in wichtigen deutschen Häfen (2021)

M3 Containertransport mit einem Lkw

M6 Hamburgs Verkehrsanbindung

Ⓐ Löschen von Bananenkisten (Stückgut)

Ⓑ Löschen von Holzschnitzeln (Massengut)

Ⓒ Containerterminal

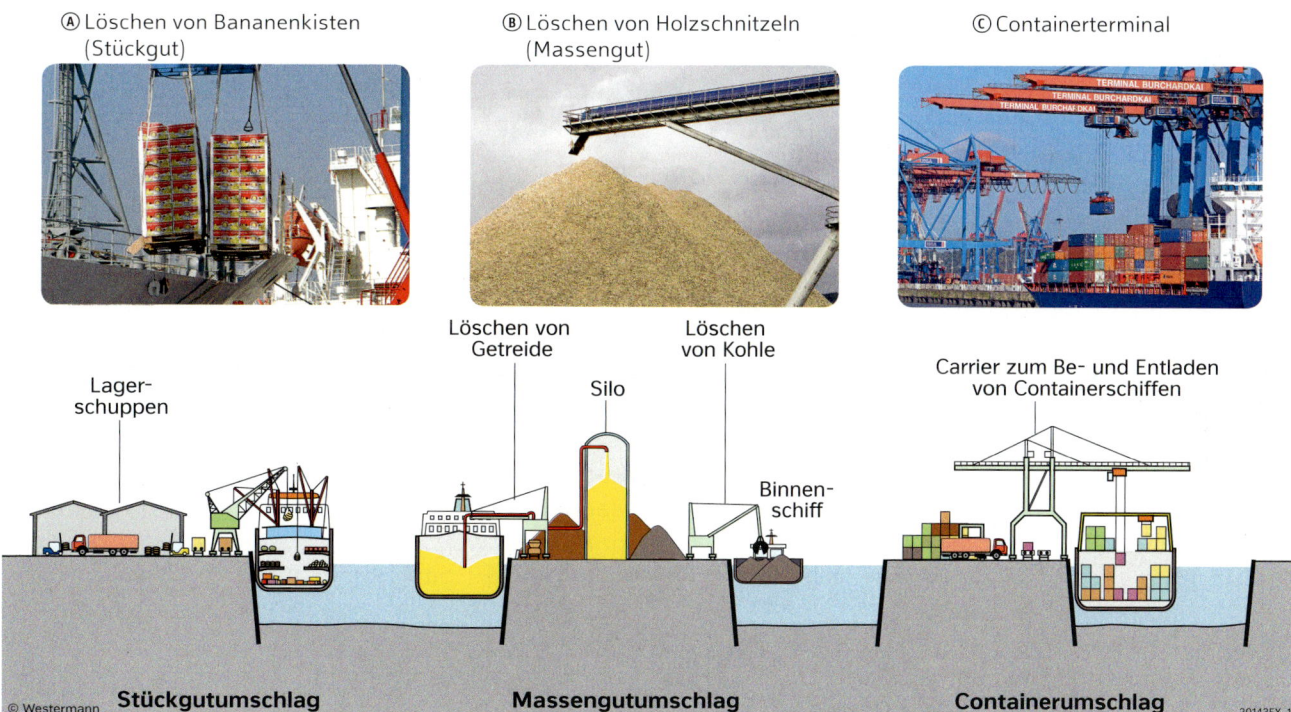

M4 Der Güterumschlag im Hamburger Hafen

See- und Binnenhäfen

Seehäfen liegen meistens an der Küste. Sie können von großen Seeschiffen angelaufen werden. Im Gegensatz dazu liegen **Binnenhäfen** an Flüssen und Kanälen, häufig im Hinterland großer Seehäfen.
Für die Waren- bzw. Güterverteilung sind See- und Binnenhäfen bedeutend. Waren und Güter werden oft von großen Seehäfen zu Binnenhäfen im Hinterland mit Binnenschiffen weitertransportiert. Von hier aus erfolgt der Transport mit Lkw oder Eisenbahn zu den Zielorten.

INFO

Vorteile: leicht stapelbar, untereinander verbindbar, weltweit für Schiff, Bahn und Lkw genormt, Lagerung unter freiem Himmel spart Lagerhallenkosten. Große Schiffe können bis zu 20 000 Container laden.

M5 Container

Fachbegriffe
- das Massengut
- das Stückgut
- der Container
- der Seehafen
- der Binnenhafen

M1 Schneebedeckte Alpengipfel im Sommer

M4 Eine Wanderung in den Alpen

Hochgebirge wie die Alpen haben Berghöhen von über 2000 Metern. Der Naturraum der Alpen ist besonders vielfältig.
Wie verändert sich mit zunehmender Höhe die Landschaft? Was wird als Almwirtschaft bezeichnet?

1. Arbeite mit dem Atlas. In welchen Ländern liegen die Alpen? 136▶

2. Beschreibe, wie sich die Landschaft und Vegetation verändert, wenn du eine Bergwanderung in den Alpen vom Tal auf den Gipfel unternimmst (Text, M1, M4, M5, M8).

3. Nenne die Höhenstufen der Vegetation in den Alpen. Gib jeweils an, in welchen Berghöhen sie liegen und wie sich die Temperaturen ändern (M8).

Ⓦ **4.** Wähle aus:
   A Erkläre die Bezeichnung Almwirtschaft mithilfe von M3 und M7.
   B Beschreibe die Almwirtschaft im Jahresverlauf mithilfe von M6 und M7.

Höhenstufen in den Alpen

Der höchste Berg der Alpen ist der Mont Blanc mit einer Höhe von 4810 Metern. Er liegt an der französisch-italienischen Grenze. Aufgrund des Klimas mit niedrigen Temperaturen, ist der Gipfel des Mont Blanc ganzjährig mit Schnee bedeckt. Mit zunehmender Höhe nimmt die Temperatur auf den Bergen ab. Dadurch ändert sich auch die Vegetation. Die Pflanzen haben sich an die veränderten klimatischen Bedingungen angepasst. Bei einer Bergwanderung kann man die Veränderungen der Vegetation beobachten. In den Alpentälern gibt es überwiegend Wiesen und Felder. Wandert man vom Tal aus in die Höhe, folgen Laub- bzw. Mischwälder und anschließend Nadelwälder. Weiter in der Höhe wachsen nur noch kleine Bäume und Sträucher. Die Jahresdurchschnittstemperaturen sind hier für das Wachstum vieler Pflanzen zu niedrig. Je weiter man hinaufwandert, umso weniger Pflanzen sind zu sehen. Es gibt immer mehr Geröll. In größeren Höhen kann man nur noch Felsen sehen, die häufig mit Schnee bedeckt sind. Teilweise gibt es hier auch Gletscher. Die sich mit zunehmender Höhe verändernden Pflanzenbedeckungen werden als **Höhenstufen** der Vegetation bezeichnet.

M2 Bergbäuerin Miriam auf einer Alm

*„Bei uns wird **Almwirtschaft** betrieben. Das Milchvieh bleibt vom Herbst bis zum Frühjahr in den Ställen auf den Höfen im Tal. Mit den steigenden Temperaturen ab Mai werden die Tiere auf die Bergweiden, die sogenannten Almen, getrieben. Hier bleiben sie in den Sommermonaten. Die Luft, viel Bewegung und das frische Gras machen das Vieh besonders widerstandsfähig. Auf den Almen gibt es oft Hütten und Viehunterstände. Hier werden die Tiere gemolken und teilweise auch aus der Milch Käse hergestellt. Einige Almhütten werden touristisch genutzt. Wanderer und Mountainbiker können sich hier versorgen und die schöne Aussicht genießen. Wenn die Temperaturen ab September wieder sinken, erfolgt der Almabtrieb. Die Tiere werden dann wieder hinunter ins Tal geführt."*

M3 Bergbäuerin Miriam erklärt die Almwirtschaft in den Alpen.

M5 Höhenstufen der Vegetation am Eiger bei Grindelwald (Schweiz)

© Westermann 33980EX_4

3000 m	-1 °C
	Schnee, Gletscher
2500 m	Schneegrenze +4 °C
	Almwiesen, Matten, Fels, Schutt
2000 m	Baumgrenze +9 °C
	Nadelwald
1500 m	Voralm +14 °C
	Laub- und Mischwald
1000 m	Ackerbaugrenze +19 °C
800 m	+21 °C
500 m	+24 °C

M8 Höhenstufen in den Alpen

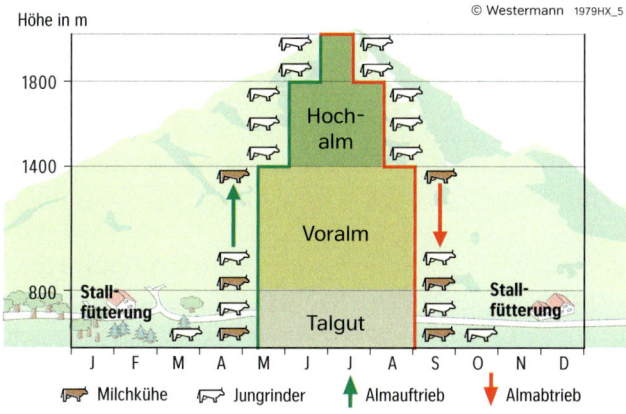

© Westermann 1979HX_5

Höhe in m

1800

Hoch-alm

1400

Voralm

Stall-fütterung **Stall-fütterung**

800

Talgut

J F M A M J J A S O N D

🐄 Milchkühe 🐄 Jungrinder ⬆ Almauftrieb ⬇ Almabtrieb

M6 Almwirtschaft im Jahresverlauf

M7 Im Juli auf der Hochalm

Fachbegriffe

- die Höhenstufe
- die Almwirtschaft

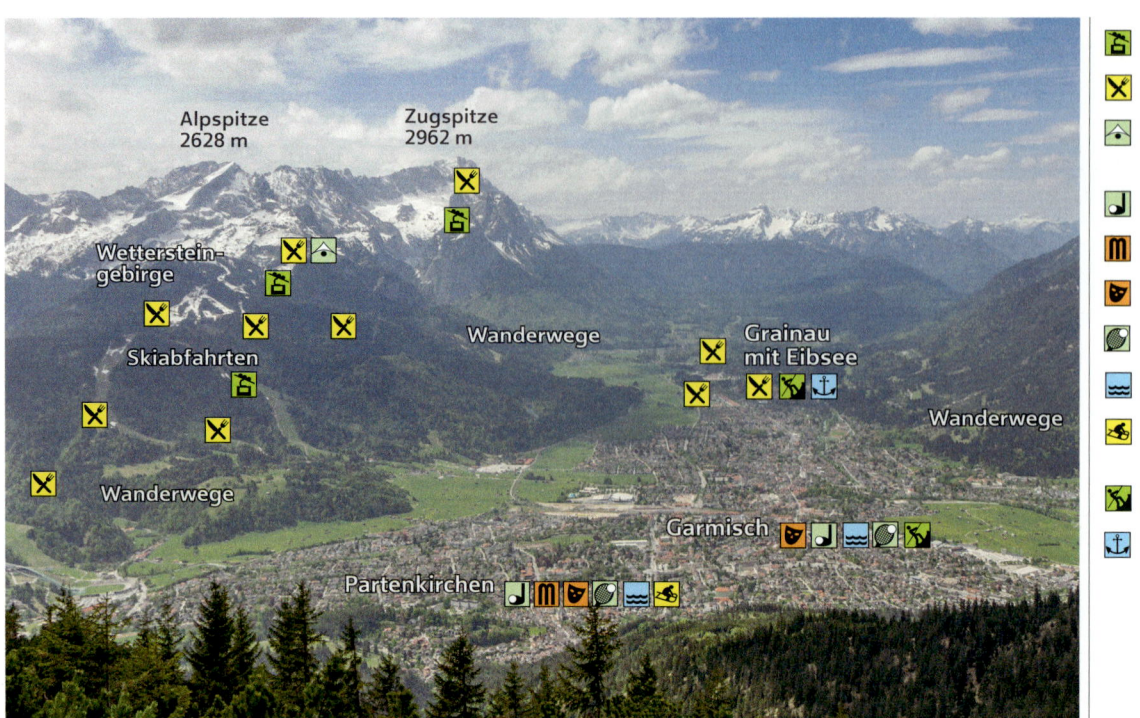

Kabinenbahn
Berggasthof
Drachenfliegen
Minigolf
Museum
Theater
Tennis
Freibad
Sommerrodelbahn
Klettergarten
Bootsverleih

M1 Garmisch-Partenkirchen – Tourismusangebote (Auswahl)

Die Stadt Garmisch-Partenkirchen in den deutschen Alpen hat sich auf den Tourismus eingestellt. Die Touristen kommen sowohl im Sommer als auch im Winter.
Warum ist das so? Was bedeutet das für die Stadt?

1. Was würdest du in einem Kurzurlaub in Garmisch-Partenkirchen unternehmen? Suche dir drei Möglichkeiten aus (M1, M3, M4, M6).

W 2. Wähle aus:
   A Erstelle eine Mindmap mit Freizeitangeboten für Touristen in Garmisch-Partenkirchen (Text, M1, M3, M4, M6, M7). 145
   B Schreibe einen Werbetext: „Garmisch-Partenkirchen – ein attraktives Urlaubsparadies" (Text, M1, M3, M4, M6, M7).

3. Erstelle eine Mindmap zu Berufsmöglichkeiten im Tourismus (M2). 145

4. Beurteile die Veränderungen in Garmisch-Partenkirchen, indem du die Vor- und Nachteile des Tourismus für die Einwohnenden der Stadt gegenüberstellst (M2, M5).

5. „Sport und Bewegung sind die treibenden Kräfte des Tourismus in Garmisch-Partenkirchen." Erkläre diese Aussage.

6. Erläutere, warum alles für die Touristen getan wird (Text, M7).

Alles für die Touristen

Garmisch und Partenkirchen waren früher zwei selbstständige Orte. Erst 1935 wurden sie zusammengelegt. 1936 fanden dann in Garmisch-Partenkirchen die Olympischen Winterspiele statt.

Ende des Jahres 2022 lebten in Garmisch-Partenkirchen rund 30 000 Einwohnende. Jährlich gibt es etwa 400 000 Gästeankünfte, die in den zahlreichen Hotels und Pensionen beherbergt werden. Dazu gesellen sich mehrere Millionen Tagesgäste im Jahr. Den Touristen stehen um die 200 Restaurants und Bars sowie fast 600 Geschäfte zur Verfügung.

Im Sommer und Herbst suchen die Gäste besonders beim Wandern und Bergsteigen auf den hunderte Kilometer langen ausgeschilderten Wegen Erholung. Deutschlands höchster Berg, die Zugspitze, und eine attraktive Hochgebirgslandschaft locken viele Touristen an.

Für den Wintersport gibt es Abfahrts-Skipisten von insgesamt 60 Kilometern Länge und Langlaufloipen von über 100 Kilometern Länge. Sie werden größtenteils künstlich beschneit. Jedes Jahr finden hier das Neujahrsspringen der Vierschanzentournee und ein Weltcup-Skirennen statt.

Es wurden zahlreiche neue **Tourismuseinrichtungen** geschaffen, die der Erholung und Unterhaltung der Gäste dienen. Dadurch erhielt Garmisch-Partenkirchen eine touristische **Infrastruktur** mit vielen Sport- und Freizeiteinrichtungen und touristischen Angeboten, die alle Wünsche der Urlaubsgäste erfüllen soll.

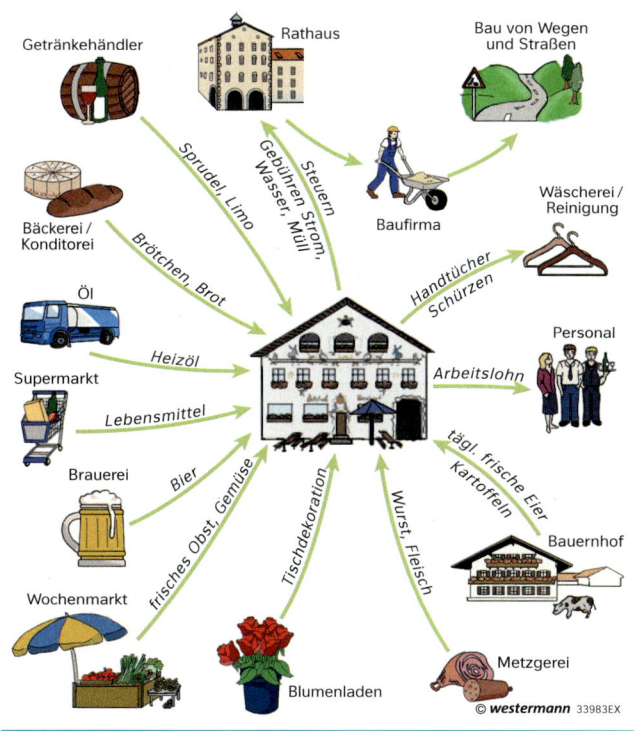

M2 Wirtschaftliche Bedeutung eines Hotels

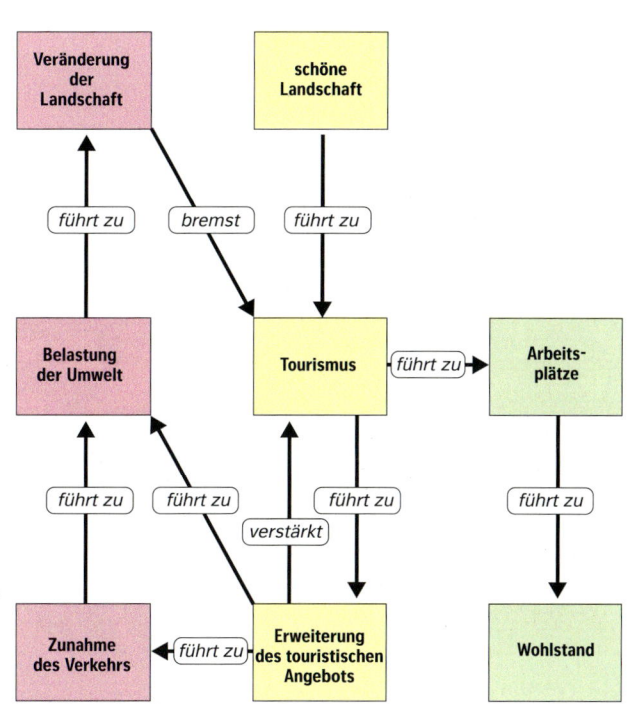

M5 Auswirkungen des Tourismus

M3 Skifahren im Wettersteingebirge

M6 Gipfelansturm auf die Zugspitze

mit dem Rad durch die Berge

auf dem Klettersteig

Aussichtsplattform

rodeln

M4 Mögliche Aktivitäten in Garmisch-Partenkirchen

„Viele Gäste kommen auch im Winter. Selbst wenn einmal zu wenig Schnee liegt, überlisten wir die Natur mit Schneekanonen. Wir haben außerdem folgenden Vorteil auf dem Zugspitzplateau, dem einzigen Gletschergebiet Deutschlands: Wenn im Tal bereits die Bäume blühen, ist hier noch Ski- und Snowboardfahren möglich. Mit unseren Urlaubsangeboten begegnen wir der wachsenden Konkurrenz in den anderen Alpenländern."

M7 Die Tourismusdirektorin berichtet.

Fachbegriffe
- die Tourismuseinrichtung
- die Infrastruktur

M1 Warten auf den Skilift im Winter

M2 Skipiste im Sommer

Straßen und Skipisten zerschneiden die Landschaften. Immer mehr Berghänge und Täler sind zugebaut. Im Sommer sind überall Wanderer und Mountainbiker unterwegs. Im Winter bevölkern Skifahrerinnen und Skifahrer die Pisten.
Welche Folgen hat der Tourismus für die Natur in den Alpen?

1. Erkläre, warum viele Menschen in den Alpen, die früher in der Landwirtschaft arbeiteten, heute im Tourismus ihr Geld verdienen (Text).

2. Beschreibe die Veränderung der Landschaft durch den Skisport (Text, M1, M2, M5).

3. Erläutere die Folgen des Massentourismus
   a) im Winter (Text, M1, M3, M5, M7).
   b) im Sommer (Text, M2, M4–M6, M8).

Ⓦ 4. Wähle aus:
   A Präsentiere mithilfe eines Computerprogramms die negativen Folgen des Massentourismus in den Alpen (Text, M1–M8). 147 ▶
   B Erstelle eine Wandzeitung, die auf die Probleme im Alpenraum aufmerksam macht (Text, M1–M8). 139 ▶

5. Erkläre einer Mitschülerin oder einem Mitschüler, warum sich der Tourismus selbst gefährden kann (Text, M5).

6. Überlege dir Möglichkeiten, die Folgen des Massentourismus in den Alpen zu verringern. Präsentiere deine Überlegungen. 148 ▶

Naturraum in Gefahr

Die Menschen in den Alpen lebten früher von der Landwirtschaft. Im Sommer trieben sie ihre Kühe und Rinder auf die Almen oberhalb der Baumgrenze. Auf den Wiesen im Tal mähte man das Futter für den Winter.

Nach und nach kamen immer mehr Touristen in die Alpen. Viele Bauern gaben die Landwirtschaft auf, weil sie im Tourismus mehr Geld verdienen konnten. Der Tourismus hat zahlreiche Orte reich gemacht. Aber die Naturlandschaft wurde verändert.

Immer mehr Täler und Berghänge wurden bebaut. Straßen schlängeln sich über Pässe, führen über Brücken und durch Tunnel. Dadurch können entlegene Täler und hohe Gipfel erreicht werden. Autoabgase und Lärm belasten Menschen, Tiere und Pflanzen.

Anzahl und Größe der Skigebiete haben immer mehr zugenommen. Breite Skipisten sind in den Wald geschlagen worden. Skilifte durchziehen die Landschaft. Der von Schneekanonen erzeugte Kunstschnee schädigt die Pflanzendecke. Pistenraupen pressen den darunterliegenden Boden so zusammen, dass dort keine Pflanzen mehr wachsen können.

Wanderer pilgern in Scharen auf hohe Gipfel. Mountainbiker erklimmen die Berge. Häufig verlassen sie die markierten Wander- und Fahrwege. Sie zerstören dadurch die Pflanzen. Die Landschaft verliert ihren Reiz. Der **Massentourismus** zerstört genau das, warum Menschen hierher kommen – die Natur. Inzwischen setzt ein Umdenken hin zu mehr Naturschutz ein.

M3 Schneekanone im Einsatz

M6 Mit dem Mountainbike bergauf und bergab

M4 Passstraßen erschließen die entlegensten Winkel für die Touristen.

M7 Lawinen sind herabstürzende Schneemassen im Gebirge. Sie entstehen vor allem bei Tauwetter an steilen Hanglagen. Ausgelöst werden sie häufig durch Skifahrer im Tiefschnee, die die obere Schneeschicht zerschneiden.

Ursache	Auswirkungen
Straßen und Liftbauten	Rodung der Wälder an Steilhängen (Bannwälder), die Wintersportorte in den Tälern vor Lawinen schützen
Pistenraupen, Skipisten	Die Pflanzen, die den Boden festhalten, sterben unter der gepressten Schneedecke ab. Schmelzwasser spült dann den Boden ab.
Schneekanonen	Verbrauch großer Strom- und Wassermengen. Kabel werden unterirdisch verlegt, künstliche Seen werden angelegt.
Skifahrer abseits der Piste	Auslösung von Lawinen, Tiere werden in ihrem Lebensraum gestört.
Mountainbiker abseits der Strecke	Durch die groben Reifenprofile wird die dünne Rasendecke aufgerissen.
Wanderer abseits der Wege	Zerstörung der Gras- und Krautschicht, die oberhalb 1800 m Höhe jährlich nur einen Millimeter wächst.

M5 Folgen des Tourismus

M8 Schild am Wanderweg

Fachbegriff

■ der Massentourismus

M1 Zermatt (Schweiz) – Elektrotaxis und Pferdekutschen statt Autos

- Begrenzung des Autoverkehrs (z. B. Busse, Sperrung von Straßen)
- Unterstützung der Zusammenarbeit von Touris- mus und Landwirtschaft
- Verzicht auf belastende Tourismusformen (z. B. Tiefschneefahren)
- Ausweisung von Schutzflächen für bedrohte Tier- und Pflanzenarten (z. B. Einrichtung von Natur- und Nationalparks)
- Keine Baumaßnahmen, die das Landschaftsbild stören (z. B. Hochhäuser)
- Rücksicht auf die Lebensweise der Menschen in den Urlaubsregionen

M2 Beispiele für Maßnahmen des sanften Tourismus

Murmelnde Bäche, bunte Wiesen, frische Luft und blauer Himmel – so wünschen sich die meisten Touristinnen und Touristen einen Sommerurlaub in den Alpen. Doch Naturschützende warnen davor, dass Massentourismus die Landschaft zerstört. Wie kann die Schönheit der Landschaft erhalten bleiben und gleichzeitig die Menschen in den Tourismusorten weiter am Tourismus verdienen?

1. Erkläre, warum Elektrotaxis und Pferdekut- schen zum sanften Tourismus beitragen (Text, M1, M2).

2. Begründe, warum einige Touristenorte zum sanften Tourismus übergehen (Text, M1–M3).

3. Erläutere, wie die Maßnahmen des sanften Tourismus die Landschaft in den Alpen schüt- zen (Text, M2, M3).

W 4. Wähle aus:
„Sanfter Tourismus ist doch nur für ältere Leute." Notiere Argumente, die
A diese Aussage unterstützen.
B dieser Aussage widersprechen.
Tauscht jeweils die Argumente in einem Streit- gespräch in der Klasse aus.

5. Führt in der Klasse ein Rollenspiel zu der Bür- gerversammlung zum Thema „Ein neues Ski- gebiet für Waidzell" durch. 150
a) Legt dafür Rollenkarten an oder nutzt die Rollenkarten in M5.
b) Verwendet die Zusammenstellung der möglichen Auswirkungen in M4 für eure Argumente.
c) Führt das Rollenspiel durch. 150
d) Wertet das Rollenspiel aus.

6. Entwirf einen Zeitungsbericht, der für einen Ort deiner Wahl für den sanften Tourismus wirbt.

Zurück zur Natur

In vielen Touristenorten der Alpen geht man neue Wege. Man versucht, die Naturlandschaft zu er- halten und den Tourismus umweltfreundlich zu gestalten. Die Gäste sollen weiterhin zahlreich kommen, weil die einheimische Bevölkerung von ihnen lebt. Sie sollen aber gleichzeitig Rücksicht auf die Natur nehmen.
Deshalb ergreifen viele Touristenorte zu Maß- nahmen des **sanften Tourismus**. Diese Touris- musform hat das Ziel, die alpine Landschaft zu erhalten und zu schützen. Sanfter Tourismus be- deutet, dass die bereits vorhandene touristische Infrastruktur zwar weiterhin durch die Touristen genutzt wird, aber verstärkt sollen ursprüngliche Erholungsformen unterstützt werden, also das Wandern, Klettern und den Genuss der Natur.
Manche Orte begrenzen ihre Übernachtungs- zahlen, lassen keine großen Hotels zu, sondern setzen auf kleine Hotels und Pensionen. Die Bür- gerinnen und Bürger werden mehr beteiligt, etwa bei Entscheidungen zu neuen Skigebieten.

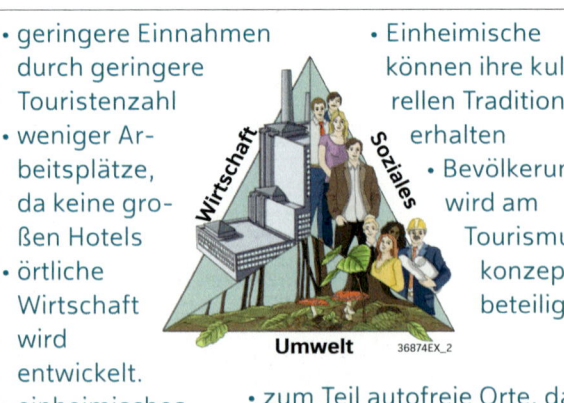

- geringere Einnahmen durch geringere Touristenzahl
- weniger Ar- beitsplätze, da keine gro- ßen Hotels
- örtliche Wirtschaft wird entwickelt.
- einheimisches Handwerk wird gefördert

- Einheimische können ihre kultu- rellen Traditionen erhalten
- Bevölkerung wird am Tourismus- konzept beteiligt

- zum Teil autofreie Orte, dafür Busse oder Pferdekutschen
- Naturschutzgebiete
- weniger Müll und Lärm

Wirtschaft Soziales **Umwelt** 36874EX_2

M3 Auswirkungen des sanften Tourismus

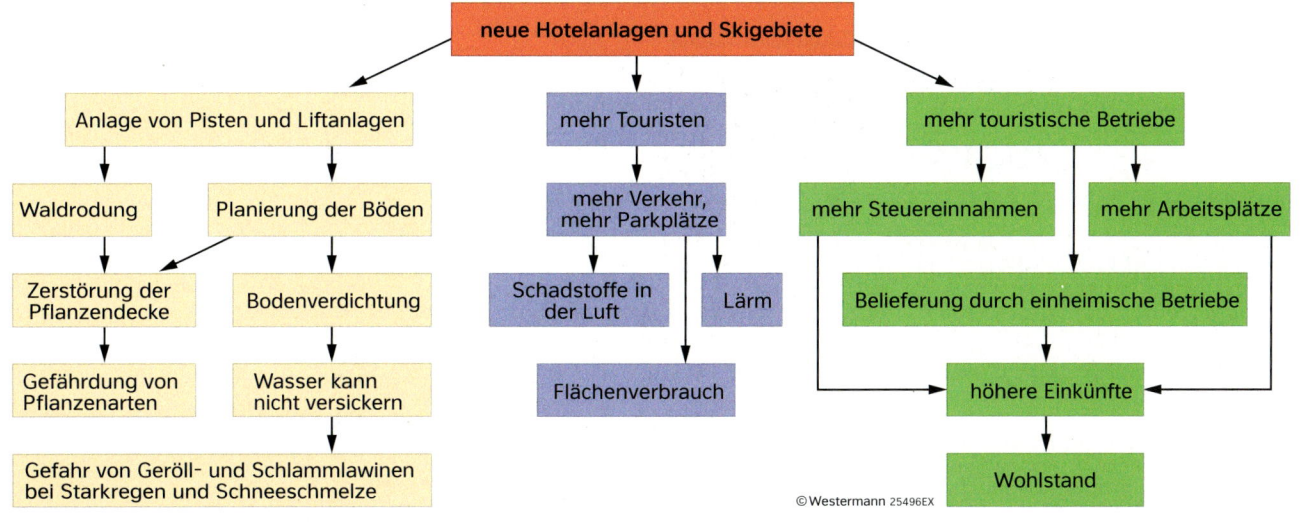

© Westermann 25496EX

M4 Mögliche Auswirkungen neuer Hotelanlagen und neuer Skigebiete auf Landschaft und Menschen

---

Die Situation in Waidzell

Die Gemeinde Waidzell in den Alpen ist im Wettbewerb mit anderen Skiregionen. Sie möchte deshalb ein neues Skigebiet in noch unberührten Gletscherregionen ausbauen. Das verlängert die Skisaison und bringt zusätzliche Gäste. Dafür sollen Hotels, Skipisten, eine Seilbahn und Skilifte gebaut werden. Die Gemeinde lädt die Beteiligten zu einer Bürgerversammlung ein, um über die Pläne zu diskutieren.

Bürgermeister/-in und Leiter/-in der Diskussionsrunde
- Du begrüßt das Publikum und stellst die Diskussionsteilnehmenden vor. Danach leitest du die Diskussion.
- Du musst darauf achten, dass alle zu Wort kommen kann. Wenn es durcheinandergeht, sorge für Ordnung und Gesprächsdisziplin.
- Dir ist daran gelegen, dass alle Meinungen gehört werden.
- Als Bürgermeisterin oder Bürgermeister siehst du die Bedeutung des Tourismus, aber auch die Interessen des Naturschutzes. Du möchtest einen Kompromiss finden, der alle zufriedenstellt.
- Meldungen aus dem Publikum solltest du erst im zweiten Teil der Diskussion berücksichtigen.

Hotelmanager/-in
- Du suchst einen Standort für ein neues Sporthotel und glaubst, ihn in Waidzell gefunden zu haben.
- Du musst die Diskussionsteilnehmenden davon überzeugen, dass dein Projekt gut für die Entwicklung des Ortes ist.
- Die Natur interessiert dich nur insoweit, als dass du sie für deine Gäste brauchst.
- Wichtiger sind dir neue Gäste und deine Gewinne aus dem Hotelgeschäft. Diese Meinung solltest du nicht öffentlich äußern.
- Lobe den Ort, seine vielen Vorzüge und die Offenheit der Bewohnerinnen und Bewohner gegenüber neuen Entwicklungen.

Naturschützer/-in
- Du bist gegen das Hotelprojekt und die Anlage neuer Freizeiteinrichtungen wie Skipisten und Lifte.
- Du setzt dich für die Erhaltung der Natur ein.
- Du findest, dass der Ort schon genug Hotels hat und die Pflanzen, Tiere und Umwelt schon zu viel geschädigt worden sind.
- Du versuchst, die Bürgerinnen und Bürger durch deine Argumente zu überzeugen, indem du die Nachteile eines Hotelneubaus und der Anlage neuer Pisten, Sessellifte und Seilbahnen deutlich machst.
- Am meisten regt dich die Hotelmanagerin oder der Hotelmanager auf, die/der dir sehr unsympathisch ist.

Tourist/-in, der/die seit zehn Jahren regelmäßig den Skiurlaub in Waidzell verbringt
- Du berichtest den Teilnehmern vom Leben in Waidzell vor zehn Jahren, wie schön und ruhig es damals war.
- Du findest die neuen Entwicklungen nicht gut. Früher fühlte man sich im Ort wohler.
- Allerdings finden deine Kinder die vielen neuen Freizeitangebote gut. Sie sind dafür, dass im Ort mehr los sein soll.
- Auch deine Partnerin oder dein Partner würde sich gern mal in dem neuen modernen Hotel verwöhnen lassen.

Eigentümer/-in einer Skischule und Landwirt/-in
- Im Winter betreibst du eine Skischule, im Sommer bist du Landwirt/-in.
- Du vermietest auch Zimmer an Urlaubsgäste.
- Du bist hin- und hergerissen, weil du zum einen die vielen Gäste siehst, die sich in deiner Skischule anmelden werden. Andererseits denkst du als Landwirt/-in an die Natur und die Flächen, die bebaut oder zu Skipisten platt gewalzt werden.
- Du fragst dich, ob weniger Gäste kommen oder sie vielleicht lieber in das neue komfortable Hotel gehen.
- Äußere deine Bedenken und Hoffnungen.

Fachbegriff
- der sanfte Tourismus

M5 Mögliche Rollenkarten zum Rollenspiel „Ein neues Skigebiet für Waidzell"

Valentin und Elisa wollen in den Winterferien mit ihren Eltern in den Alpen Skifahren. Sie überlegen, ob sie vielleicht auch eine Skitour unternehmen wollen. Elisa hat schon von der Lawinengefahr beim Tourengehen gehört. Wann muss man denn mit solchen Gefahren rechnen und wie kann man sich schützen?

1. Lawinen stellen eine besondere Gefahr im Hochgebirge dar. Erkläre (M2).

2. Beschreibe die Entstehung von Lawinen.

3. Führe die Fantasiereise (M3) durch. Beschreibe anschließend, wie du dich gefühlt hast.

4. Beschreibe die Schutzmaßnahmen vor Lawinen und erkläre ihre Wirkung (M1, M4).

5. a) Sehr oft werden Lawinen durch Menschen ausgelöst. Erkläre.
   b) Erläutere die Verhaltensregeln, die Wintersportler einhalten sollten (M5).

6. Entwirf ein Schild, das Wintersportler vor Lawinen warnen soll.

Z 7. Informiere dich über die aktuelle Lawinensituation in Österreich (www.lawinen.at). Wähle eine Region und dann ein dir bekanntes Skigebiet. Ermittle die Gefahrenstufe. 140 >

Der Bannwald stellt für den Menschen einen natürlichen Schutz vor Naturgefahren wie Lawinen, Muren oder Hochwasser dar.
Dort, wo der natürliche Bergwald nicht vorhanden ist oder vom Menschen gerodet wurde, drohen im Alpenraum immer wieder heftige Naturgefahren. Denn durch das steile Relief können Wasser-, Schnee-, Gesteins- und Schlammmassen sehr schnell und heftig in die Täler abgehen.
Aufwendige Aufforstungen können diese Naturgefahren langfristig bannen. Kurzfristig bleibt den Menschen meist nur, diese Gefahren durch teure Schutzbauten zu mindern.

M1 Bannwald

Die weiße Gefahr

Lawinen werden oft als die tödlichste Gefahr der Alpen bezeichnet. 2021 starben in der Schweiz und Österreich 32 Menschen durch Lawinen. Darüber hinaus werden Gebäude, Autos oder Liftanlagen zerstört.

Eine Lawine ist das plötzliche, ruckartige Abrutschen von großen Schneemassen. Dabei spielen der Untergrund sowie die Temperatur und die Schichtung des Schnees eine Rolle. Lawinen entstehen an Berghängen mit mindestens 30° Neigung. Sie können eine Geschwindigkeit von bis zu 350 km pro Stunde erreichen.

Lawinen entstehen, wenn Neuschnee auf festen Altschnee fällt und dort keinen Halt findet. Erschütterungen durch Tiere oder Skitourengeher führen dazu, dass die geschlossene Schneedecke reißt und als Lawine zu Tal stürzt.

Lawinen hat es in den Alpen schon immer gegeben. Jedoch hat sich in den letzten Jahren die Lawinengefahr erhöht. Viele Wälder an den Hängen wurden abgeholzt, um beispielsweise Liftanlagen zu bauen und neue Skipisten anzulegen.

Die Menschen ergreifen Schutzmaßnahmen, um die Folgen von Lawinen für die Bewohner und Besucher der Alpen abzuschwächen. So werden zum Beispiel Überbauungen errichtet, um Verkehrswege zu schützen. Netze an den Pisten sollen die Schneemassen bremsen. Auch das Anlegen von **Bannwäldern** schützt vor Lawinen. Die wichtigste Schutzmaßnahme ist jedoch, sich richtig im Gebirge zu verhalten.

Der Lawinenwarndienst errechnet für verschiedene Bergregionen täglich die Lawinengefahrstufe von Stufe 1 bis 5 (Stufe 1 = geringe Gefahr, 5 = hohe Gefahr, keine Skitouren möglich). Dabei berücksichtigt er das Wetter, die Höhe und Art der Schneedecke sowie die Hangneigung.

M2 Lawinenabgang in den Alpen

Ein besonderer Skitag in den Alpen

Heute machst du eine Reise in die Alpen. Du sitzt bequem auf deinem Stuhl und schließt die Augen. Dabei entspannst du dich vollständig. Jemand liest den folgenden Text vor.

Stell dir vor, dass du an einem Schulskikurs in einem Alpendorf teilnimmst. In der Nacht hat es stark geschneit und die Alpenwelt sieht zauberhaft aus. Die Schneewolken haben sich wieder verzogen und die Sonne scheint. Gleich nach dem Frühstück geht es auf die Piste und du saust die Pisten hinab.

Nach einem anstrengenden Morgen hast du dir dann das leckere Mittagessen verdient und isst einen Germknödel auf einer modernen Berghütte. Anschließend hast du noch eine halbe Stunde Zeit und legst dich in einen Liegestuhl. Du genießt die Ruhe und bald schläfst du ein.

Nach einer Weile wachst du durch ein leises Grollen auf. Es kommt aus der Ferne, doch du denkst dir nichts dabei. Das Grollen wird nun lauter und du weißt nicht, wo es herkommt. Jetzt wirst du unruhig. Du blickst nach oben und siehst, wie sich etwa 500 Meter oberhalb von dir eine Staubwolke entwickelt. Innerhalb weniger Sekunden merkst du, wie die Staubwolke aus feinstem Schnee sich nach unten bewegt, begleitet von einem immer lauter werdenden Donner. Du erblickst ein paar Gämsen, die sich vor den herannahenden Schneemassen in Sicherheit bringen. Während du immer nervöser wirst, siehst du, wie die Schneelawine eine kleine Heuhütte erreicht. Durch die gewaltigen Schneemengen zerbirst diese regelrecht. Wie gut, dass niemand in der Hütte ist. Deine Unruhe schlägt fast schon in Angst um, da die Schneelawine sich nicht mehr weit von dir entfernt befindet. Schon kannst du den Luftzug spüren, den sie auslöst. Wie versteinert bleibst du auf deinem Platz, da alles so schnell geht. Die Lawine schießt nur etwa 80 Meter an dir vorbei und kommt bald darauf durch den Wald zum Erliegen. Auch das Donnern verschwindet wieder. Du hast noch einmal Glück gehabt.

Du öffnest deine Augen und kehrst ins Klassenzimmer zurück.

M3 Eine Fantasiereise in die Alpen

M4 Lawinenverbauungen

- markierte Pisten nicht verlassen
- Bergführer/-in nach sicheren Routen fragen
- Tour in der Gruppe und mit Suchgerät oder Handy unternehmen
- beim Skifahren im steilen Gelände Schwünge vermeiden
- Lawinengefahrstufe vor dem Tourenstart beim Lawinenwarndienst ermitteln
- Wetterbericht rechtzeitig einholen
- Warnhinweise beachten
- im Zweifelsfall umkehren und eine sichere Tour wählen

M5 Verhaltensregeln beim Wintersport

Fachbegriffe
- die Lawine
- der Bannwald

M1 Die Großlandschaften in Deutschland

Potsdamer Platz   Funkturm   Charlottenburger Schloss   Bode-Museum auf der Museumsinsel

Weltzeituhr am Alexanderplatz   Fernsehturm am Alexanderplatz   Siegessäule   Brandenburger Tor

Internationales Congress Centrum (ICC)   Kaiser-Wilhelm-Gedächtniskirche   Reichstag

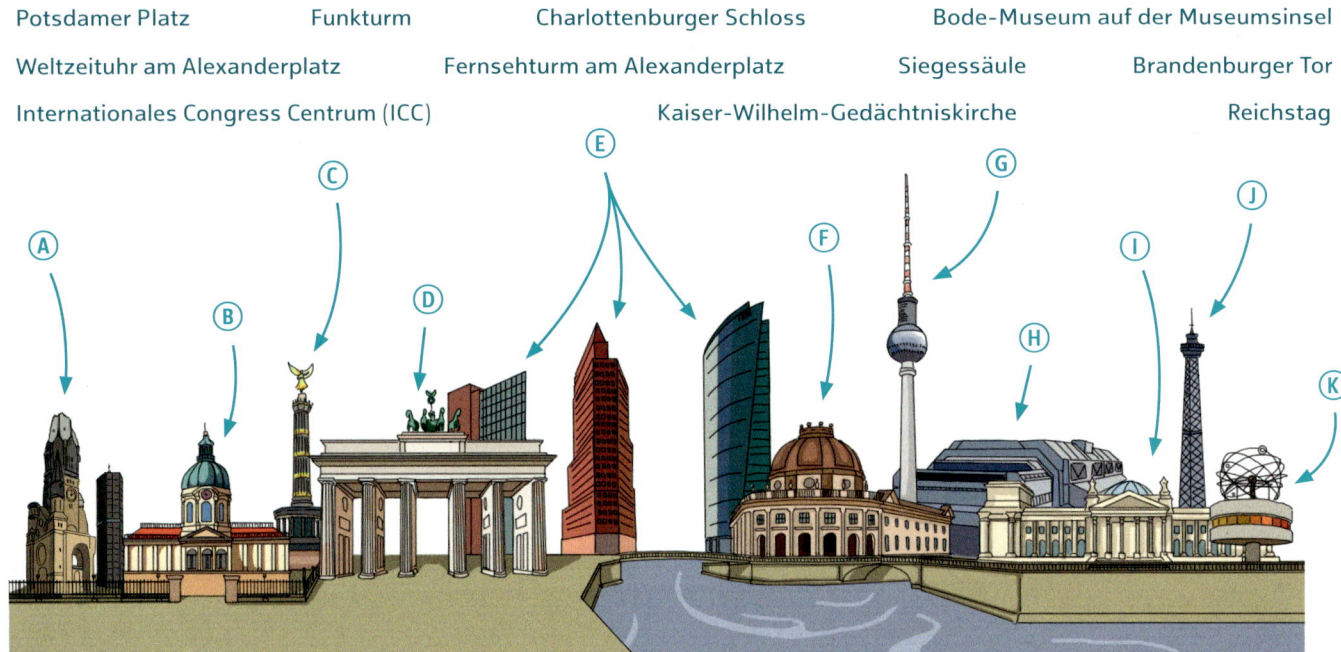

© Westermann 22250EX_4

M2 Sehenswürdigkeiten in Berlin (Auswahl)

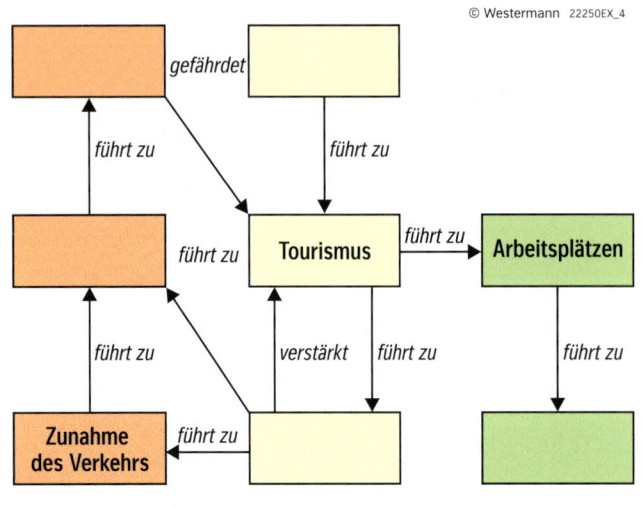

M3 Auswirkungen des Tourismus

M4 Was du an der Küste nicht machen solltest!

GART	DAM	BURG	MÜN	DEN
DORF	CHEN	WIES	SCHWE	BA
DE	DEN	SAAR	VER	POTS
ER	SEL	DÜS	STUTT	CKEN
MAG	BRÜ	FURT	RIN	MAINZ
NO	DRES	HAN	KIEL	

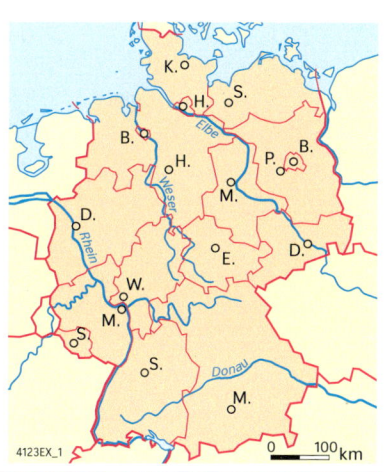

4123EX_1   0 100 km

M5 Hinweisschild in den Alpen

M6 Die Bundesländer und ihre Hauptstädte

1. Wähle fünf Fachbegriffe aus der Liste und erkläre sie.

2. a) Ordne die Fotos Ⓐ–Ⓒ in M1 jeweils einer Großlandschaft in Deutschland zu. Begründe deine Entscheidung. *(S. 106/107)*
   b) Nenne in Stichworten wichtige Merkmale der jeweiligen Landschaft.

3. Ordne in M2 Sehenswürdigkeiten in Berlin den Buchstaben Ⓐ bis Ⓚ richtig zu. *(S. 110/111)*

4. Die Stadt Berlin wird als Zentrum Deutschlands bezeichnet. Nenne Gründe dafür. *(S. 108–111)*

5. M4 zeigt Situationen, in denen sich Touristen an der Küste falsch verhalten. Notiere sie.

6. Erkläre, wie die Gezeiten das Leben an der Nordsee beeinflussen. *(S. 114/115)*

7. a) Nenne verschiedene Küstenschutzmaßnahmen. *(S. 116/117)*
   b) Beschreibe den Aufbau eines Deiches.

8. a) Bilde die Namen der Landeshauptstädte aus den Silben in M6. *(S. 108/109)*
   b) Ordne sie den Bundesländern richtig zu. Welche Landeshauptstädte fehlen?

9. Erkläre die Begriffe Stückgutumschlag, Massengutumschlag und Containerumschlag im Hamburger Hafen. *(S. 120/121)*

10. Erkläre die Höhenstufen in den Alpen mit einer beschrifteten Zeichnung. *(S. 122/123)*

11. Erstelle ein Merkblatt zum umweltbewussten Verhalten in den Alpen (M5). *(S. 126–129)*

12. Zeichne M3 ab. Ergänze in den Kästen folgende Begriffe: *schöne Landschaft – Erweiterung des touristischen Angebots – Veränderung der Landschaft – Wohlstand – Belastung der Umwelt.*

13. Du bist Bürgermeisterin oder Bürgermeister eines Touristenortes in den Alpen. Verfasse einen kurzen Zeitungsbericht, der die Einwohnenden und Unternehmen überzeugen soll, zum sanften Tourismus zu wechseln. *(S. 128/129)*

14. „Oft sind empfindliche Naturräume wie die Alpen oder das Wattenmeer auch beliebte Reiseziele und müssen daher geschützt werden." Nimm Stellung zu dieser Aussage.

Fachbegriffe

- die Großlandschaft
- das Tiefland
- das Alpenvorland
- das Hochgebirge
- der Flächenstaat
- der Stadtstaat
- das Wattenmeer
- die Küstenform
- die Ebbe

- die Flut
- die Gezeiten (Plural)
- die Fliehkraft
- der Tidenhub
- die Warft
- der Deich
- das Massengut
- das Stückgut
- der Container

- der Seehafen
- der Binnenhafen
- die Höhenstufe
- die Almwirtschaft
- die Tourismuseinrichtung
- die Infrastruktur
- der Massentourismus
- der sanfte Tourismus

- die Lawine
- der Bannwald

WES-115780-133

Bienenkorb

1. Findet euch zu zweit oder zu mehreren zusammen.
2. Tauscht euch gemeinsam zur jeweiligen Fragestellung aus: Sammelt Ideen und Lösungsvorschläge oder vergleicht vorhandene Ergebnisse.
3. Sprecht anschließend gemeinsam in der Klasse.

Galeriegang

1. Bildet gleich große Gruppen. Innerhalb der Gruppen werden unterschiedliche Themen bearbeitet.
2. Anschließend werden die Gruppen neu zusammengesetzt: Aus jeder alten Gruppe wechselt ein Mitglied als Experte oder Expertin in eine neue Gruppe.
3. Dort präsentiert der Experte/die Expertin die Arbeitsergebnisse und beantwortet Fragen.

Gruppenpuzzle

1. Bildet Stammgruppen. Alle Stammgruppen haben so viele Mitglieder, wie es Teilaufgaben gibt. Jedes Mitglied erhält einen Buchstaben (A, B, C, D usw.)
2. Alle gleichen Buchstaben beschäftigen sich mit derselben Aufgabe. Jeder arbeitet für sich.
3. Nach einer gewissen Zeit setzen sich die gleichen Buchstaben zu Expertengruppen zusammen (A + A + A, B + B + B, C + C + C usw.). In der Expertengruppe besprecht ihr eure Ergebnisse. Klärt Fragen und korrigiert Fehler. Besprecht, wie ihr die Mitglieder eurer Stammgruppe über das Thema informieren wollt.
4. Zurück in der Stammgruppe tragen die Experten/Expertinnen nacheinander die Ergebnisse ihrer Teilaufgabe vor. Alle Ergebnisse werden zusammengefasst, strukturiert und ggf. für eine Präsentation vorbereitet.

Kugellager

1. Teilt die Klasse in zwei gleich große Gruppen. Bildet einen inneren und einen äußeren Stuhlkreis. Je ein Schüler oder eine Schülerin aus dem Innenkreis und die Person gegenüber aus dem Außenkreis sind Gesprächspartner.
2. Der Schüler oder die Schülerin aus dem Außenkreis stellt dem Gegenüber im Innenkreis Fragen. Der Schüler oder die Schülerin im Innenkreis beantwortet sie.
3. Die Gesprächspartner wechseln, indem der Außenkreis sich einen Platz weiterbewegt. Jetzt stellt der Schüler oder die Schülerin im Innenkreis die Fragen und der Partner/die Partnerin im Außenkreis beantwortet sie.
4. Diese Wechsel werden 2 bis 3 Mal wiederholt.

Lerntempoduett

1. Die Schülerinenn und Schüler bearbeiten die Aufgabe zunächst in Einzelarbeit.
2. Wenn jemand fertig ist, steht er/sie auf und wartet auf die nächste Person, die fertig ist.
3. Beide vergleichen ihre Ergebnisse. Sie sind nun ein Expertenpaar. Eine Wiederholung dieses Ablaufs mit weiteren Aufgabenstellungen ist möglich.

Lesekarussell

1. Bildet zunächst 4er-Gruppen. Jedes Gruppenmitglied übernimmt eine Aufgabe, die mithilfe von Rollenkarten zugewiesen wird: A: Vorlesen, B Fragen stellen, C: Fragen beantworten, D: Zusammenfassen.
2. Jeder liest den Textabschnitt leise für sich. Dann liest A den Textabschnitt leise und deutlich vor. Die anderen hören zu. B stellt Fragen zum vorgelesenen Text. C beantwortet die Fragen. D fasst den Inhalt kurz zusammen (findet eine Überschrift oder nennt Schlüsselbegriffe). Danach notieren alle Gruppenmitglieder die Ergebnisse.
3. Für den nächsten Textabschnitt werden die Aufgaben neu verteilt. Die Rollenkarten werden hierfür im Uhrzeigersinn einen Platz weitergegeben. Nun wird wie in Schritt 2 der Text erarbeitet. Dieses Vorgehen wiederholt sich so lange, bis der gesamte Text erschlossen ist.

Marktplatz

1. Alle Schülerinnen und Schüler gehen im Klassenraum umher.
2. Bei einem bestimmten Signal bleiben alle stehen. Mit der Person, die euch am nächsten steht, besprecht ihr die jeweilige Frage/Aufgabe.
3. Wenn das Signal wieder ertönt, geht ihr weiter. Beim nächsten Signal bleibt ihr stehen und tauscht euch mit einer neuen Person aus.

Partnerabfrage

1. Findet euch mit einer Partnerin oder einem Partner zusammen.
2. Bearbeitet zunächst die vorgegebene Aufgabe allein. Formuliert Fragen zu eurem Thema, und schreibt die jeweilige Lösung dazu auf.
3. Fragt euch nun mit euren Fragen gegenseitig ab. Wechselt nach jeder Frage. Die Person, die die Fragen stellt, kann Hinweise und Tipps geben. Nachdem die Frage beantwortet wurde, liest die Person, die die Frage gestellt hat, ihre Antwort noch einmal vor.

Partnerpuzzle

1. Bildet 4er-Gruppen, in denen sich jeweils zwei Personen zusammenfinden (A + A und B + B).
2. Jede Gruppe beschäftigt sich mit zwei Aufgaben, wobei A + A und B + B jeweils die gleiche Aufgabe bearbeiten. Zunächst arbeiten alle allein an ihrer Aufgabe.
3. A + A und B + B sprechen nach einer zuvor vereinbarten Zeit miteinander über ihr Thema. Dabei könnt ihr euch über offene Fragen austauschen oder Fehler korrigieren.
4. Nun arbeiten jeweils A + B und A + B zusammen. Stellt euch gegenseitig die Ergebnisse der vorigen Partnerarbeit vor. Jede Person ist einmal Experte/Expertin und einmal Zuhörer/Zuhörerin.

Partnervortrag

1. Lest die Aufgabenstellung. Arbeitet in Einzelarbeit den Vortrag aus.
2. Setzt euch mit einem Partner/einer Partnerin zusammen. Legt fest, wer zuerst spricht und wer zuhört.
3. Die zuhörende Person hört aufmerksam zu und wiederholt, was die sprechende Person erzählt hat. Die sprechende Person achtet darauf, ob der Vortrag vollständig und richtig wiedergegeben wird.
4. Danach wechselt ihr die Rollen.

Placemat

Gruppenarbeit für 4 Schülerinnen und Schüler:
1. Ein Blatt wird in 5 Felder eingeteilt. Jede Person schreibt ihre Ergebnisse zum Arbeitsauftrag in ein Außenfeld.
2. Diese Ergebnisse werden in der Gruppe besprochen.
3. In der Mitte wird anschließend das übereinstimmende Arbeitsergebnis notiert, um es der Klasse vorstellen zu können.

Stühletausch

1. Alle lösen die gestellte Aufgabe. Die Lösung wird am Platz gut sichtbar ausgelegt.
2. Nun steht ihr auf und sucht einen neuen Platz. Dort lest ihr das ausgelegte Ergebnis und schreibt eine Rückmeldung auf.
3. Alle gehen auf ihre eigenen Plätze zurück und lesen die Rückmeldung zur eigenen Lösung.
4. Im Anschluss wird gemeinsam darüber gesprochen, wie euch die Rückmeldung geholfen hat und welche Lösungen ihr gefunden habt.

Think – Pair – Share

1. Nachdenken: Denkt in Einzelarbeit über die Aufgabe nach, löst sie und macht euch Notizen.
2. Austauschen: Stellt eure Lösung einer Person vor, lernt die Lösung der anderen Person kennen, stellt Fragen, tauscht euch aus und notiert ein gemeinsames Ergebnis.
3. Vorstellen: Stellt die gemeinsame Lösung in der Klasse vor, lernt weitere Lösungen kennen und vergleicht sie wieder mit der eigenen Lösung.

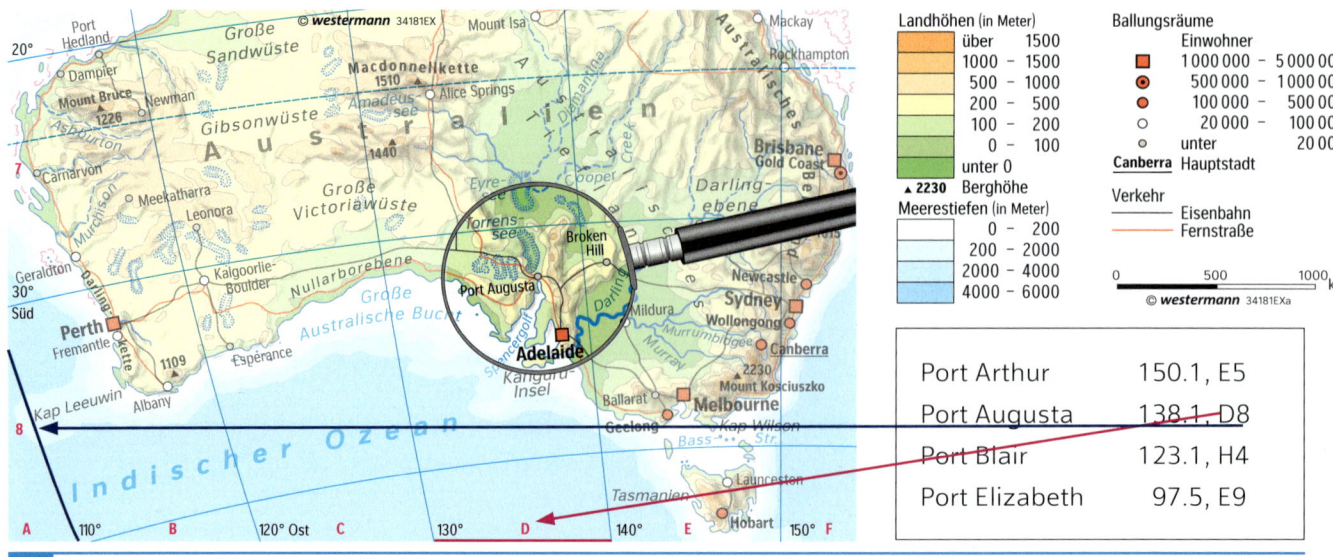

M1 Australien – Physische Karte mit Planquadraten und Registerauszug

Karte Legende:

Landhöhen (in Meter)
- über 1500
- 1000 – 1500
- 500 – 1000
- 200 – 500
- 100 – 200
- 0 – 100
- unter 0
- ▲ 2230 Berghöhe

Meerestiefen (in Meter)
- 0 – 200
- 200 – 2000
- 2000 – 4000
- 4000 – 6000

Ballungsräume
Einwohner
- ■ 1000 000 – 5 000 000
- ◉ 500 000 – 1000 000
- ● 100 000 – 500 000
- ○ 20 000 – 100 000
- ○ unter 20 000
- Canberra Hauptstadt

Verkehr
- Eisenbahn
- Fernstraße

Register:

Port Arthur	150.1, E5
Port Augusta	138.1, D8
Port Blair	123.1, H4
Port Elizabeth	97.5, E9

Clara und Niklas leben in Laupheim. Ihre ältere Schwester Johanna lebt zurzeit in Australien. Sie wohnt in der Stadt Port Augusta in einer Familie mit einem gleichaltrigen Mädchen. Sie ist Austauschschülerin. In der Schule wollen Clara und Niklas zeigen, wo sich ihre Schwester befindet. Sie schlagen einen Atlas auf.
Doch wie findet man einen Ort im Atlas?

1. Schlage das Register im Atlas auf. Suche einen Ort, den du kennst. Notiere den Ortsnamen, die Seitenzahl und das Planquadrat.

2. Clara und Niklas (M2) wollen an Johannas Gastfamilie in Australien schreiben. Sie wollen sagen, wo der Ort in Deutschland liegt, in dem sie wohnen. Hilf ihnen dabei.

Ⓦ **3.** Wähle aus:
Arbeite mit M1, der Anleitung und M4.
A Suche Port Augusta, benenne das Planquadrat und beschreibe die Lage.
B Notiere zwei Planquadrate, in denen Städte liegen, die zwischen einer Million und fünf Millionen Einwohnende haben.
C Benenne ein Planquadrat, in dem sowohl eine Stadt zwischen einer Million und fünf Millionen Einwohnende als auch ein Fluss und ein Berg liegen.

4. Arbeitet zu zweit. Sucht im Atlas die Orte und Plätze mit folgenden seltsamen Namen: Wuxi, Quakenbrück, Bikini-Atoll, Titicacasee, Popocatépetl.
Notiert jeweils das Land, in dem sie liegen.

5. Ermittle im Sachwortregister die Seitenzahlen und die Nummern der Karten zum Thema Erdbeben.

Karten – Darstellungen der Erdoberfläche

Der Atlas ist ein wichtiges Hilfsmittel im Erdkundeunterricht. Er enthält eine große Sammlung von unterschiedlichen Karten. Die Karten helfen bei der Orientierung auf der Erde und liefern Informationen zu unterschiedlichen Themen. So kannst du dich zum Beispiel über die Anbaugebiete von Kakao informieren oder etwas über die Lage eines Vulkans erfahren. Zu Hause hilft der Atlas unter anderem, Feriengebiete oder Wohnorte von Freunden oder Verwandten zu finden.
Der Atlas ist aus mehreren Teilen aufgebaut (M3). Auf den ersten Seiten findest du zur Orientierung das Kartenverzeichnis. Es folgen die vielen verschiedenen Karten.
Am Ende des Atlas befindet sich das Register, in dem alle Namen in alphabetischer Reihenfolge aufgeführt sind, die auf den Karten vorkommen. Hinter dem Namen steht die Seitenzahl und das Planquadrat, auf dem der gesuchte Ort zu finden ist. Im Sachwortregister sind die Karten aufgeführt, die zu bestimmten Themen passen.

M2 Clara und Niklas aus Laupheim finden Port Augusta mithilfe des Registers im Atlas.

Kartenübersicht

Ganz vorn im Atlas auf dem Buchdeckel ist die Kartenübersicht. Hier sind verschiedene Gebiete der Erde eingezeichnet und mit einer Seitenzahl versehen. So siehst du auf einen Blick, auf welcher Seite im Atlas hierzu eine Karte vorhanden ist.

Kartenteil

Der Schwerpunkt des Atlas ist der Kartenteil. Er enthält alle Karten. In vielen Atlanten kommen zuerst die Karten über Deutschland, dann die Karten zu Europa und den übrigen Kontinenten und abschließend die Weltkarten.

25612EX

Register

Das Register am Ende des Atlas ist ein alphabetisches Verzeichnis der Namen, die auf den Karten im Atlas vorkommen. Das sind Städte, Länder, Flüsse, Meere, Berge und Landschaften.
Vor dem jeweiligen Namen ist ein kleines Zeichen, das anzeigt, um was es sich bei dem Namen handelt: zum Beispiel ein Land, eine Siedlung oder ein Gewässer.
Hinter dem Namen stehen die Seitenzahl, die Kartennummer und das Planquadrat (z. B. 11.3, C1). Damit kannst du das gesuchte Wort im Kartenteil mithilfe des Gitternetzes finden.
Zusätzlich gibt es ein Sachwortregister. Dort sind wichtige Begriffe zu verschiedenen Sachthemen alphabetisch aufgelistet. Hinter den Begriffen stehen die Seitenzahlen im Atlas und die Nummern der Einzelkarten, auf denen sie zu finden sind (z. B. 21.3).

Kartenverzeichnis

Auf den ersten Seiten befinden sich das Kartenverzeichnis und die Themenübersicht. Das Kartenverzeichnis enthält die Überschriften aller Karten im Atlas mit den Seitenzahlen, auf denen sie zu finden sind.
Die Themenübersicht enthält die Kartenüberschriften nach Themen geordnet, zum Beispiel „Klima, Wetter".

M3 So ist der Atlas aufgebaut.

	A	B	C	D	E
6					
7					
8				D8	
9					

M4 Planquadrat D8

Einen Ort im Atlas finden

① Suche den Namen des Ortes im Register. Notiere die dort angegebene Seitenzahl, die Kartennummer und das Planquadrat.

② Schlage die entsprechende Seite im Atlas auf.

③ Suche auf der Karte das richtige Planquadrat. Wenn du es gefunden hast, kannst du die Lage des Ortes beschreiben.

 ⬛ Film   WES-115780-138

Kartieren heißt, dass man eine Karte zu einem bestimmten Thema herstellt.

Ausgewählte Dinge werden in eine vorhandene oder in eine selbst angefertigte Karte eingezeichnet. Mit kleinen, einfachen Symbolen, Zeichen, Bildern oder Farben kann man zum Beispiel eintragen, wo ein Wald, ein See und ein Wohngebiet liegen. Die unterschiedlichen Symbole, Zeichen und Farben nennt man Signaturen (siehe S. 16). Die Signaturen werden in der Legende erklärt (siehe S. 15 M4, S. 16, S. 18).

Man kann in eine Karte beispielsweise auch einzeichnen, wo Obst angebaut wird oder wo Sand abgebaut wird. Außerdem können Freizeitangebote für Kinder und Jugendliche in eine Karte eingetragen werden.

M2 Schülerinnen und Schüler bei der Vorbereitung der Kartierung

   **Eine Kartierung durchführen**

① Vorbereitung
- Entscheide, zu welchem Gebiet und Thema du eine Karte zeichnen willst (z. B. Einkaufsmöglichkeiten am Wohnort).
- Besorge eine passende Karte (z. B. Ortsplan). Du benötigst diese Karte zweimal: zum Vorzeichnen und für die endgültige Zeichnung.
- Entscheide, welche Informationen du in die Karte einzeichnen willst.
  Für jede Information muss ein kleines Bild oder eine Farbe verwendet werden (z. B. eine Brezel für eine Bäckerei oder ein T-Shirt für ein Bekleidungsgeschäft).

② Informationen beschaffen
- Mach dich auf den Weg und untersuche das Gebiet. Schaue nach, wo es Plätze und Gebäude zu deinem Thema (z. B. Einkaufsmöglichkeiten) gibt. Trage die Stellen genau in die Karte ein.
- Schreibe dir zusätzlich Informationen auf oder mache Fotos.

③ Fertigstellung
- Zeichne die Informationen in die zweite Karte.
- Erkläre die verwendeten Bilder und Farben in einer Legende (Zeichenerklärung).
- Schreibe eine passende Überschrift dazu.

M1 Festlegen des Gebietes – Beispiel: Deutschland

M3 Beim Kartieren: Zeichnen des Umrisses von Deutschland

Ein Plakat behandelt meistens nur ein Thema. Zeitungen dagegen bieten ihren Leserinnen und Lesern viele interessante Nachrichten zu verschiedenen Themen. Zeitungen möchten informieren und zum Nachdenken anregen.

Im Unterricht können Arbeitsergebnisse ähnlich wie in einer Zeitung als Wandzeitung präsentiert werden. Wandzeitungen bestehen aus einer Sammlung von selbst geschriebenen Texten, aufgenommenen Fotos, gezeichneten Grafiken, Tabellen usw. Eine Wandzeitung oder ein Plakat fertigt ihr am besten in Kleingruppen an.

1. Das Plakat/Die Wandzeitung macht einen ordentlichen und übersichtlichen Eindruck.
2. Die Überschrift ist groß genug und gut lesbar.
3. Texte und Bilder passen zum Thema.
4. Alle Materialien haben eine Unter- oder Überschrift.
5. Die Texte sind sauber und fehlerfrei geschrieben.
6. Alle Teile sind ordentlich angeordnet.

M5 Checkliste

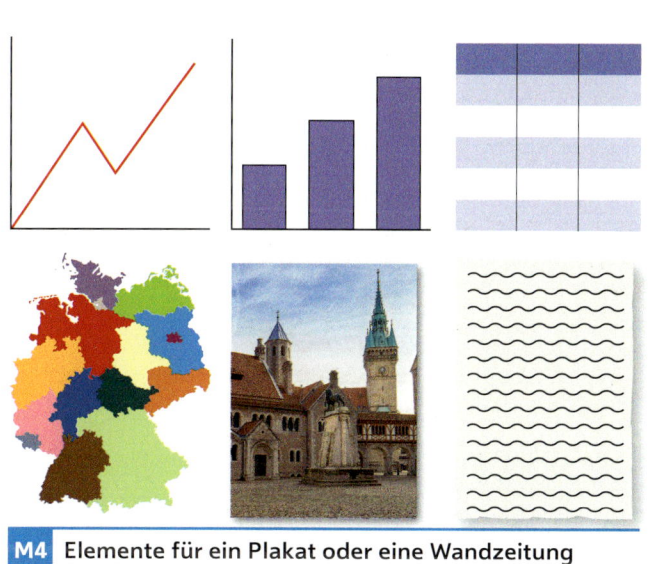

M4 Elemente für ein Plakat oder eine Wandzeitung

Tolles Plakat!

Ein Plakat oder eine Wandzeitung gestalten

 Material beschaffen und anfertigen

- Beschafft euch Materialien über das Thema oder die Themen. Informationen findet ihr zum Beispiel in Lexika, in Zeitschriften, in Zeitungen oder im Internet.
- Stellt euch die Informationen gegenseitig vor und trefft eine Auswahl.
- Überlegt euch gemeinsam, wie ihr die Informationen klar und interessant gestalten könnt.
- Fertigt Kopien von den Materialien an (*Tipp*: Mit dem Fotokopierer kann man Darstellungen vergrößern!) oder zeichnet Grafiken, Karten und Diagramme. Schreibt kurze Texte zu den Themen, die später auf das Plakat oder die Wandzeitung geklebt werden. Beachtet, dass ihr möglichst groß schreiben müsst.

 Beiträge erstellen

- Besorgt euch einen großen Bogen Karton oder Tapete.
- Legt die einzelnen Darstellungen probeweise darauf.
- Klebt die Materialien anschließend auf.
- Weitere Hinweise oder Verbindungslinien zwischen Texten und Bildern könnt ihr direkt einzeichnen.
- Kontrolliert anhand der Checkliste (M5), ob ihr alle wichtigen Punkte berücksichtigt habt.

 Plakat / Wandzeitung vorstellen

Schreibt eure Namen auf das Plakat oder die Wandzeitung und hängt sie an einer freien Stelle im Klassenraum oder an einer Stellwand auf. Stellt das Plakat oder die Wandzeitung den anderen Schülerinnen und Schülern der Klasse vor.

Sehr häufig reicht das eigene Wissen nicht aus, um zum Beispiel eine Frage zu beantworten, eine Karte zu interpretieren oder gar ein Referat zu verfassen. Dann muss man recherchieren (franz. „rechercher" = nachforschen). Das heißt, man muss nach zusätzlichen Informationen suchen. Dafür gibt es zahlreiche Möglichkeiten: Bibliotheken mit Fachbüchern und Fachzeitschriften, Zeitungen, Filme, die Befragung von Fachleuten und natürlich das Internet.

Doch Vorsicht: Nicht allen Texten, Fotos und Filmen kann man trauen! Das gilt vor allem für die Materialien aus dem Internet.

Das Internet bietet nicht nur Spiele, Musik und Filme, sondern auch unzählige Informationen zu fast allen Themen, die man sich vorstellen kann. Um an Informationen zu gelangen, ist es sinnvoll, eine Suchmaschine zu benutzen. Es gibt unterschiedliche Suchmaschinen. Sie alle haben ein Suchfenster. Dort hinein schreibst du die Begriffe, nach denen du suchst. In Bruchteilen von Sekunden siehst du die Suchergebnisse (die Treffer). Sie führen zu Seiten im Internet, die Informationen zum gesuchten Begriff enthalten. Diese Informationen gibt es in Form von Texten, Tabellen, Diagrammen, Fotos und Videos.

Internetlexika:
Das bekannteste Internetlexikon ist Wikipedia. Hier gibt es keine Redaktion, hier kann jeder an Artikeln mitarbeiten. Deshalb sind die Artikel manchmal nicht ganz objektiv oder sie sind nicht ganz richtig.

Filmsammlungen:
Allein bei Youtube kannst du Zehntausende Lehr- und Erklärfilme abrufen.

Webcams:
An nahezu allen Orten der Erde gibt es Webcams. Gib Webcam und das gewünschte Land in die Suchmaschine ein und du erhältst Live-Bilder.

Datenbanken:
In Datenbanken werden Daten, also Informationen, gespeichert und verwaltet. Die Quelle der Daten sollte sichtbar und vertrauenswürdig sein, um mit ihnen sicher zu arbeiten.

M1   Interessante Informationsquellen im Internet

INFO 1

Internet-Suchmaschinen
Neben bekannten Suchmaschinen wie Google und Bing gibt es im Internet viele weitere Suchmaschinenanbieter.
DuckDuckGo beispielsweise verspricht, möglichst wenig persönliche Daten von Nutzerinnen und Nutzern (also von dir) zu sammeln (M4).
Auch ECOSIA verspricht, keine Daten zu sammeln. ECOSIA nutzt die Werbeeinnahmen, um weltweit damit neue Bäume zu pflanzen (im Februar 2023 waren es bereits über 169 Millionen).

Für junge Internetnutzerinnen und -nutzer gibt es auch Kindersuchmaschinen. Ihre Informationen sind leichter verständlich. Sie bieten einfache Nachrichtentexte, Lexikonartikel, kurze Filme und Tausende toller Fotos. Hier findet man aber auch Spiele und vieles andere zum Zeitvertreib.

Du willst, dass auf den gefundenen Seiten ...	Mit welcher Eingabe?
... bestimmte Begriffe vorkommen?	Gib die Begriffe in die Suchmaske ein: *Regenwald Amazonas*
... bestimmte Begriffe in einer bestimmten Reihenfolge vorkommen?	Setze die Begriffe in Anführungszeichen: *„Regenwald am Amazonas"*
... ein bestimmtes Wort nicht vorkommen soll?	Setze ein Minuszeichen vor das Wort: *tropischer Regenwald -Amazonas*

M2   Tipps für das Suchen mit Suchmaschinen

Suche

- Google
- Bing
- Yahoo
- Duckduckgo
- Fireball
- Ecosia

u. a.

Kindersuchmaschinen
- Blinde Kuh
- Kindex
- Helles Köpfchen
- FragFINN

u. a.

M3   Suchmaschinen (Auswahl)

M4 Internet-Suchmaschine DuckDuckGo

M5 Auch aus Karten lassen sich viele nützliche Informationen gewinnen.

Von Fehlern, Fakes und Fälschungen

Im Gegensatz zu gedruckten Fachbüchern und Fachzeitschriften sind die Informationen aus dem Internet häufig fehlerhaft oder nicht glaubhaft.

Anzeichen für unseriöse Internetseiten sind:
- Es gibt kein Impressum, der Autor ist unbekannt.
- Schon die Rechtschreibung ist sehr fehlerhaft.
- Bilder, Tabellen, Diagramme und Texte haben keine Quellenangabe, obwohl sie nicht von demjenigen stammen, der die Seite erstellt hat.
- Die Informationen sind so zusammengestellt, dass sie für etwas werben und nicht mehr objektiv wirken.
- Es gibt keine Angaben zum Erstelldatum.

Bei der Suche im Internet passiert es schnell, dass zu viele und ungenaue Ergebnisse angezeigt werden. Bevor man im Internet nach einem Thema sucht, sollte man sich folgende Fragen stellen:

- Wie aktuell muss die Information sein, die ich benötige?
- Sind die Informationen allgemein oder speziell für ein Fach?
- Ist die Quelle (Organisation/Verlag ...) oder der Autor/die Autorin bekannt?
- Brauche ich die Information nur einmal oder immer wieder?
- In welcher Sprache kann ich an die Information gelangen?
- Geht es um Daten mit lokalem oder regionalem Bezug?
- Suche ich nach bestimmten Dateiformaten?

M6 Was will ich finden?

Informationen aus dem Internet erhalten

① Was will ich wissen?
Überlege, welche Fragen du dir stellst. Nach welchen Informationen möchtest du suchen?

② Schlüsselwörter finden
Notiere die Fragen und unterstreiche darin die wichtigsten Wörter, die Schlüsselwörter.

③ Die Suchmaschine füttern
- Tippe die Schlüsselwörter in die Suchmaske der Suchmaschine ein.
- Schau dir nun die ersten 10 Suchergebnisse (Treffer) an und werte sie aus.

- Findest du hier schon die gewünschten Informationen, die Antworten auf deine Fragen?

④ Die Suche verändern
Wenn die Antworten nicht ausreichen, dann gibt es drei Möglichkeiten:
1) Verwende eine andere Suchmaschine.
2) Gib andere Schlüsselwörter in die Suchmaske ein.
3) Gib die Schlüsselwörter in einer anderen Reihenfolge ein.

Wenn du selbst einen kleinen Vortrag halten willst, dann ist es sinnvoll, Zahlen oder eine Entwicklung möglichst anschaulich zu präsentieren – zum Beispiel mit einem Diagramm.
Ein Säulendiagramm eignet sich besonders gut, um Zahlenwerte miteinander zu vergleichen. Je größer eine Zahl ist, desto höher ist die dazugehörige Säule. Ein Liniendiagramm dagegen stellt vor allem Entwicklungen anschaulich dar. Wenn verschiedene Entwicklungslinien eingezeichnet wurden, können sie miteinander verglichen werden.

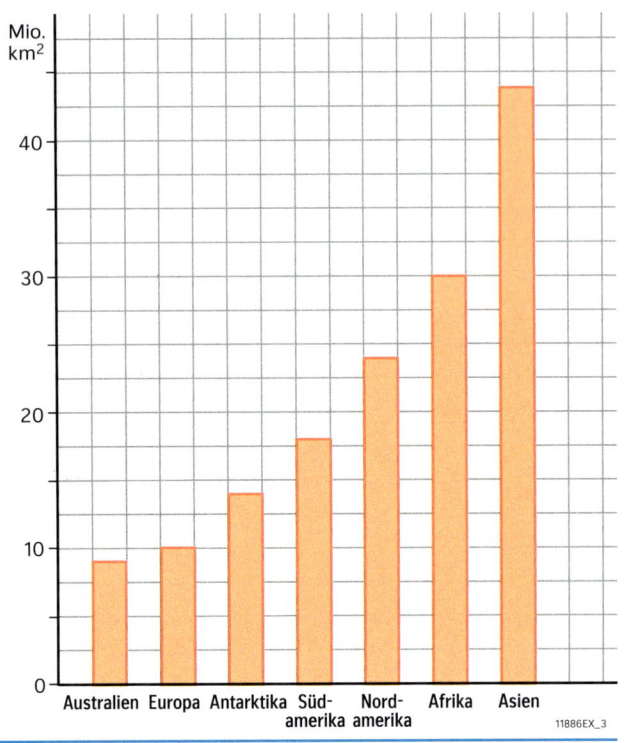

M1 Flächengröße der Kontinente im Säulendiagramm

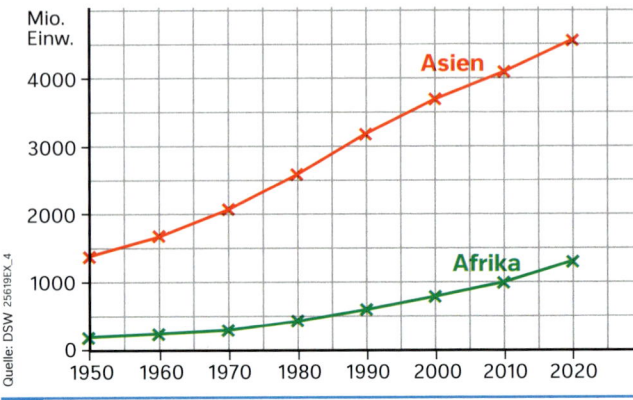

M2 Entwicklung der Bevölkerungszahl (Liniendiagramm)

Ein Diagramm lesen

① Darstellung beschreiben
- Nenne die Art des Diagramms (z. B. Säulen- oder Liniendiagramm).
- Entnimm das Thema der Grafik der Über- oder Unterschrift.
- Beschreibe die angegebenen Größen (z. B. Zeitabschnitte, Fläche). Beachte dabei die Hochachse und die Rechtsachse mit ihren Bezeichnungen.

② Informationen entnehmen
Nenne alle Informationen aus dem Diagramm. Du kannst dabei die zeitliche Reihenfolge oder eine Reihenfolge nach Größen wählen.

③ Hauptaussagen zusammenfassen
Fasse die Informationen in zwei bis drei Hauptaussagen zusammen. Beachte dabei den Titel des Diagramms.

Ein Diagramm zeichnen

① Achsen einzeichnen
- Zeichne auf der linken Seite eines karierten Blattes eine senkrechte Linie, die Hochachse.
- Zeichne vom unteren Ende der Hochachse eine waagerechte Linie nach rechts, die Rechtsachse.

② Achsen beschriften
- Auf der Hochachse werden die Zahlenwerte (z. B. Fläche in Millionen km²) eingetragen. Die Achse beginnt unten immer bei null. Sie muss so hoch sein, dass sie über den höchsten Wert hinausreicht. Die Abstände der Zahlenwerte sind gleichmäßig.
- Auch die Rechtsachse wird beschriftet, im Liniendiagramm zum Beispiel mit Jahreszahlen, für die du Zahlenwerte hast. Die älteste Jahreszahl ist links, die jüngste rechts.

③ Säulen oder Linien einzeichnen
- In ein Säulendiagramm zeichne so viele Säulen, wie du Zahlenwerte hast. Wähle die Abstände wie in M1. Die entsprechende Höhe liest du links auf der Hochachse ab. Färbe die Säulen eventuell ein.
- In ein Liniendiagramm trage für jeden Zahlenwert ein Kreuz in der richtigen Höhe über der waagerechten Achse ein. Verbinde die Kreuze mit einer Linie.

④ Überschrift finden
Gib dem Diagramm eine passende Überschrift.

Ein Klimadiagramm veranschaulicht das Klima an einem bestimmten Ort der Erde. Es besteht aus einem Säulendiagramm und einem Liniendiagramm. Das Säulendiagramm zeigt die durchschnittlichen Monatsniederschläge. Das Liniendiagramm zeigt die durchschnittlichen Monatstemperaturen.
Die Temperaturen werden dabei auf der linken Achse, die Niederschläge auf der rechten Achse abgelesen. Bei der Beschriftung der Achsen ist zu beachten, dass die Werte des Niederschlags immer doppelt so hoch eingezeichnet sind wie die Werte der Temperatur: 20 mm (Niederschlag) steht also auf gleicher Höhe wie 10 °C (Temperatur).

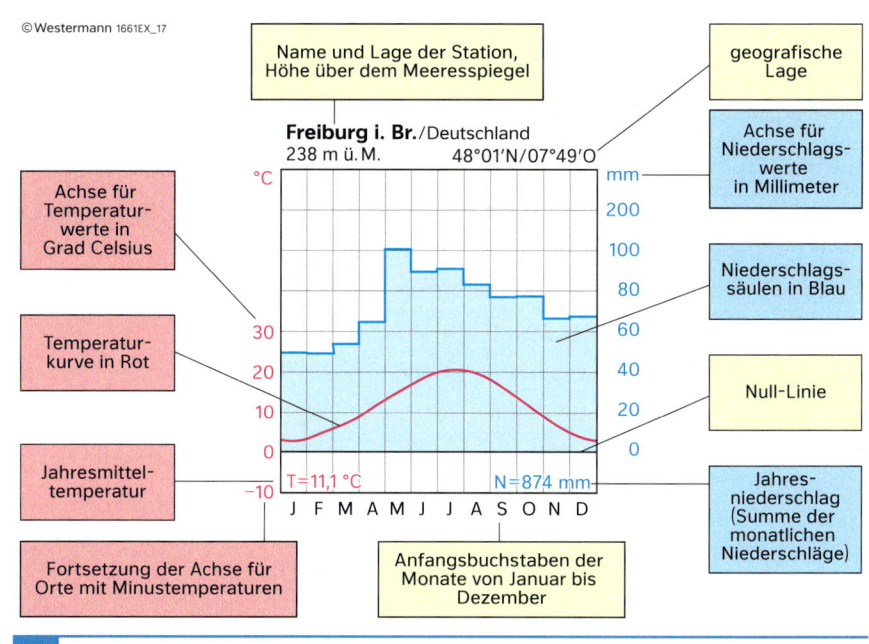

© Westermann 1661EX_17

Name und Lage der Station, Höhe über dem Meeresspiegel

geografische Lage

Achse für Niederschlagswerte in Millimeter

Achse für Temperaturwerte in Grad Celsius

Temperaturkurve in Rot

Niederschlagssäulen in Blau

Jahresmitteltemperatur

Null-Linie

Fortsetzung der Achse für Orte mit Minustemperaturen

Anfangsbuchstaben der Monate von Januar bis Dezember

Jahresniederschlag (Summe der monatlichen Niederschläge)

INFO

Der *durchschnittliche Monatsniederschlag* ist die Summe aller Niederschläge, die in einem Monat gefallen sind.
Die *durchschnittliche Monatstemperatur* ist der Durchschnitt aller Tagestemperaturen, die in einem Monat gemessen wurden.

Um Aussagen zum Klima an einem Ort machen zu können, werden die Temperatur und der Niederschlag etwa 30 Jahre lang jeden Tag mehrmals gemessen.

M3 Klimadiagramm von Freiburg

Ein Klimadiagramm lesen und beschreiben

① Lage des Ortes klären
Lies im Kopf des Diagramms den Namen der Klimastation ab und das Land, in dem sie steht. Lies weiterhin die Höhe über dem Meeresspiegel ab und die geographischen Koordinaten.

② Temperaturkurve lesen
- Lies die durchschnittlichen Temperaturen für die Monate eines Jahres auf der linken Skala ab (rot).
- Wenn du die Durchschnittstemperatur für einen Monat lesen willst, lege die Fingerspitze auf den Anfangsbuchstaben des Monats.
- Wandere mit der Fingerspitze bis zur roten Temperaturkurve. Lies den Wert für den Monat auf der Höhe der Fingerspitze an der Temperaturachse links ab.
- Wiederhole den Vorgang für die anderen Monate.
- Lies die Jahresmitteltemperatur unten links in Rot ab (T = 11,1 °C).

③ Niederschlagssäulen lesen
- Lege deinen Finger auf den Anfangsbuchstaben des Monats, den du ablesen willst.
- Wandere ans obere Ende der blauen Säule. Lies den Wert auf der Höhe der Fingerspitze an der Niederschlagsachse rechts ab.
- Wiederhole den Vorgang für die anderen Monate.
- Lies den Wert für den Jahresniederschlag unten rechts in Blau ab (N = 874 mm).

④ Kernaussagen zum Klimadiagramm treffen
- Nenne den wärmsten und den kältesten Monat.
- Berechne den Unterschied zwischen den Monaten.
- Nenne den Monat mit dem höchsten und den mit dem geringsten Niederschlag.
- Treffe eine Aussage über die Verteilung des Niederschlags über das Jahr.
- Nenne die Jahresmitteltemperatur und die Höhe des Jahresniederschlags der Station.

Wie werte ich ein Foto aus?

In Zeitschriften, in Büchern, im Internet – überall findet man Fotos. Auch im Erdkundeunterricht arbeiten wir mit Fotos. Sie liefern uns viele Informationen. Die Bilder müssen nur richtig ausgewertet werden.

Dazu müssen wir sie uns genau anschauen. Berücksichtige aber bei einer Bildauswertung, dass ein Bild immer nur einen bestimmten Ausschnitt der Wirklichkeit zeigt (M2).

Hintergrund

Mittelgrund

Vordergrund

M1 An der Nordsee – Die Nordseeinsel Norderney ist ein beliebter Urlaubsort (Luftbild).

Ein Foto auswerten

1 Was? Wo? Wann?
Welchen Ort zeigt das Bild? Wo und wann wurde es aufgenommen (Jahreszeit)? Oft sagt die Bildunterschrift dazu etwas. Wo liegt der Ort? Schaue dies mithilfe des Registers im Atlas nach.

2 Welche Einzelheiten kannst du erkennen?
Sieh dir zunächst den Vordergrund, die Mitte und den Hintergrund des Bildes genau an. Was ist besonders auffallend? Gibt es zum Beispiel Siedlungen und große Gebäude? Siehst du Menschen, die etwas tun, oder besonders auffällige Naturerscheinungen?

3 Was ist die Aussage des Bildes?
Fasse alle Informationen zu einer Kernaussage zusammen (ein bis zwei Sätze).

M2 Das gleiche Bild, aber unterschiedliche Ausschnitte

„Man sieht den Wald vor lauter Bäumen nicht!" Diese Redensart bedeutet, dass man vor lauter Einzelheiten den größeren Zusammenhang nicht sieht. Eine klare Ordnung ist dann nicht mehr zu erkennen. Damit du bei den vielen Informationen den Überblick behältst, hilft dir eine Mindmap. Mit einer Mindmap kannst du deine Gedanken und dein Wissen über ein Thema gliedern und veranschaulichen. Die Inhalte bleiben dadurch besser im Gedächtnis.

INFO

Die **Mindmap** (englisch: „mind" = Gedanken, „map" = Karte) hat Haupt- und Nebenäste. Die „Gedankenkarte" geht von einem Hauptthema aus. Sie ordnet die Unterthemen nach ihrer Bedeutung.

- zur Vorbereitung und Gliederung eines Themas (zum Beispiel für einen Vortrag)
- zur Stoffsammlung in einer Gruppenarbeit
- zur übersichtlichen Zusammenfassung von Unterrichtsinhalten

M4 Einsatzmöglichkeiten von Mindmaps

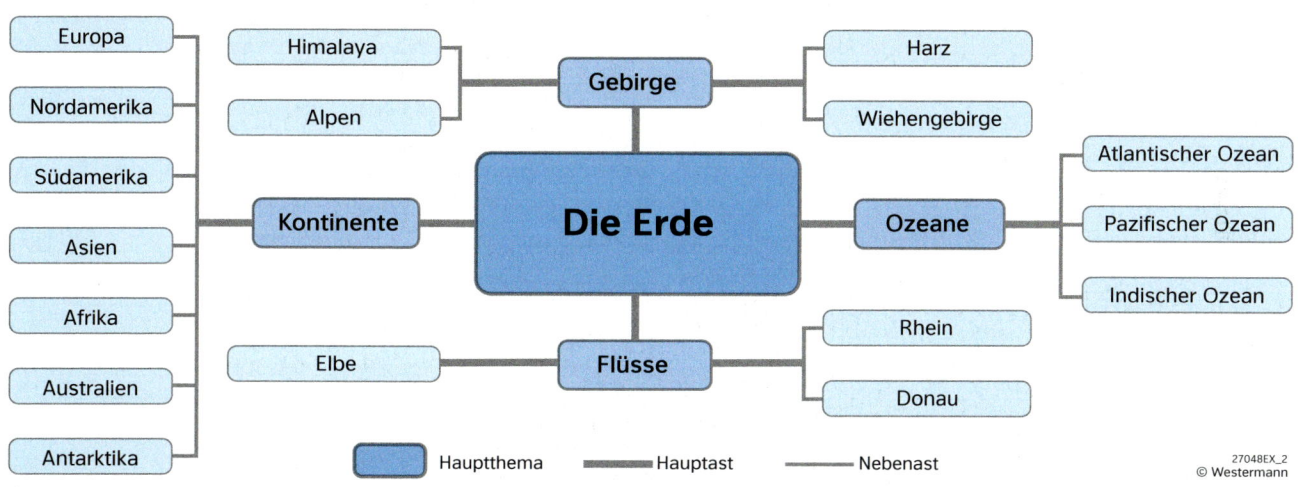

M3 Die Erde als Mindmap

Eine Mindmap erstellen

① **Hauptthema notieren**
- Schreibe in dicker Schrift das Hauptthema in die Mitte eines Blattes und zeichne einen Kreis oder ein Oval darum.

② **Hauptäste einzeichnen und beschriften**
- Überlege dir Schlüsselbegriffe für die Hauptäste.
- Zeichne zu allen gefundenen Schlüsselbegriffen Hauptäste an den Kreis oder das Oval. Du kannst die Hauptäste auch in verschiedenen Farben zeichnen.
- Schreibe an oder in die Hauptäste die gefundenen Schlüsselbegriffe. Jeder Hauptast bildet ein zusammengehörendes Teilthema.

③ **Nebenäste einzeichnen und beschriften**
- Überlege dir zu jedem Schlüsselbegriff untergeordnete Begriffe.

- Trage von den Hauptästen abzweigend dünnere Nebenäste mit den untergeordneten Begriffen ein, die zum Hauptast passen.
- Schreibe die Begriffe an die Nebenäste.

④ **Untergeordnete Nebenäste einzeichnen und beschriften**
- Wenn dir noch Unterpunkte einfallen, kannst du an die Nebenäste noch untergeordnete Nebenäste zeichnen.
- Beschrifte die untergeordneten Nebenäste mit den Unterpunkten.

⑤ **Gesamtbild verschönern**
- Trage, wenn du willst, zusätzlich Bilder und Symbole ein, damit deine Mindmap noch schöner aussieht.

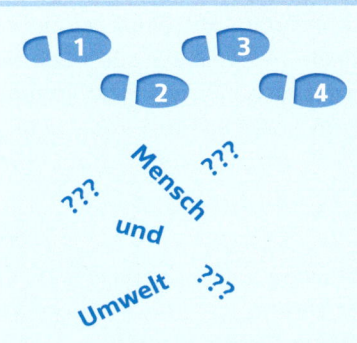

Ein Referat verfassen

① Vorbereitung
- Lege das Thema fest und überlege dir eine Leitfrage, zu der das Referat verfasst werden soll.

② Recherche
- Informiere dich in Büchern oder im Internet über dein Thema.
- Notiere und sortiere die gefundenen Informationen.

③ Ausarbeitung
- Arbeite das Referat aus.
- Notiere dir Stichpunkte auf Karteikarten.
- Arbeite eine Präsentation aus.

④ Vortrag
- Trage das Referat vor.
- Ermögliche den zuhörenden Personen, Fragen zu stellen.

Mithilfe eines Referats informierst du deine Mitschülerinnen und Mitschüler über ein bestimmtes Thema. Du kannst das Referat als Vortrag ausarbeiten und/oder das Referat schriftlich verfassen. Wichtig für die Erarbeitung deines Referats ist eine sorgfältige Recherche.

Das Thema für dein Referat sollte klar abgegrenzt sein. Formuliere zu deinem Referat eine Leitfrage, die mithilfe des Referats beantwortet werden soll. Diese Frage hilft dir auch bei der Recherche und Zusammenstellung der Materialien.

Guter Vortrag!

- themenbezogen – gut aufbereitet – verständlich – gut recherchiert – ordentlich gegliedert
- Wie präsentiere ich die Ergebnisse?
- Wie stehe ich vor der Gruppe?

M1 Tipps für den Vortrag

INFO

Das schriftliche Referat

- **Titelblatt** (der Titel des Referates und Name der Verfasserin oder des Verfassers – dein Name. Man kann das Titelblatt auch bunt mit einem oder mehreren Bildern gestalten.)

- **Gliederung**

- **Einleitung**
  - Was ist das Besondere an dem Thema?
  - Warum sollte man sich mit dem Thema beschäftigen?

- **Hauptteil**
  - das Thema unterteilt in einzelne Abschnitte/Kapitel, in sinnvoller und logischer Abfolge

- **Schluss**
  - Zusammenfassung des Themas, das Wichtigste wiederholen
  - Eigene Stellungnahme: Wie ist deine persönliche Meinung zu dem Thema?

- **Verwendete Quellen**

Wenn man ein Referat vorträgt, teilt man häufig an die Zuhörerinnen und Zuhörer eine kurze schriftliche Zusammenfassung aus. Dieses „Handout" enthält die wichtigsten Inhalte, wichtige Fachbegriffe und vielleicht auch wichtige Materialien (zum Beispiel Tabellen oder Diagramme).

M2 Screenshot aus *PowerPoint*

Es gibt verschiedene Computerprogramme, die es ermöglichen, deinen Vortrag geschickt zu veranschaulichen. Eines davon ist *PowerPoint*. Doch auch andere Programme (zum Beispiel *Apache OpenOffice* oder *LibreOffice*) sind vergleichbar aufgebaut.
Mithilfe dieser Programme kannst du „Folien" erstellen, die mit einem Beamer präsentiert werden. Ein solches Programm ist ein gutes Hilfsmittel, um durch dein Referat zu führen.

Vorsicht!

- Solche Programme können zu „Zeitfressern" werden, wenn man zum Beispiel zu viele Animationen oder Effekte verwendet.
- Eine *PowerPoint*-Präsentation schützt nicht vor sachlich schlechtem Inhalt.
- Du kannst nicht schnell zwischen Themenaspekten wechseln. Dadurch kannst du nicht so flexibel auf Einwürfe reagieren.
- Überlade die Seiten nicht. Achte auf große Schrift. Die Textmenge sollte sehr gering sein.
- Gestalte den Hintergrund nicht zu dunkel, dafür aber für alle Folien einheitlich.
- Die Präsentation ist nicht zum Ablesen gedacht, sondern soll deine gesprochenen Worte lediglich unterstützen.

Vier Grundfunktionen zur Erstellung einer Präsentation, zum Beispiel mit *PowerPoint*

① Neue Folie wählen
Hier wählst du das Grundlayout für deine Folie aus, je nachdem, ob du Bild, Text oder Diagramm darstellen willst. Das bestehende Layout kannst du noch verändern.

② Einfügen von Bildern/Grafiken/Texten
Hast du bei deiner Recherche gute Bilder oder Grafiken gefunden, so kannst du diese in *PowerPoint* einfügen (Quelle nennen!). Unter „Einfügen" – „Grafik" kannst du auf alle Ordner deines Rechners zugreifen. Die eingefügten Objekte kannst du auf der Folie verschieben, in der Größe verändern und vieles mehr. Unter diesem Button kannst du bei Bedarf auch eigene Diagramme erstellen.

③ Benutzerdefinierte Animation
Hiermit entscheidest du, was wann wie auf der Folie erscheinen soll. So kannst du die Folien auf deinen Vortrag abstimmen. Aber Vorsicht: Zu viel Animation lenkt ab und ist auf Dauer langweilig.

④ Autoformen
Über die Autoformen kannst du Aspekte auf deiner Folie hervorheben.

M3 Zu beachten bei der Arbeit mit einem Präsentationsprogramm

Ein Vortrag ist eine gute Möglichkeit, um anderen Schülerinnen und Schülern Informationen zu einem Thema zu präsentieren. Wichtig dabei ist vor allem:

Der Vortrag muss für die Zuhörerinnen und Zuhörer so interessant sein, dass davon auch etwas im Gedächtnis haften bleibt.

 **Schritte zu einem guten Vortrag**

1 Vorbereitung:
- Notiere auf einen Stichwortzettel oder auf Karteikarten, was du mündlich vortragen willst. Aber Achtung: <u>keine ganzen Sätze</u> (die liest man häufig nur ab), sondern <u>nur Stichworte</u> (vor allem Fachbegriffe) notieren.
- Bereite die Hilfsmittel vor, mit denen du deinen Vortrag anschaulich und einprägsam gestalten willst (Plakate, Folien, Fotos, Tafelbilder usw.).

2 Durchführung:
- Nenne das Thema deines Vortrags.
- Gib eine kurze Übersicht über den Inhalt.
- Halte dich an die Regeln der 5-A-Technik (M1).
- Nutze Hilfsmittel, um die Zuhörerinnen und Zuhörer zu fesseln.
- Plane am Ende Zeit ein, damit die Zuhörerinnen und Zuhörer Fragen stellen können.

Und dann: Das <u>Feedback</u>!
Frag deine Mitschülerinnen und Mitschüler, wie ihnen der Vortrag gefallen hat, was sie behalten haben und was du hättest besser machen können. So kannst du deine Vorträge immer besser gestalten.

- Die Folien sollen sehr übersichtlich gestaltet sein, denn sie werden ja nur für kurze Zeit projiziert.
- Keine langen Texte!
- Nur einprägsame Schaubilder!

M2 Folien kann man mithilfe eines Computers und eines Beamers projizieren.

- Keine zu langen Texte!
- Übersichtlich gestalten!
- Wichtiges durch Farben und Markierungen hervorheben!
- Zusammenhänge kann man mit Pfeilen deutlich machen.

M3 Das Plakat kann auch nach dem Vortrag noch einige Zeit in der Klasse hängen bleiben.

Ansehen: Lies das Stichwort auf dem Stichwortzettel oder der Karteikarte.

Aufsehen: Sieh die Zuhörerinnen und Zuhörer an.

Ansprechen: Sprich erst dann zu den Zuhörerinnen und Zuhörern, wenn du deren volle Aufmerksamkeit hast.

Abwechslung: Verwende eine abwechslungsreiche Sprache, formuliere frei, lies nicht nur eintönig ab. Setze Hilfsmittel ein, die den Vortrag anschaulich und interessant machen.
Sprich langsam und mache Pausen, gib den Zuhörerinnen und Zuhörern Zeit, dir zu folgen.

Aufrecht stehen: Steh aufrecht und wende deinen Zuhörerinnen und Zuhörern nicht den Rücken zu.

M1 Die 5-A-Technik beim Vortragen

Eine Erkundung hat das Ziel, außerhalb der Schule möglichst viele Informationen zu einem Thema zu sammeln. Es können zum Beispiel ein Naturschutzgebiet, ein Gewerbegebiet, eine Fußgängerzone, ein Stadtviertel, ein Wirtschaftsbetrieb oder eine Gemeindeverwaltung erkundet werden. Beispiele für Themen sind die nachhaltigen Bedingungen, das Einkaufsverhalten, die Verkehrsbedingungen oder die Arbeitsabläufe. Informationen können durch Befragung, Zählung, Kartierung oder Fotoaufnahmen gewonnen werden. Die Ergebnisse der Erkundung werden ausgewertet und präsentiert.

M4 Bei einer Befragung solltest du immer genau erklären, mit welchem Ziel du sie durchführst.

M5 Beispiel für eine Kartierung

1. Wie groß ist die Entfernung zwischen Ihrem Wohn- und Ihrem Arbeitsort? _____ km

2. Welches Verkehrsmittel nutzen Sie für den Arbeitsweg am häufigsten? (Bitte nur ein Kreuz!)

zu Fuß	Fahrrad	Motorrad	Pkw	ÖPNV
$\Box_1$	$\Box_2$	$\Box_3$	$\Box_4$	$\Box_5$

3. Aus welchem Grund nutzen Sie dieses Verkehrsmittel am häufigsten?

_____

4. Bitte bewerten Sie die Qualität der öffentlichen Verkehrsmittel in Ihrer Region/Stadt (1 = sehr gut bis 5 = unzureichend):

	1	2	3	4	5
$_1$Nähe zum Wohnort	$\Box$	$\Box$	$\Box$	$\Box$	$\Box$
$_2$Nähe zum Arbeitsort	$\Box$	$\Box$	$\Box$	$\Box$	$\Box$
$_3$Fahrthäufigkeit	$\Box$	$\Box$	$\Box$	$\Box$	$\Box$
$_4$Anschlussmöglichkeiten	$\Box$	$\Box$	$\Box$	$\Box$	$\Box$
$_5$Bequemlichkeit/Komfort	$\Box$	$\Box$	$\Box$	$\Box$	$\Box$
$_6$Preis-Leistungs-Verhältnis	$\Box$	$\Box$	$\Box$	$\Box$	$\Box$

M6 Fragebogen mit unterschiedlichen Arten von Fragen

INTERNET

GrafStat ist ein Programm zur Erstellung und Auswertung von Umfragen. Der Download ist für Schülerinnen und Schüler kostenlos.

Eine Erkundung durchführen

① Planen und vorbereiten
- Lege fest, was, an welchem Ort, zu welcher Zeit untersucht werden soll.
- Entscheide, wie die Informationen gesammelt werden sollen (Befragung, Zählung, Kartierung, Fotos).
- Stelle die benötigten Materialien zusammen (zum Beispiel Schreibblock, Schreibstift, Buntstifte, Kamera, Stadtplan oder topografische Karte).
- Vereinbare, falls nötig, rechtzeitig Termine.
- Berechne mögliche entstehende Kosten und kläre ab, wer sie bezahlt.
- Bereite die Fragen oder Fragebögen vor.

② Erkundung durchführen und auswerten
- Sei höflich gegenüber beteiligten Personen.
- Trage die Informationen mit den festgelegten Methoden zusammen.
- Dokumentiere die Ergebnisse möglichst genau.
- Werte die Ergebnisse nach der festgelegten Fragestellung oder dem Thema aus.

③ Ergebnisse präsentieren und reflektieren
- Bereite eine Präsentation mit den wesentlichen Ergebnissen vor und präsentiere sie.
- Überlege und diskutiere, was man bei der Erkundung hätte besser machen können.

Wie führe ich ein Rollenspiel durch?

Wenn du Alltags- oder Konfliktsituationen im Klassenraum nachspielen willst, eignet sich dafür ein Rollenspiel. Dabei übernehmen Schülerinnen und Schüler Rollen von anderen Personen. Sie müssen die Standpunkte der beteiligten Personen so gut wie möglich darstellen, selbst wenn sie eine andere Meinung vertreten als die eigene. Die Darsteller und Darstellerinnen versuchen in der gespielten Situation ihre Rolleninteressen durchzusetzen. Die Diskussion aller Rollenspieler soll zu einer Lösung des gespielten Konfliktes führen. Bei der Lösung werden die Bedürfnisse der einzelnen Rollen berücksichtigt.

„Ich will nicht wegziehen. Wenn ich mal ins Theater möchte, kann ich auch mit dem ÖPNV fahren. Und ich liebe meinen Garten. In der Innenstadt gibt es doch kaum ein Grün. Wenn wir umziehen, müsste ich lange zur Arbeit fahren. Jetzt brauche ich nur wenige Minuten mit dem Fahrrad."

Sabine

„Ich will unbedingt umziehen. Durch die Fahrt zum Arbeitsplatz und zurück bin ich jeden Tag mindestens anderthalb Stunden unterwegs. Das nervt! Die Zeit würde ich lieber mit meiner Familie verbringen. Klar, meine Joggingstrecke in der Natur würde ich vermissen. Aber dann gehe ich eben ins Fitnessstudio."

Frank

„Ich will eigentlich auch nicht umziehen. Der Sportverein, der Wald, viele Freunde – alles habe ich hier in der Nähe. Ich treffe mich allerdings immer wieder mit Freunden im Skatepark im Zentrum. Die könnte ich häufiger sehen, wenn wir in der Stadt wohnen würden."

Lukas

„Ich will hier weg, hier ist doch echt nichts los! Das Leben spielt in der Stadt. Zum Reiten könnte ich dann zwar nur noch einmal in der Woche fahren, aber das wäre es mir wert."

Klara

M1 Rollenkarten mit unterschiedlichen Meinungen zu der Frage: „Sollen wir vom Stadtrand in die Innenstadt ziehen?"

Ein Rollenspiel durchführen

① Rollen bestimmen
- Bestimmt einen oder mehrere Diskussionsleiter oder Diskussionsleiterinnen.
- Bildet entsprechend der Anzahl der Rollen Gruppen.
- Jede Gruppe notiert gemeinsam die Argumente, die die Rolle für ihre Interessen vorbringen will. Dabei helfen Rollenkarten (M1).
- Setzt euch auch mit den Gegenargumenten der anderen Rollen auseinander.
- Bestimmt eine Person aus der Gruppe, die an der Diskussion teilnimmt.

② Rollenspiel durchführen
- Stellt vorne im Klassenraum Tische für die Diskussionsteilnehmenden auf.
- Die Diskussionsleitung beschreibt die Ausgangssituation. Die Aufgabe ist, die Gesprächsführung während der Diskussion zu leiten.
- Die einzelnen Rollenspielerinnen und Rollenspieler tragen ihren Standpunkt vor. Danach erfolgt die Diskussion.
- Die anderen Schülerinnen und Schüler können Fragen an die Diskussionsteilnehmenden stellen.

③ Rollenspiel auswerten
- Die Rollenspielerinnen und Rollenspieler und die Beobachtenden bewerten den Spielverlauf.
- Erarbeitet in einer gemeinsamen Abschlussdiskussion, losgelöst von den Rollen, mögliche Lösungen für den Konflikt.

Deutschland

a) Auf dem Gipfel des höchsten Berges in Deutschland. Wie ist sein Name?

b) Wahrzeichen der deutschen Hauptstadt. Wie heißen Bauwerk und Hauptstadt?

c) Die größte evangelische Kirche Deutschlands. Wo steht sie und wie heißt sie?

d) Spaziergänger auf dem „Meeresgrund". Wie ist das möglich?

Das Containerschiff ist auf dem Weg in die Nordsee. Woher kommt es wahrscheinlich? Welcher Fluss mündet hier?

e) Steilküste aus Kreide auf der größten deutschen Insel. Wie heißt die Insel?

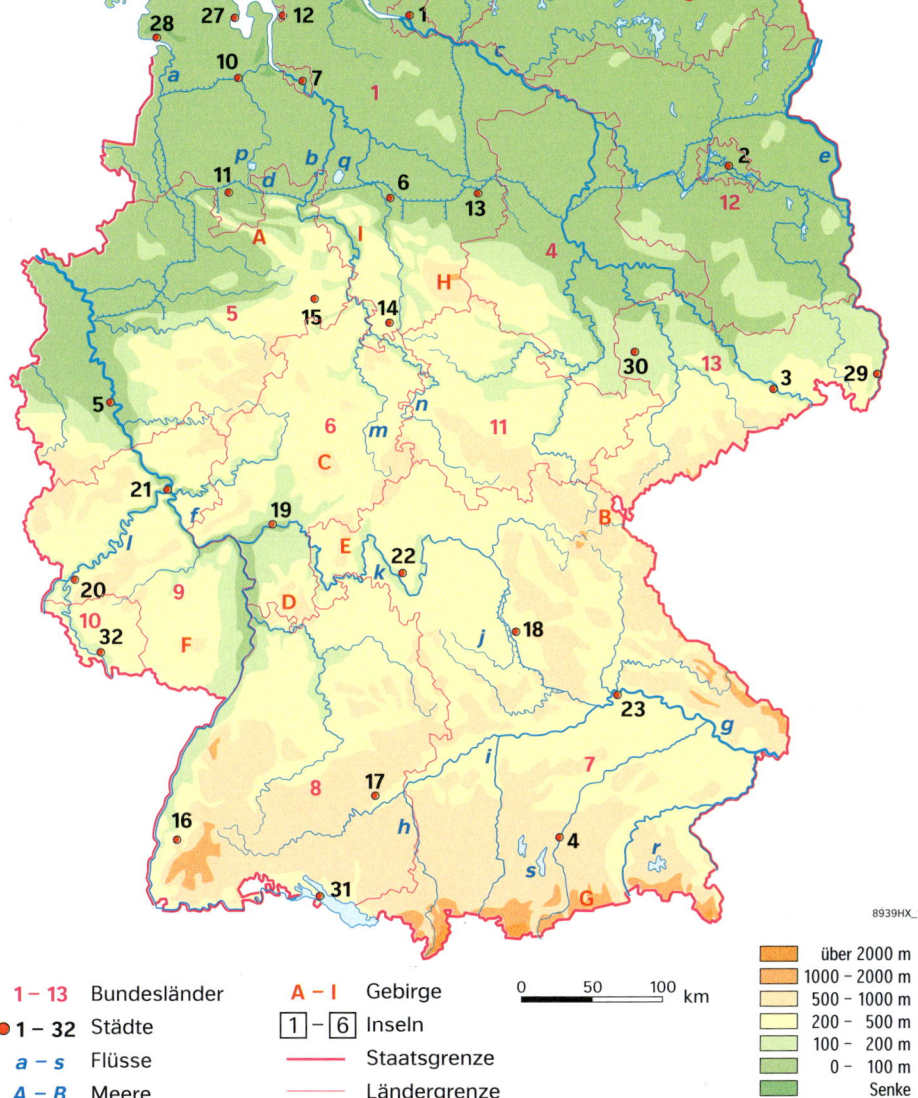

8939HX_1

1 – 13	Bundesländer
● **1 – 32**	Städte
a – s	Flüsse
A – B	Meere

A – I	Gebirge
1 – 6	Inseln
——	Staatsgrenze
—	Ländergrenze

0   50   100 km

	über 2000 m
	1000 – 2000 m
	500 – 1000 m
	200 – 500 m
	100 – 200 m
	0 – 100 m
	Senke

h) Domstadt am Rhein. Kennst du den Namen mit vier Buchstaben?

g) Dieser See liegt nahe des gleichnamigen und höchsten Berges im Schwarzwald. Wie heißen See und Berg?

f) Bankenviertel in einer Großstadt am Main. Wie heißt sie?

Minilexikon

Äquator (Seite 34)
Der Äquator ist eine gedachte Linie um den Globus. Er ist der längste Breitenkreis und teilt die Erde in zwei Hälften: die Nord- und die Südhalbkugel. Der Äquator hat eine Länge von über 40 000 Kilometern.

Almwirtschaft (Seite 122)
Die Almwirtschaft ist eine besondere Form der Weidewirtschaft im Gebirge. Im Winter werden die Tiere im Stall im Tal gehalten. Den Sommer verbringen sie auf den höher gelegenen Almen. Almen sind Weidegebiete im Hochgebirge.

Alpenvorland (Seite 107)
Das Alpenvorland ist das zwischen der Donau und den Alpen gelegene Gebiet mit einer hügeligen Oberflächenform. Es steigt von etwa 300 Meter Höhe an der Donau auf etwa 800 Meter Höhe direkt am Alpenrand an.

Atmosphäre (Seite 31)
Die Atmosphäre ist die Lufthülle der Erde. Sie ist ungefähr 1000 Kilometer dick und besteht aus verschiedenen Gasen. Die unterste Schicht der Atmosphäre heißt Troposphäre. Sie reicht bis in eine Höhe von 10 Kilometern. In ihr findet das Wetter statt.

Bannwald (Seite 130)
Der Bannwald ist ein Waldgebiet, das die Funktion hat, Lawinen zu bremsen und dadurch Siedlungen, Straßen und Menschen zu schützen.

Barometer (Seite 54)
Ein Barometer ist ein Gerät zur Messung des Luftdruckes. Gemessen wird in Hektopascal (hPa).

Bevölkerungsdichte (Seite 94)
Die Bevölkerungsdichte, auch Einwohnendendichte genannt, ist eine Zahl, die die durchschnittliche Anzahl der Einwohnenden pro Fläche für ein bestimmtes Gebiet angibt. So lässt sich z. B. die Bevölkerungsdichte einer Stadt bestimmen. Gemessen wird sie in der Regel in Einwohnenden pro Quadratkilometer.

Binnenhafen (Seite 121)
Im Unterschied zu einem Seehafen liegt ein Binnenhafen an einem Fluss, Kanal oder See im Landesinneren. Er dient zur Binnenschifffahrt.

Breitenkreis (Seite 36)
Ein Breitenkreis ist Teil des Gradnetzes der Erde. Breitenkreise, auch Breitengrade genannt, werden vom Äquator aus nach Norden und Süden von 0° bis 90° gezählt. Sie verlaufen immer parallel zum Äquator und verbinden die Punkte auf der Erde, die die gleiche geographische Breite haben.

Container (Seite 120)
Ein Container ist ein Großbehälter für den Transport von Stückgut auf Schiffen, mit der Bahn oder auf Lkw. Er hat eine einheitliche Größe und ist stapelbar.

Deich (Seite 116)
Ein Deich ist ein von Menschen gebauter Damm am Wasser. Es gibt Seedeiche und Flussdeiche. Deiche sollen verhindern, dass das Wasser vom Meer, von Seen oder Flüssen in das dahinter liegende Land fließen kann.

Digitalisierung (Seite 100)
In den letzten Jahrzehnten hat sich ein Wandel von der Nutzung analoger Technologien hin zu digitalen Arbeitsweisen vollzogen. In der Automobilindustrie bedeutet das beispielsweise, dass die Planung und die Steuerung der Produktion von Computern gelenkt werden.

Doline (Seite 79)
Eine Doline ist eine Aushöhlung, die entsteht, wenn eine Höhle einstürzt. Das ehemals darüber liegende Gestein und der Boden sacken nach.

Dorf (Seite 92)
Ein Dorf ist ein kleiner Ort mit wenigen Einwohnenden. Seine Bewohnerinnen und Bewohner lebten früher vor allem von der Landwirtschaft. Heute sind viele auch Pendlerinnen und Pendler, die z. B. zur Arbeit in die Städte fahren.

Durchschnittstemperatur (Seiten 58, 143)
Man misst zu mehreren Zeitpunkten die Temperatur, addiert die Werte und teilt sie durch die Anzahl der Messungen. Dann erhält man die Durchschnittstemperatur.

Ebbe (Seite 114)
Etwa alle zwölf Stunden weicht das Wasser an der Nordseeküste zurück. Das nennt man Ebbe. Hierbei fällt ein großer Teil des Meeresbodens trocken, der vorher bei Flut mit Wasser bedeckt war. Das Zusammenspiel von Ebbe und Flut nennt man Gezeiten.

Erdrevolution (Seite 42)
Der Umlauf der Erde um die Sonne heißt Erdrevolution. Ein Umlauf dauert rund ein Jahr (365 Tage, 5 Stunden, 48 Minuten und 46 Sekunden).

Erdrotation (Seite 40)
Die Drehung der Erde in etwa 24 Stunden (genau: 23 Stunden, 56 Minuten und 4 Sekunden) von West nach Ost um die eigene Achse heißt Erdrotation. Dadurch wird der Wechsel von Tag und Nacht hervorgerufen.

Erosion (Seite 77)
Mit Erosion wird der Abtrag von Gestein und Boden bezeichnet. Sand und Kiesel, aber auch Felsbrocken, werden von ihrem ursprünglichen Ort verschoben. Ursächlich dafür kann Wind sein, aber auch Fließgewässer, die Material mit sich schieben.

Flächenbedarf (Seite 99)
Verschiedene Flächennutzungen (z.B. Siedlungen, Landwirtschaft, Industrie) benötigen unterschiedlich viel Platz. Besonders Unternehmen mit großen Produktions- und Lagerhallen haben einen hohen Flächenbedarf, aber auch für landwirtschaftlichen Anbau werden große Flächen benötigt.

Flächenstaat (Seite 108)
In einem Flächenstaat leben im Vergleich zur Größe des Landes wenige Menschen. Die Einwohnendenzahl pro Quadratkilometer ist gering. Die deutschen Bundesländer sind Flächenstaaten, außer die Stadtstaaten Berlin, Bremen und Hamburg.

Fliehkraft (Seite 115)
Die Fliehkraft glaubt man zu spüren, wenn man sich im Kreis bewegt. Man hat das Gefühl, aus dem Kreis herauszufliegen. Das liegt daran, dass sich jeder Gegenstand eigentlich geradeaus bewegen will. Damit ein Gegenstand sich trotzdem im Kreis bewegen kann, braucht es eine Kraft, die ihn dazu zwingt. Diese Fliehkraft zieht den Gegenstand in Richtung des Zentrums.

Flut (Seite 114)
Das regelmäßige Ansteigen des Meerwassers an der Nordsee wird als Flut bezeichnet. Hierbei wird der Teil des Meeresbodens wieder mit Wasser bedeckt, der bei der Ebbe vorher trocken gefallen war.

Galaxie (Seite 28)
Eine Galaxie ist eine Anhäufung von Sternen im Weltall. Es gibt etwa 100 Milliarden Galaxien, eine davon ist unsere Milchstraße, auch Galaxis genannt.

Genossenschaft (Seite 88)
Eine Genossenschaft ist ein Zusammenschluss von mehreren Personen, die gemeinsame wirtschaftliche Ziele verfolgen. Sie können durch den Zusammenschluss günstiger wirtschaften.

Geographie (Seite 7)
Die Geographie ist eine Wissenschaft und ein Unterrichtsfach. Sie beschäftigt sich mit der Entstehung und Gestaltung der Erdoberfläche. Das Wort Geographie kommt aus dem Griechischen: „geos" bedeutet Erde und „graphein" bedeutet beschreiben.

Geographische Informationssysteme (GIS) (Seite 13)
Ein Geografisches Informationssystem (GIS) ist ein computergestütztes System, mit dem raumbezogene Daten erfasst, verarbeitet, analysiert und präsentiert werden können. Google Maps ist ein Beispiel für ein bekanntes GIS.

Gezeiten (Seite 114)
Das regelmäßige Heben und Senken des Meeresspiegels an der Küste nennt man Gezeiten. Das Ansteigen des Wassers wird als Flut, das Sinken als Ebbe bezeichnet. Ebbe und Flut bilden zusammen eine *Tide* von etwa 12 Stunden und 25 Minuten Dauer.

Global Positioning System (GPS) (Seite 38)
Das GPS ist ein Globales Ortungssystem zur Positionsbestimmung und Navigation. Für eine Positionsbestimmung auf der Erde benötigt man mindestens vier Satelliten oder Funkstationen (Sender). Sie senden über Funkcodes permanent ihre Position und aktuelle Zeit zum GPS-Gerät, das z. B. ein Smartphone oder ein Navigationsgerät sein kann.

Globus (Seite 34)
Globus (Mehrzahl: Globen) ist die Bezeichnung für das verkleinerte Abbild der kugelförmigen Erde als Modell. Der Maßstab der üblichen Tischgloben mit einem Durchmesser von 36 cm beträgt 1:36 Millionen.

Gradnetz (Seite 36)
Darstellungen der Erde sind mit einem gedachten Netz von Linien überzogen. Von Norden nach Süden verlaufen die Meridiane (Längenhalbkreise) und von Westen nach Osten die Breitenkreise. Das Gradnetz dient der Ortsbestimmung auf der Erde.

Großlandschaft (Seite 106)
Eine Großlandschaft ist durch einheitliche Höhenlage und Oberflächenformen gekennzeichnet. In Deutschland gibt es zum Beispiel die vier Großlandschaften Tiefland, Mittelgebirge, Alpenvorland und Hochgebirge.

Grünlandwirtschaft (Seite 72)
Eine weit verbreitete Form der Landwirtschaft ist die Grünlandwirtschaft. Grünland sind Wiesen und Weiden. Pflanzen, die auf Wiesen wachsen, werden gemäht und als Viehfutter verwendet. Auf Weiden wird Viehzucht betrieben.

Himmelsrichtung (Seite 10)
Himmelsrichtungen helfen bei der Orientierung auf der Erde. Es gibt vier Haupthimmelsrichtungen: Norden, Osten, Süden, Westen. Sie lassen sich mithilfe eines Kompass bestimmen.

Hoch (Seite 54)
Hoch ist die Abkürzung für Hochdruckgebiet. Es ist ein Gebiet mit relativ hohem Luftdruck im Vergleich zur Umgebung. In einem Hoch sinkt die Luft ab und erwärmt sich. Dadurch kann keine Kondensation und damit auch keine Wolkenbildung stattfinden.

Hochgebirge (Seite 107)
Hochgebirge liegen mindestens 1500 Meter hoch über dem Meeresspiegel und haben hohe Felswände, steil aufragende Gipfel und tief eingeschnittene Täler. Auf den höchsten Erhebungen liegen häufig Eis und Schnee. Alpen, Skanden und Karpaten sind Beispiele für Hochgebirge.

Höhenlinie (Seite 18)
Eine Höhenlinie verbindet auf einer Karte alle Punkte in gleicher Höhe über dem Meeresspiegel. Mithilfe von Höhenlinien werden die Oberflächenformen (Berge und Täler) einer Landschaft dargestellt. Je enger die Höhenlinien nebeneinander liegen, umso steiler ist das Gelände.

Höhenschicht (Seite 18)
Wenn man die Flächen zwischen den Höhenlinien auf Karten farbig ausmalt, erhält man Höhenschichten. Die Oberflächenformen (Berge und Täler) werden dadurch sehr anschaulich. Die Farbe wechselt in der Regel mit zunehmender Höhe von Grüntönen über Gelbtöne zu Brauntönen.

Höhenstufe (Seite 122)
Höhenstufen, auch Vegetationsstufen genannt, beschreiben die sich mit der Höhe verändernde Pflanzenbedeckung. In den Alpen gibt es beispielsweise ab einer Höhe von ca. 2000 Meter keinen Baumbewuchs mehr.

Industrie (Seite 99)
Die Industrie ist ein Teil der Wirtschaft. Sie umfasst vor allem die Unternehmen, die Rohstoffe gewinnen oder solche Stoffe verarbeiten. Es gibt verschiedene Industriezweige, einer davon ist beispielsweise die Automobilindustrie.

Infrastruktur (Seite 124)
Zu der Infrastruktur werden die Einrichtungen gezählt, die zur Entwicklung einer Region notwendig sind. Das umfasst Verkehrswege, Wasser- und Stromleitungen, Entsorgungsanlagen, Schulen, kulturelle Einrichtungen und Krankenhäuser.

Jahresniederschlag (Seite 58)
Der Jahresniederschlag ist die Summe des Niederschlags, der über ein ganzes Jahr lang an einem bestimmten Ort fällt und gemessen wird.

Karsthöhle (Seite 79)
Bei Karsthöhlen handelt es sich um Hohlräume unter der Erde, die überwiegend aus Kalkstein bestehen. Ein Merkmal von Karsthöhlen sind die häufig dort vorkommenden Tropfsteine.

Karte (Seiten 10, 136, 138)
Eine Karte zeigt verkleinert die Erde oder einen Teil von ihr. Das Gebiet ist hierbei senkrecht von oben abgebildet. Die Inhalte sind stark vereinfacht und mit verschiedenen Farben und Signaturen dargestellt. Im Atlas unterscheiden wir physische Karten und thematische Karten.

Kerbtal (Seite 71)
Das Kerbtal wird aufgrund seiner Form auch als V-Tal bezeichnet. Es hat steile und eng zulaufende Hänge und kommt vor allem in Hoch- und Mittelgebirgen vor.

Klima (Seite 58)
Zum Klima gehören die Erscheinungen, die auch zum Wetter gehören, z. B. Temperatur und Niederschlag. Das Klima eines Raumes wird bestimmt, indem Wettererscheinungen über einen langen Zeitraum (ca. 30 Jahre lang) gemessen und berechnet werden. Das Klima ist nicht unveränderlich, es kann sich wandeln. Auch der Mensch hat Einfluss darauf.

Klimadiagramm (Seiten 58, 143)
In einem Klimadiagramm wird das Klima eines bestimmten Ortes, über das Jahr betrachtet, grafisch dargestellt. Im Diagramm sind Name, Lage und Höhenlage des Ortes enthalten, an dem das Klima gemessen wird, sowie die monatlichen Durchschnittstemperaturen und der Jahresniederschlag.

Kompass (Seite 10)
Ein Kompass ist ein Gerät zur Bestimmung der Himmelsrichtungen. Er enthält eine längliche Nadel, die nach Norden in Richtung Nordpol zeigt. Unter der Kompassnadel ist eine Windrose. Mit ihrer Hilfe kann man die übrigen Himmelsrichtungen bestimmen.

Kondensation (Seite 52)
Als Kondensation bezeichnet man den Übergang des Wasserdampfes vom gasförmigen in den flüssigen Zustand. Dies geschieht, wenn sich Wasserdampf abkühlt. Dabei bilden sich in der Atmosphäre Nebel und Wolken.

Kontinent (Seite 34)
Ein Kontinent ist eine Festlandsmasse, die von anderen durch eine natürliche Abgrenzung (z. B. Meere) oder kulturelle Grenzen getrennt ist. Die sieben Kontinente (auch Erdteile) heißen Asien, Afrika, Nord- und Südamerika, Europa, Australien und Antarktika.

Koordinaten (Seite 37)
Koordinaten geben den Schnittpunkt eines Breitenkreises mit einem Meridian (Längenhalbkreis) an. Damit lässt sich die genaue Lage eines bestimmten Ortes auf der Erde bestimmen. Geographische Koordinaten werden in Grad (°) angegeben.

Küstenform (Seite 113)
Eine Küste ist die Grenze zwischen Meer und festem Land. Küsten sind unterschiedlich geformt. Eine *Fördenküste* hat schmale, tiefe Meeresbuchten, die von einem Gletscher in das Land gegraben wurden.

Die *Buchtenküste* ist von Buchten geprägt. Das sind Einbiegungen von sehr tiefen Meereszonen, die bis an die Küste gehen. Eine *Boddenküste* hat flache, breite Meeresbuchten, die nach dem Rückzug von Gletschern entstanden sind.

Kulturraum (Seite 6)
Ein Kulturraum bezeichnet ein Gebiet, das Menschen aus einem Naturraum umgestaltet haben. Beispielsweise rodeten sie Wälder, legten Felder an, bauten Wohnhäuser, Fabriken und Verkehrswege.

Kulturzentrum (Seite 94)
Ein Kulturzentrum ist ein Ort, meistens eine Stadt, mit herausragendem kulturellem Angebot, was ihn zu einem Anziehungspunkt der Region macht.

Lawine (Seite 130)
Eine Lawine ist das plötzliche Abrutschen von Schneemassen an Berghängen. Diese Schneemassen können sehr schnell werden und reißen alles mit sich, was ihnen in den Weg kommt. Der beste Schutz gegen Lawinen sind Bannwälder, die eine bremsende Wirkung haben.

Legende (Seiten 16, 138)
Eine Legende ist eine Sammlung von Informationen am Rand einer Karte. In der Legende wird erklärt, was die in der Karte verwendeten Symbole, Signaturen und Farben bedeuten. In der Legende ist auch der Maßstab der Karte verzeichnet.

Logistikunternehmen (Seite 100)
Ein Logistikunternehmen ist ein Unternehmen, das Aufgaben im Bereich der Lagerung und des Transports von Waren übernimmt.

Luftbild (Seite 16)
Ein aus der Luft, z. B. von einem Flugzeug aufgenommenes Foto, wird Luftbild genannt. Es zeigt einen Ausschnitt der Erdoberfläche. Wenn senkrecht von oben fotografiert wurde, spricht man von einem *Senkrechtluftbild*. Ein schräg von oben aufgenommenes Bild heißt *Schrägluftbild*.

Luftdruck (Seite 54)
Die Luft übt infolge ihres Gewichtes einen Druck auf die Erdoberfläche aus. Gemessen wird dieser Luftdruck mit einem Barometer in der Einheit Hektopascal (hPa). Der Normaldruck auf Höhe des Meeresspiegels beträgt 1013 hPa, das entspricht dem Druck einer 10,13 Meter hohen Wassersäule. Mit zunehmender Höhe nimmt der Luftdruck ab.

Luftfeuchtigkeit (Seite 52)
Die Luftfeuchtigkeit, oder kurz Luftfeuchte, bezeichnet den Anteil des Wasserdampfs am Gasgemisch der Luft.

Luftlinie (Seite 10)
Die Luftlinie ist die kürzeste (mit dem Lineal) gemessene Verbindung zwischen zwei Punkten. Verkehrswege zwischen diesen beiden Punkten sind fast immer länger, da Hindernisse im Weg sind, die umfahren werden müssen.

Markt (Seite 90)
Ein Markt ist ein Ort, an dem regelmäßig Waren oder Dienstleistungen gehandelt werden. Der Markt kann sich an einem bestimmten Ort befinden (z. B. Marktplatz) oder auch virtuell im Internet sein (z. B. eBay).

Massengut (Seite 120)
Massengüter sind z. B. Kies, Kohle, Erze und Getreide. Es sind Güter, die in großen Mengen und ohne besondere Verpackung befördert werden. Ihr Wert ist im Verhältnis zu ihrem Gewicht gering. Daher spielen die Kosten für den Transport eine große Rolle.

Massentourismus (Seite 126)
Massentourismus ist eine Form des Tourismus, bei der eine große Anzahl an Reisenden an einem Ort Urlaub macht. Urlaubsorte, die auf den Massentourismus ausgerichtet sind, sind oft geprägt von großen Hotel- und Freizeiteinrichtungen.

Maßstab (Seite 20)
Auf Karten ist eine Landschaft kleiner als in Wirklichkeit dargestellt. Der Maßstab ist ein Maß für die Verkleinerung. Er gibt an, wie stark die Inhalte einer Karte gegenüber der Wirklichkeit verkleinert worden sind. Der Maßstab 1:50 000 bedeutet, dass 1 cm auf der Karte 50 000 cm oder 500 m (0,5 Kilometer) in der Natur sind.

Maßstabsleiste (Seiten 10, 21, 136)
Viele Karten enthalten eine Maßstabsleiste. Mit ihrer Hilfe kann man Entfernungen zwischen zwei Punkten auf der Karte ohne mühevolles Umrechnen direkt ablesen.

Meridian (Seite 36)
Ein Meridian ist ein Teil des Gradnetzes der Erde. Die Meridiane, auch Längenhalbkreise genannt, verlaufen vom Nordpol zum Südpol und schneiden die Breitenkreise im rechten Winkel. Es gibt insgesamt 180 Längenhalbkreise.

Meteorologe/Meteorologin (Seite 56)
Meteorologen sind Fachleute für die Vorgänge in der Atmosphäre und für die Lehre vom Wettergeschehen. Sie erstellen z. B. Wettervorhersagen aus Wetterkarten.

Mittelgebirge (Seite 68)
In den Mittelgebirgen sind die höchsten Berge in der Regel nicht mehr als 1500 Meter hoch. Steile Gipfel und hohe Felswände gibt es kaum. Die Berge sind abgerundet und häufig bewaldet. Beispiele in Deutschland sind: Eifel, Rothaargebirge, Schwarzwald, Taunus, Harz.

Mond (Seite 28)
Im Allgemeinen ist ein Mond ein Himmelskörper, der einen Planeten auf einer Umlaufbahn umkreist. „Unser" Mond begleitet die Erde auf ihrem Weg um die Sonne.

Muldental (Seite 71)
Bei einem Muldental handelt es sich um ein weit verbreitetes Talquerprofil. Die Hänge verlaufen nicht steil, sondern flach und bilden einen sanften Übergang zur restlichen Landschaft.

Nachhaltigkeit (Seite 22)
Nachhaltig zu leben bedeutet, immer darauf zu achten, dass keine Schäden (z. B. ökologische, gesellschaftliche oder wirtschaftliche) entstehen, welche die zukünftigen Generationen belasten. Ursprünglich stammt dieser Begriff aus der Forstwirtschaft und besagt, dass nie mehr Bäume gefällt werden dürfen als neu angepflanzt werden, so dass sich der Wald auf Dauer nicht verkleinert.

Naturraum (Seite 6)
Ein Naturraum ist ein Gebiet, in dem sich typische Landschaftsmerkmale natürlich, also ohne menschliche Einflüsse, herausgebildet haben. Naturräume werden durch das Eingreifen des Menschen zu Kulturräumen umgestaltet.

Niederschlag (Seite 52)
Als Niederschlag bezeichnet man alles Wasser, das in flüssiger oder fester Form aus Wolken auf die Erde fällt, zum Beispiel Regen, Schnee, Hagel und Graupel. Außerdem zählt noch das Wasser, das sich auf Oberflächen absetzt (Tau oder Reif) zum Niederschlag.

Nordhalbkugel (Seite 32)
Die Nordhalbkugel ist die Hälfte der Erde, die nördlich vom Äquator liegt. Sie ist das Gegenstück zur Südhalbkugel.

Nordpol (Seite 34)
Der Nordpol ist der nördlichste Punkt auf der Erde. Er ist der am weitesten entfernte Punkt vom Äquator auf der nördlichen Halbkugel. Am Nordpol gibt es nur eine Himmelsrichtung: Alle Wege führen nach Süden.

Ozean (Seite 34)
Die gesamte Wassermasse der Erde, das Weltmeer, wird durch die Lage der Kontinente in drei Ozeane geteilt, den Pazifischen, den Atlantischen und den Indischen Ozean. Zu den Ozeanen gehören Nebenmeere, die von den Ozeanen durch Inseln oder Halbinseln abgetrennt sind.

Pendler/Pendlerin (Seite 94)
Ein Pendler oder eine Pendlerin ist eine Person, die regelmäßig ihren Wohnort verlässt, um in einem anderen Ort zu arbeiten, zur Schule zu gehen oder einzukaufen. Sie pendelt also (zumeist täglich) zwischen zwei Orten hin und her.

Physische Karte (Seite 18)
Die physische Karte ist ein wichtiges Hilfsmittel, um sich in einem Gebiet zu orientieren. Sie enthält unter anderem Landhöhen (Farbgebung in Grün, Gelb und Braun), Oberflächenformen (Schummerung), Höhenangaben, Gewässer, Orte, Verkehrslinien, Grenzen sowie Einzelzeichen (Berg, Stausee, Kirche usw.).

Planet (Seite 28)
Ein Planet ist ein Himmelskörper, der die Sonne auf einer Umlaufbahn umkreist. Er leuchtet nicht selbst, sondern wird von der Sonne angestrahlt. Acht Planeten umkreisen die Sonne. Einer davon ist die Erde.

Rohstoff (Seite 99)
Rohstoffe sind Stoffe, die aus der Natur gewonnen werden. Meistens werden sie anschließend weiterverarbeitet. Es gibt erneuerbare Rohstoffe, wie Holz, aber auch nicht erneuerbare Rohstoffe, wie Erdöl.

Saisonales Produkt (Seite 87)
Produkte, die nicht ganzjährig verfügbar sind, sondern nur in einem bestimmten Zeitraum, nennt man saisonale Produkte. Sie gelten als besonders nachhaltig, da beispielsweise Transportwege und Energieaufwand für die Lagerung entfallen.

Sanfter Tourismus (Seite 128)
Sanfter Tourismus ist eine Form des Tourismus, bei der stark auf Nachhaltigkeit geachtet wird. Die Natur soll möglichst unberührt bleiben, außerdem soll auf die Kultur des Ziellandes Rücksicht genommen werden.

Seehafen (Seite 121)
Ein Seehafen ist ein geschützter Platz, an dem Schiffe anlegen. Seehäfen liegen am Meer oder haben Zugang zum Meer. Der größte Seehafen Deutschlands befindet sich in Hamburg.

Signatur (Seiten 16, 138)
Eine Signatur ist ein graphisches Zeichen zur Darstellung von Objekten und Sachverhalten in Karten. Sie wird in der Legende erklärt. Man unterscheidet drei Arten von Signaturen: Punkte, Linien oder Flächen.

Sonderkultur (Seite 87)
Als Sonderkultur bezeichnete Pflanzen können nur mit großem Aufwand angebaut werden. Sie stellen hohe Ansprüche an ihren Standort, also beispielsweise an den Boden und die klimatischen Bedingungen.

Sonnensystem (Seite 28)
Eine Sonne mit ihren Planeten und deren Monde, auch Trabanten genannt, bilden ein Sonnensystem. Unser Sonnensystem umfasst die Sonne sowie acht Planeten mit ihren Monden.

Stadt (Seite 93)
Gegenüber einem Dorf ist eine Stadt ein größerer Ort mit vielen Einwohnenden und verschiedenen Einrichtungen für die Versorgung der Bevölkerung. Eine Stadt ist Handels- und Verwaltungszentrum für das Umland.

Stadtplan (Seite 16)
Ein Stadtplan ist eine thematische Karte einer Stadt oder von einem Teil einer Stadt. Auf ihm sind Straßen, Wege, wichtige Gebäude und weitere Signaturen eingezeichnet. Ein Stadtplan dient zur Orientierung in einem bestimmten Stadtgebiet.

Stadtstaat (Seite 108)
Als Stadtstaaten werden in Deutschland diejenigen Bundesländer bezeichnet, die nur aus einer Stadt bestehen. Die Einwohnendenzahl pro Quadratkilometer ist im Gegensatz zu Flächenstaaten hoch. Stadtstaaten sind Berlin, Hamburg und Bremen.

Stadtviertel (Seite 94)
Ein Stadtviertel ist ein Teil einer Stadt, der räumlich abgegrenzt (z. B. durch einen Fluss oder wichtige Straßen) oder auf andere Weise zusammengehörig ist. Oft sind Stadtviertel mit einem eigenen Namen versehen. Sie können unterschiedliche Funktionen haben, wie z.B. ein Industrie- oder Gewerbegebiet. Oft sind die Nutzungen aber auch gemischt.

Stern (Sonne) (Seite 28)
Ein Stern, auch Sonne genannt, ist eine glühende Gaskugel, die selbst leuchtet und ihr Licht in den Weltraum strahlt.

Stückgut (Seite 120)
Stückgüter sind z.B. Möbel, Bücher oder Maschinen. Es handelt sich hierbei um Güter, die vor allem in Containern, Fässern, Ballen, Säcken oder Kisten verpackt werden.

Südhalbkugel (Seite 32)
Die Südhalbkugel ist die Hälfte der Erde, die südlich vom Äquator liegt. Sie ist das Gegenstück zur Nordhalbkugel.

Südpol (Seite 34)
Der Südpol ist der südlichste Punkt auf der Erde. Er ist der am weitesten entfernte Punkt vom Äquator auf der südlichen Halbkugel. Am Südpol gibt es nur eine Himmelsrichtung: Alle Wege führen nach Norden.

Süßwasser (Seite 30)
Süßwasser ist frei verfügbares Wasser, in dem keine oder nur geringe Mengen von Salzen gelöst sind. Süßwasser hat einen sehr geringen Anteil am weltweiten Wasservorkommen. In 100 Teilen des weltweiten Wassers sind nur etwa zwei bis drei Teile Süßwasser enthalten. Das meiste Süßwasser gibt es in Form von Eis in den Polarregionen der Erde.

Thematische Karte (Seite 18)
Die thematische Karte ist ein Kartentyp, der immer ein spezielles Thema darstellt. So gibt es z.B. thematische Karten zur Bevölkerungsdichte, zum Tourismus oder zur Landwirtschaft. Der Atlas enthält eine Fülle von thematischen Karten.

Tidenhub (Seite 115)
Tidenhub bezeichnet den Abstand in Metern zwischen dem höchsten und dem niedrigsten Wasserstand in einem Meer mit Gezeiten.

Tief (Seite 54)
Tief ist die Abkürzung für Tiefdruckgebiet. Es ist ein Gebiet mit relativ niedrigem Luftdruck im Vergleich zur Umgebung. In einem Tief steigt die Luft auf und kühlt dabei ab. Der in der Luft enthaltene Wasserdampf kondensiert und es bilden sich Wolken, aus denen dann Niederschlag fällt.

Tiefland (Seite 106)
Das Tiefland ist ein flaches, tief gelegenes Land mit geringen Höhenunterschieden. Es ist die vorherrschende Großlandschaft in Norddeutschland. Die Landhöhen liegen zwischen Meeresspiegelhöhe und 200 Metern über dem Meeresspiegel.

Tourismus (Seite 73)
Tourismus umfasst Reiseverkehr zu Zwecken der Erholung, Bildung und Erkundung. Es gibt unterschiedliche Arten von Tourismus, wie beispielsweise Massentourismus oder den sanften Tourismus.

Tourismuseinrichtung (Seite 124)
Touristische Einrichtungen umfassen die Teile der Infrastruktur, die sich speziell an Touristinnen und Touristen richten. Dazu gehören z. B. Freizeiteinrichtungen zur Erholung und Unterhaltung.

Tropfstein (Seite 79)
Tropfsteine sind Gesteinsformen, die überwiegend in Karsthöhlen vorkommen. Ein vom Boden in die Höhe wachsender Tropfstein wird als Stalagmit bezeichnet, ein von der Decke wachsender Tropfstein hingegen als Stalaktit.

Verdunstung (Seite 52)
Der Übergang eines Stoffes vom flüssigen in den gasförmigen Zustand heißt Verdunstung. So verdunstet Wasser beispielsweise zu unsichtbarem Wasserdampf. Die Verdunstung wird durch Erwärmung beschleunigt.

Warft (Seite 116)
Eine Warft ist ein künstlich aufgeschütteter Hügel, auf dem ein oder mehrere Häuser stehen. Warften gibt es an der Küste und auf den Halligen. So sind die Häuser bei einer Sturmflut vor Überschwemmungen geschützt.

Wattenmeer (Seite 112)
Das Wattenmeer ist ein Küstenstreifen, der unter dem Einfluss der Gezeiten steht. Bei Ebbe fällt er trocken und bei Flut wird er vom Meer überschwemmt. In Deutschland liegt das Wattenmeer zwischen den Nordsee-Inseln und dem Festland.

Weltall (Seite 28)
Das Weltall bezeichnet den gesamten Raum, in dem sich alle für uns fassbaren räumlichen und zeitlichen Vorgänge abspielen.

Wetter (Seite 48)
Wetter nennt man das Zusammenwirken von den Wetterelementen Temperatur, Luftdruck, Wind, Bewölkung und Niederschlag zu einem bestimmten Zeitpunkt. Man beobachtet und misst das Wetter in Wetterstationen. Das Wetter ändert sich bei uns nahezu täglich.

Wetterelement (Seite 48)
Als Wetterelemente bezeichnet man die natürlichen Einflüsse Bewölkung, Wind, Luftdruck, Lufttemperatur und Niederschlag, die zusammen das Wetter ausmachen. Um das Wetter verstehen und vorhersagen zu können, betrachtet und misst man die Wetterelemente einzeln.

Wetterkarte (Seite 56)
Eine Wetterkarte enthält zahlreiche Informationen, die das Wetter in einem Gebiet zu einem gegebenen Zeitpunkt beschreiben. Dazu werden die Messwerte für Lufttemperatur, Luftdruck, Bewölkung, Niederschlag, Windrichtung und Windgeschwindigkeit in die Karte eingetragen. Meteorologen können das voraussichtliche Wetter des kommenden Tages aus Wetterkarten ablesen.

Wetterlage (Seite 56)
Der Begriff Wetterlage bezeichnet den Zustand des Wetters über einem begrenzten Gebiet während eines kurzen Zeitraums bis zu einem Tag. Extreme Wetterlagen wie Gewitter, Sturm oder Dauerregen können für Menschen gefährlich werden.

Wettervorhersage (Seite 56)
Die Wettervorhersage ist eine Prognose darüber, wie das Wetter zu einem bestimmten Tag an einem bestimmten Ort werden soll. Dazu werten Meteorologinnen und Meteorologen Wetterkarten aus, die mit Computermodellen erstellt werden. Wetter lässt sich in der Regel nur für ein bis zwei Tage im Voraus ziemlich sicher vorhersagen.

Wind (Seite 54)
Wind ist eine Luftströmung, die einen Ausgleich zwischen hohem und tiefem Luftdruck herstellt. Je größer die Druckunterschiede sind, umso stärker weht der Wind.

Windrose (Seite 11)
Auf der Windrose sind die Himmelsrichtungen (Haupt- und Nebenhimmelsrichtungen) eingetragen. Sie befindet sich auf dem Kompass unter der Kompassnadel.

Wirtschaftszentrum (Seite 94)
Ein Standort, an dem eine Vielzahl von Wirtschaftsunternehmen ansässig ist, heißt Wirtschaftszentrum. Oft sind auch zusätzlich Einrichtungen angesiedelt, die für die wirtschaftlichen Aktivitäten von Bedeutung sind, also z. B. Transport- und Zulieferunternehmen.

Wolke (Seite 52)
Eine Wolke ist eine Ansammlung von sichtbaren feinen Wassertröpfchen oder Eiskristallen in der Atmosphäre, die durch Kondensation entsteht.

Zeitzone (Seite 40)
Auf der Erde sind 24 Zeitzonen festgelegt, die jeweils 15 Längengrade umfassen. Innerhalb einer Zone gilt die gleiche Uhrzeit. Der Zeitunterschied von einer zur nächsten Zone beträgt eine Stunde. Aus praktischen Gründen erfolgt die Abgrenzung der Zonenzeit jedoch häufig nicht nach den Längengraden, sondern entlang der Ländergrenzen.

Zeugenberg (Seite 67)
Ein Zeugenberg ist ein einzelner Berg, der durch Erosion von einer ehemals zusammenhängenden Schichtstufe isoliert wurde. In der Schwäbischen Alb sind Zeugenberge ein Anzeichen dafür, dass der Albtrauf ehemals weiter im Westen lag.

Zulieferbetrieb (Seite 100)
Ein Zulieferbetrieb ist ein spezialisierter Betrieb, der bestimmte Einzelteile und Zubehör produziert und an das Werk liefert, welches das fertige Endprodukt herstellt. Ein Zulieferbetrieb in der Automobilindustrie stellt also beispielsweise Reifen her und liefert diese dann an den Automobilhersteller.

analysieren	Schwierige Sachverhalte in Teilthemen untergliedern, dann die Zusammenhänge herausarbeiten und aufzeigen.
begründen	Für einen bestimmten Sachverhalt Argumente herausfinden und aufschreiben.
beschreiben	Aussagen und Bedeutung von Materialien (Texten, Karten, Bildern) mit eigenen Worten wiedergeben.
beurteilen	Auf der Grundlage von Fachkenntnissen und der Analyse von Materialien einen Sachverhalt ohne persönliche Bewertung einschätzen.
bewerten	Auf der Grundlage von Fachkenntnissen und der Analyse von Materialien einen Sachverhalt einschätzen und eine sachlich begründete eigene Meinung darlegen.
charakterisieren	Einen Raum oder einen Sachverhalt – auf der Grundlage bestimmter Gesichtspunkte – begründet vorstellen.
darstellen	Aussagen von Materialien (Texten, Karten, Bildern) geordnet als Text oder Schemazeichnung verdeutlichen.
ein-, zuordnen	Einen Sachverhalt auf der Grundlage bestimmter Gesichtspunkte in einen Zusammenhang stellen.
entwickeln	Zu einer vorgegebenen oder selbst entworfenen Problemstellung einen begründeten Lösungsvorschlag entwerfen.
erklären	Ursachen und Folgen bestimmter Sachverhalte in einen Zusammenhang bringen und darlegen.

erläutern

Einen Sachverhalt auf der Grundlage eigener Kenntnisse an Beispielen verdeutlichen.

erörtern

Einen Sachverhalt unter Abwägen von Pro- und Kontra-Argumenten klären und abschließend eine eigene begründete Meinung entwickeln.

erstellen

Sachverhalte mithilfe einer Grafik und von Fachbegriffen strukturiert und übersichtlich darstellen.

gestalten

Zu einer vorgegebenen oder selbst entworfenen Problemstellung ein Produkt für jemand anderen (Person, Unternehmen) herstellen.

herausarbeiten

Materialien (Texte, Karten, Bilder) auf bestimmte Sachverhalte hin untersuchen und Zusammenhänge zwischen den Sachverhalten darstellen.

nennen

Sachverhalte oder Informationen ohne Erklärung wiedergeben.

überprüfen

Aussagen auf ihre Angemessenheit und Richtigkeit hin untersuchen.

vergleichen

Gemeinsamkeiten und Unterschiede zwischen zwei oder mehreren Sachverhalten oder Räumen erfassen und verdeutlichen.

zusammenfassen

Sachverhalte von Materialien (Texten, Karten, Bildern) kurz und knapp wiedergeben.

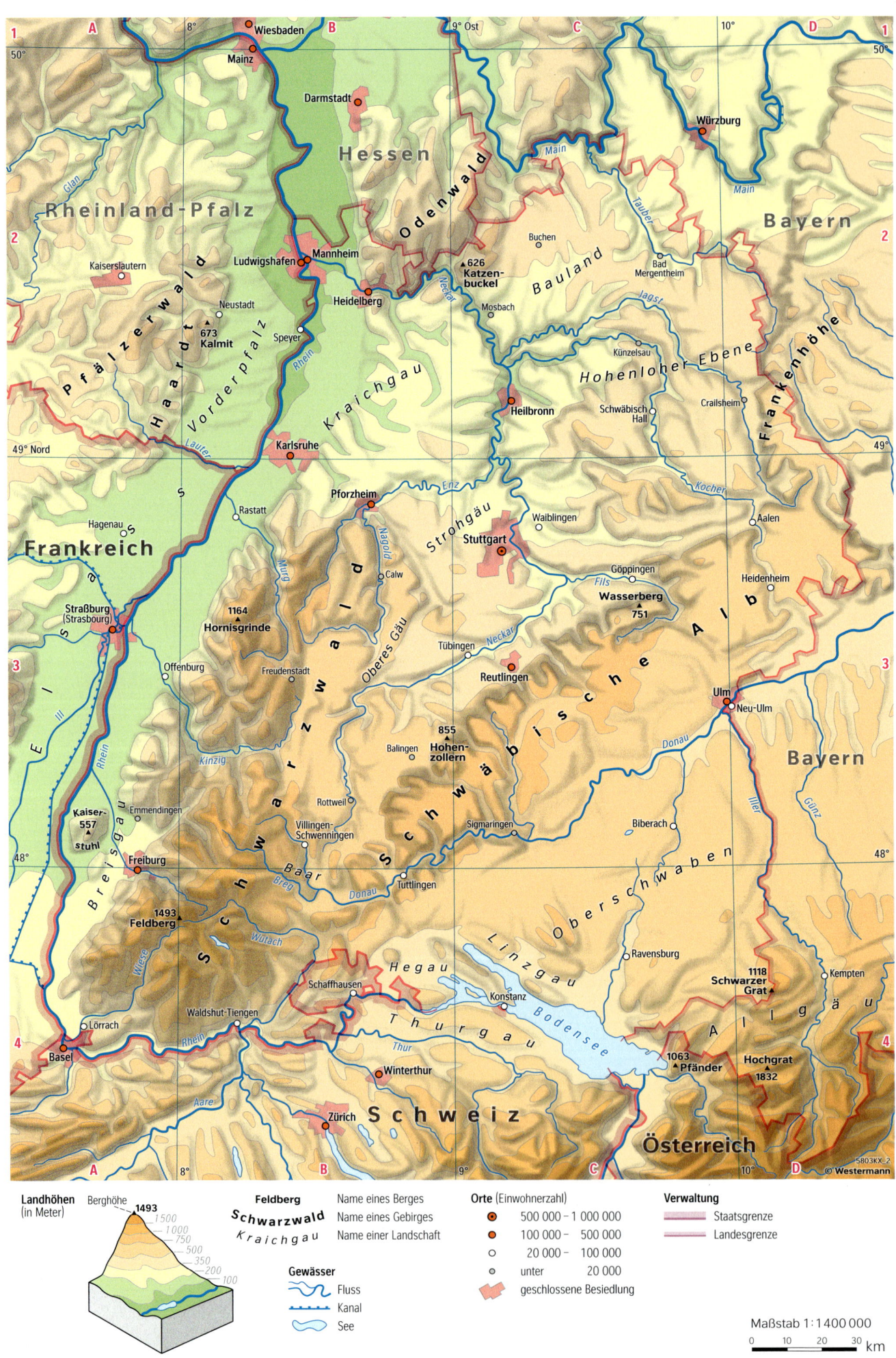

Landhöhen (in Meter)

Berghöhe **1493**

1500
1000
750
500
350
200
100

Feldberg

Schwarzwald Name eines Gebirges

Feldberg Name eines Berges

Kraichgau Name einer Landschaft

Gewässer

〜 Fluss

···· Kanal

◯ See

Orte (Einwohnerzahl)

⦿ 500 000 – 1 000 000

● 100 000 – 500 000

◯ 20 000 – 100 000

• unter 20 000

▨ geschlossene Besiedlung

Verwaltung

▨ Staatsgrenze

▨ Landesgrenze

Maßstab 1 : 1 400 000

0 10 20 30 km

© Westermann

5803KX_2

Hessen

Rheinland-Pfalz

Bayern

Tauber-
bischofsheim

MA Mannheim

HD Heidelberg

Neckar-
Odenwald-
Kreis

TBB

Main-Tauber-
Kreis

Rhein-
Neckar-
Kreis

HD

Regierungs-

Mosbach

MOS

Hohenlohe-
kreis

Künzelsau

HN KÜN

Regierungsbezirk

SHA

KA

Schwäbisch
Hall

bezirk

Karlsruhe

KA

Enzkreis

Frankreich

Rastatt

KA

PF

PF Pforzheim

LB

Ludwigsburg

Rems-
Murr-
Kreis

WN

Stuttgart

Ostalbkreis

AA

Aalen

BAD

RA

Karlsruhe

Baden-
Baden

CW Calw

BB

Böblingen

Waiblingen

S

Stuttgart

Esslingen

Göppingen

Heidenheim

ES

GP

HDH

Offenburg

OG

Ortenaukreis

FDS

Freudenstadt

Tübingen

TÜ

Reutlingen

RT

UL

Ulm

Alb-
Donau-
Kreis

UL

Bayern

RW

Balingen

BL

Zollernalb-
kreis

Regierungsbezirk

EM

Emmendingen

Villingen-
Schwenningen

Rottweil

Schwarzwald-
Baar-Kreis

TUT

Tuttlingen

Sigmaringen

Tübingen

Biberach

BC

FR Freiburg

Freiburg

Regierungsbezirk

VS

SIG

RV

Breisgau - Hochschwarzwald

FR

Bodensee-
kreis

Ravensburg

Lö

Lörrach

Waldshut

WT

Waldshut-
Tiengen

Büsingen

BÜS

KN

Konstanz

FN

Friedrichshafen

Bodensee

Schweiz

Österreich

5804KX_1
© Westermann

Verwaltung

	Staatsgrenze
	Landesgrenze
	Regierungs-bezirksgrenze
	Landkreisgrenze

Schweiz Name eines Staates
Bayern Name eines Bundeslandes
Freiburg Name eines Regierungsbezirks
Enzkreis Name eines Landkreises, der nicht nach dem Sitz des Landkreises benannt ist
AA Kraftfahrzeug-Kennzeichen

Verwaltungssitze

⬤ Landeshauptstadt
◉ Sitz eines Regierungsbezirkes
• Sitz eines Land- oder Stadtkreises

Maßstab 1 : 1 400 000

0 10 20 30 km

5805KXd © Westermann

Orte (Einwohnerzahl)
- über 500 000
- 100 000 – 500 000
- 50 000 – 100 000
- 20 000 – 50 000
- unter 20 000
- Schloss, Burg
- Kirche, Kloster

Staaten und Verwaltung
- Staatsgrenze
- Landesgrenze
- **Stuttgart** Landeshauptstadt
- Regierungsbezirks-grenze
- **Karlsruhe** Sitz eines Regierungsbezirks

Verkehr
- Autobahn
- Straße
- Eisenbahn (Hauptstrecke)
- Eisenbahn (Nebenstrecke)
- Eisenbahntunnel
- Flughafen

Gewässer
- Fluss
- Kanal
- See
- schiffbarer Fluss
- schiffbarer Kanal

Bodenbedeckung
- geschlossene Besiedlung
- Wald
- Wiese, Weide
- vorwiegend Ackerland
- **561** Berg mit Berghöhe (in Meter)
- **98** sonstige Landhöhe (in Meter)

Maßstab 1 : 700 000   0   5   10   15   km

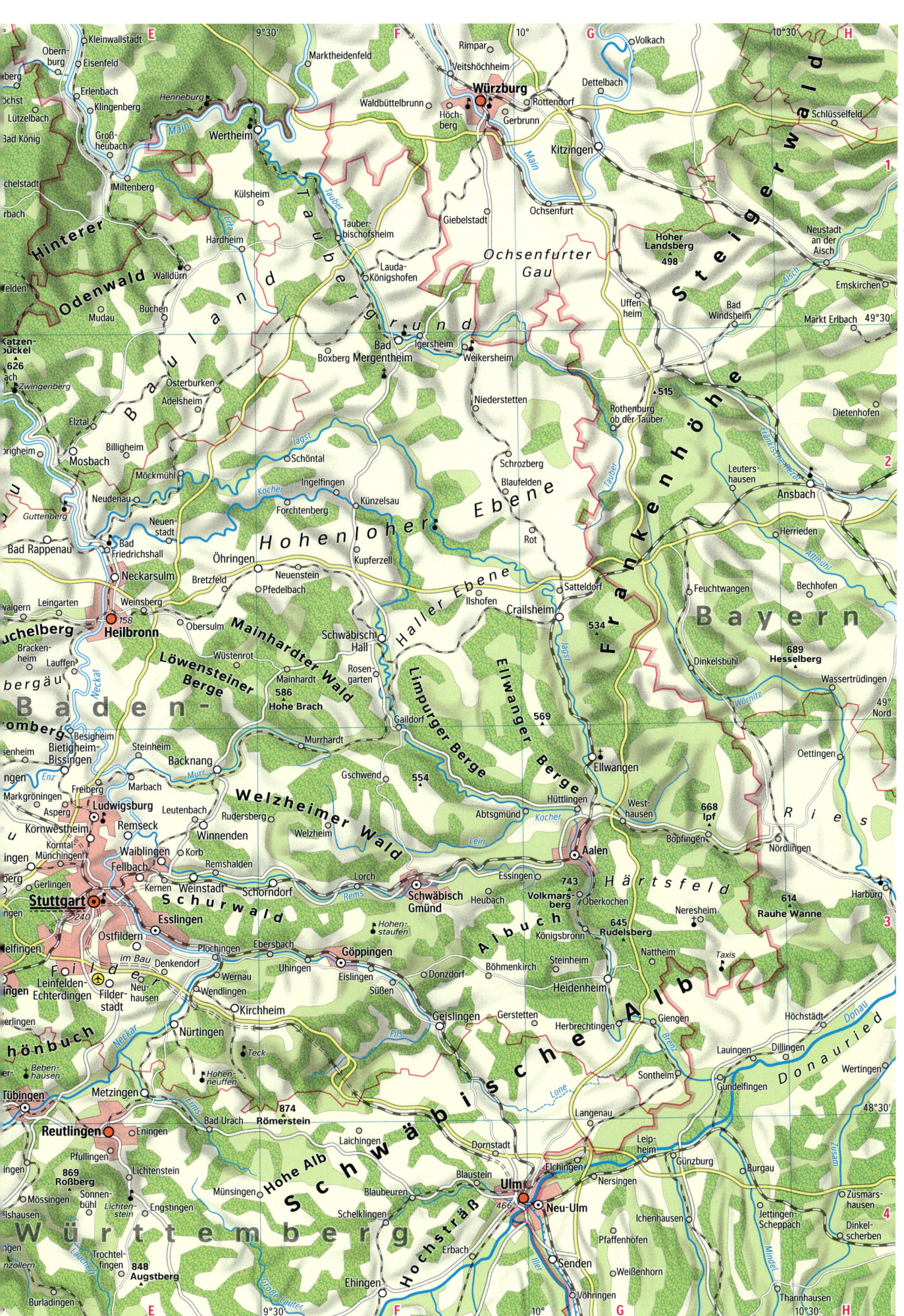

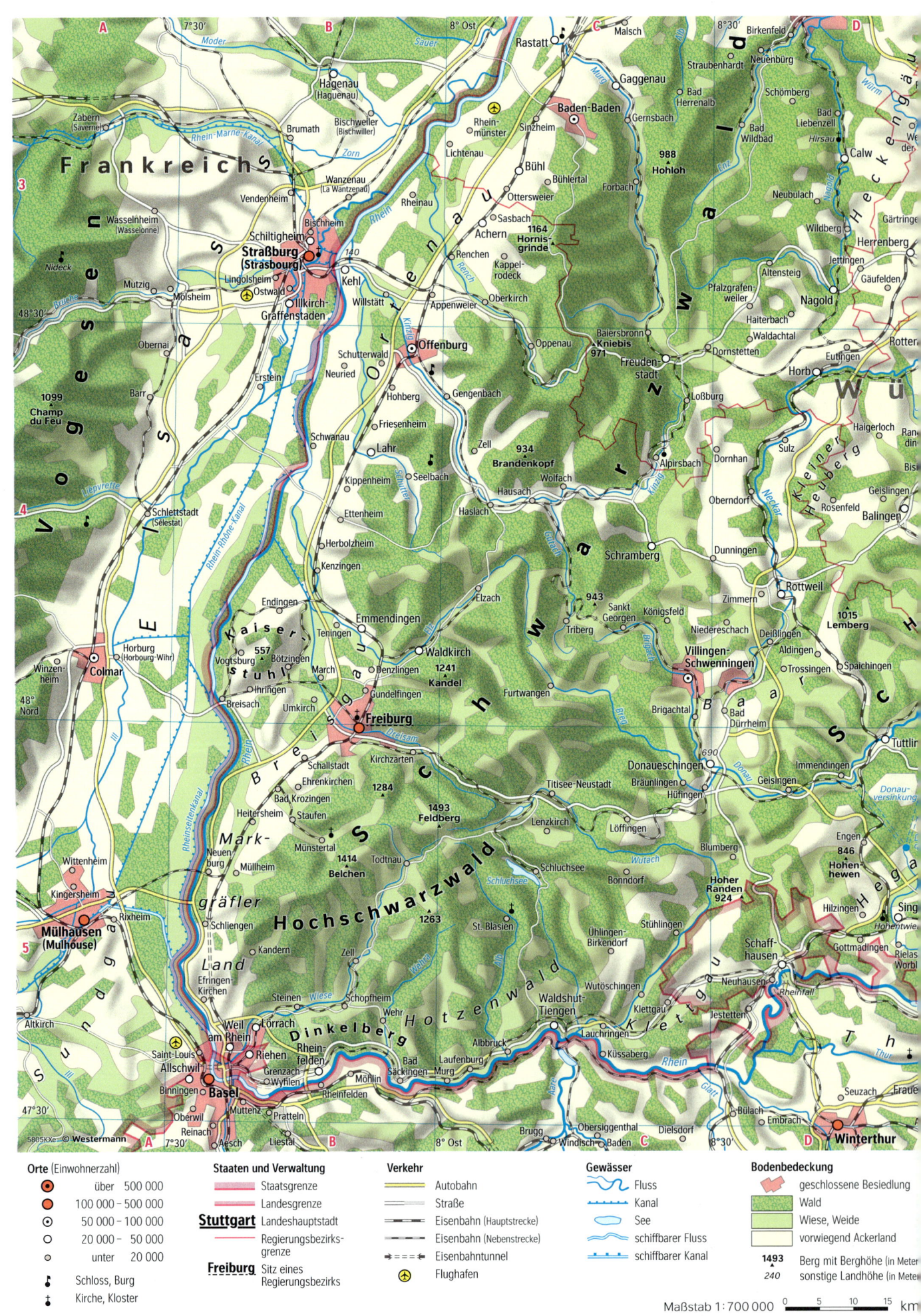

Orte (Einwohnerzahl)		Staaten und Verwaltung		Verkehr		Gewässer		Bodenbedeckung	
◉	über 500 000		Staatsgrenze		Autobahn		Fluss		geschlossene Besiedlung
●	100 000 – 500 000		Landesgrenze		Straße		Kanal		Wald
◉	50 000 – 100 000	**Stuttgart**	Landeshauptstadt		Eisenbahn (Hauptstrecke)		See		Wiese, Weide
○	20 000 – 50 000		Regierungsbezirks-		Eisenbahn (Nebenstrecke)		schiffbarer Fluss		vorwiegend Ackerland
○	unter 20 000		grenze	✦═══	Eisenbahntunnel		schiffbarer Kanal	**1493**	Berg mit Berghöhe (in Meter)
♪	Schloss, Burg	**Freiburg**	Sitz eines	⊕	Flughafen			240	sonstige Landhöhe (in Meter)
✝	Kirche, Kloster		Regierungsbezirks						

Maßstab 1 : 700 000   0   5   10   15   km

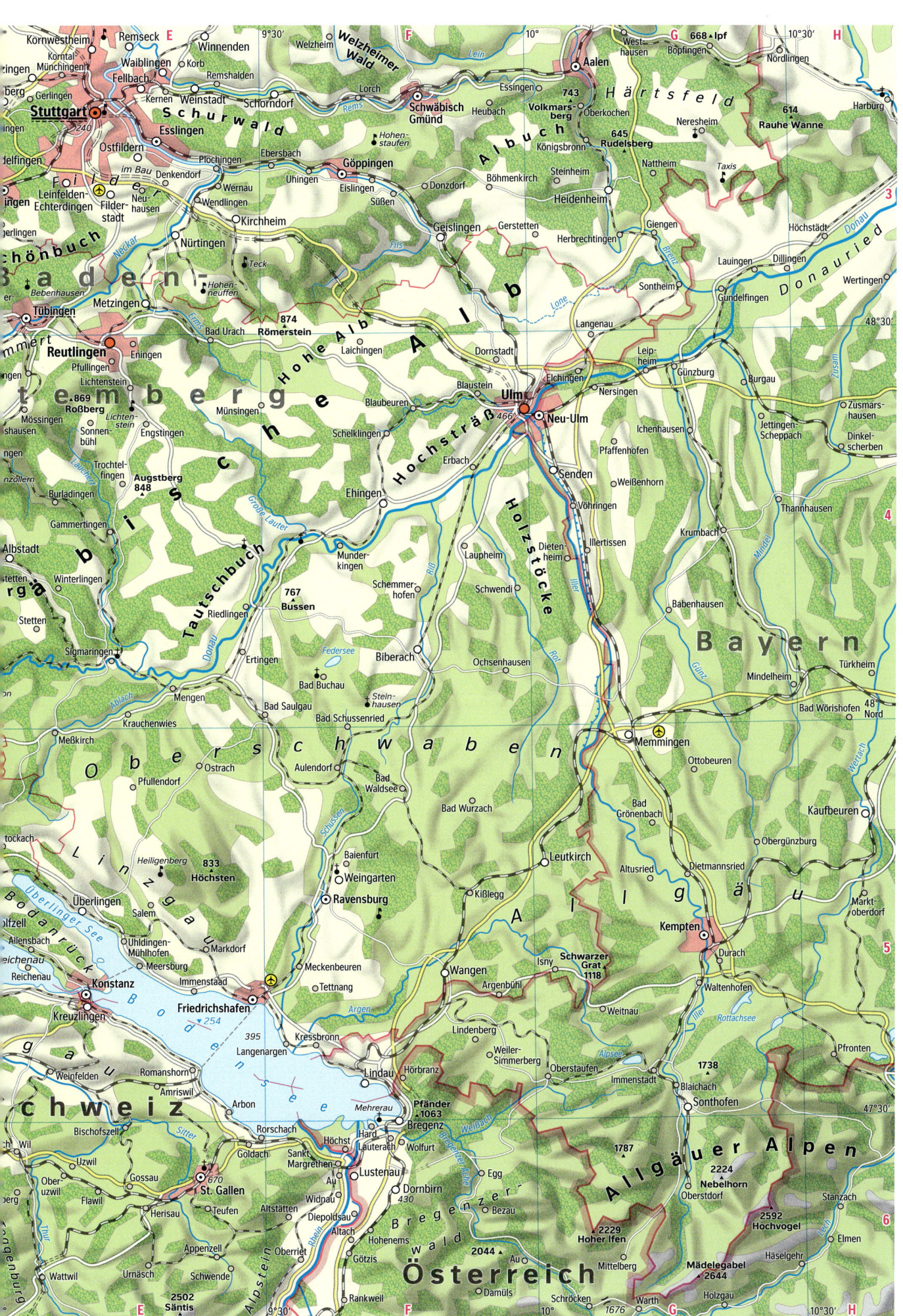

Landhöhen und Wassertiefen (in Meter)

Gebiet unter dem Meeresspiegel

2962 Berghöhe

1500
1000
500
200
100
0
10
20
40 (Küstenlinie)

92

Watt   Landhöhe

Orte (Einwohnerzahl)

- ■ über 1 000 000
- ◉ 500 000 – 1 000 000
- ● 100 000 – 500 000
- ○ unter 100 000

Gewässer

- 〰 Fluss
- ⋯ Kanal
- ⬭ See

Staaten und Verwaltung

- ▬ Staatsgrenze
- **Berlin** Hauptstadt eines Staates

Maßstab 1 : 4 000 000

0 20 40 60 80 100 km

4001KX · © Westermann

Verwaltung

▨▨▨ Staatsgrenze

——— Landesgrenze

Bayern Name eines Bundeslandes

Verwaltungssitze

■ Hauptstadt eines Staates

● Landeshauptstadt

Gewässer

〰〰 Fluss

····· Kanal

⬭ See

Maßstab 1 : 4 000 000

0 20 40 60 80 100 km

4000KX © Westermann

Landhöhen und Wassertiefen (in Meter)

Gebiet unter dem Meeresspiegel
3516 — Berghöhe
3000
1500
1000
500
200 100 50
(Küstenlinie)
0
10
20
40
92
Watt
Landhöhe

Gewässer

Fluss
Kanal
See
Talsperre, Stausee

Orte (Einwohnerzahl)

über 1 000 000
500 000 – 1 000 000
100 000 – 500 000
20 000 – 100 000
unter 20 000
geschlossene Besiedlung

Staaten und Verwaltung

Staatsgrenze
Berlin Hauptstadt
Landesgrenze
Erfurt Landeshauptstadt

Maßstab 1 : 2 000 000
0 10 20 30 40 50 km

D 12° E Schweden 14° F 4007KXa © Westermann

123 ▲ Kobanke
Næstved
Faxe

Rønne 162 ▲ Bornholm [Dänemark]

Svendborg
Rudkøbing
Vordingborg
Møn

Nakskov
Nykøbing
Lolland Falster

Ostsee 1

Rødbyhavn
Gedser

Fehmarn
Fehmarn

Kap Arkona

Darßer Hiddensee
Ort
Prerow Zingst Bergen Rügen
Ribnitz- Stralsund Sassnitz 161 ▲
Damgarten

Mecklenburger Bucht

167
ungsberg
Neustadt

Greifswald

Poel Rostock Wolgast Usedom
Pommersche Bucht

Swinemünde Kolberg
(Świnoujście) (Kołobrzeg)

54°

ck Wismar Bützow Demmin Anklam Dievenow
(Dziwnów)

Mecklenburg-

Schweriner Güstrow Ueckermünde Wollin
See Kummerower
See Gollnow
(Goleniów)

Ratzeburg

Schwerin Vorpommern
Waren Neubrandenburg Pasewalk Stettin Stargard
(Szczecin)

Boizenburg Parchim Müritz Helpter Berge
179 ▲
Madüsee Arnswalde
(Choszczno)

Ludwigslust Mecklenburgische Seenplatte Neustrelitz Prenzlau Greifenhagen
63 (Gryfino)
Göhrde Ruhner Berge Königsberg Pyritz Polen
177 ▲ (Chojna) (Pyrzyce)
Dannenberg Fürstenberg
142 ▲ Wittstock Schwedt Neumark
elzen Wendland Prignitz Rheinsberg Schorf- Landsberg
Lüchow 18 Kyritz heide Königsberg (Gorzów
Wittenberge r ü c k e n (Chojna) Wielkopolski)
Salzwedel Wische Neuruppin Eberswalde Küstrin Schwerin
Oder-Havel-Kanal Barnim (Kostrzyn) (Skwierzyna)
Stendal Altmark Oranienburg 158 ▲ 12 Warthe
Drömling Rathenow Hennigsdorf Bernau
Gardelegen Havel Falkensee Berlin Oder-Spree-Kanal Schwiebus
Wolfsburg Havelland Fürsten- (Świebodzin)
aunschweig Haldensleben Burg Potsdam Teltow walde Frankfurt Słubice
Helmstedt Genthin Brandenburg Königs Crossen
olfenbüttel Elbe-Havel-Kanal Ludwigs- Wusterhausen Eisenhüttenstadt (Krosno Odrzańskie) Oder (Odra)
felde 52°
Sachsen- 201 ▲ B r a n d e n b u r g
Magdeburg 41 ▲ F l ä m i n g Spreewald Guben Grünberg
Schönebeck 40 (Zielona Góra)
Halberstadt A n h a l t Wittenberg Lübbenau Niederlausitz
142 ▲ Wernigerode Dessau- Elbe Cottbus Forst Sorau
Brocken Roßlau (Żary)
r z Aschersleben Bernburg Finsterwalde Spremberg
Bode Bitterfeld- Torgau Lauchhammer Senftenberg
Wolfen Hoyers- Oberlausitz Bunzlau
uterberg 250 ▲ werda Kamenz (Bolesławiec)
ordhausen Eisleben Petersberg Bautzen Lausitzer Neiße
Goldene Aue 477 ▲ Halle Schwarze Elster Görlitz Schlesien Lauban
Kyffhäuser Leipziger Wurzen (Lubań)
Hainleite Leipzig Sudeten
hausen Merseburg Taucha Riesa
Thüringer Finne Leuna Markkleeberg Tiefland- Meißen Sachsen 793 ▲ Lausche
Becken Unstrut Borna bucht Radebeul Freiberg Reichenberg
Erfurt Naumburg Weißenfels 106 ▲ Elbsandstein- (Liberec)
Zeitz Altenburg Dresden gebirge Zittau Riesengebirge
Weimar Apolda Saale Freital Pirna
Jena Gera Zwickauer Mulde Freiberger Tetschen Tschechien
Thüringen Glauchau Chemnitz Mulde Lausche (Děčín)
sberg D 12° E 14° F

53°
2
3

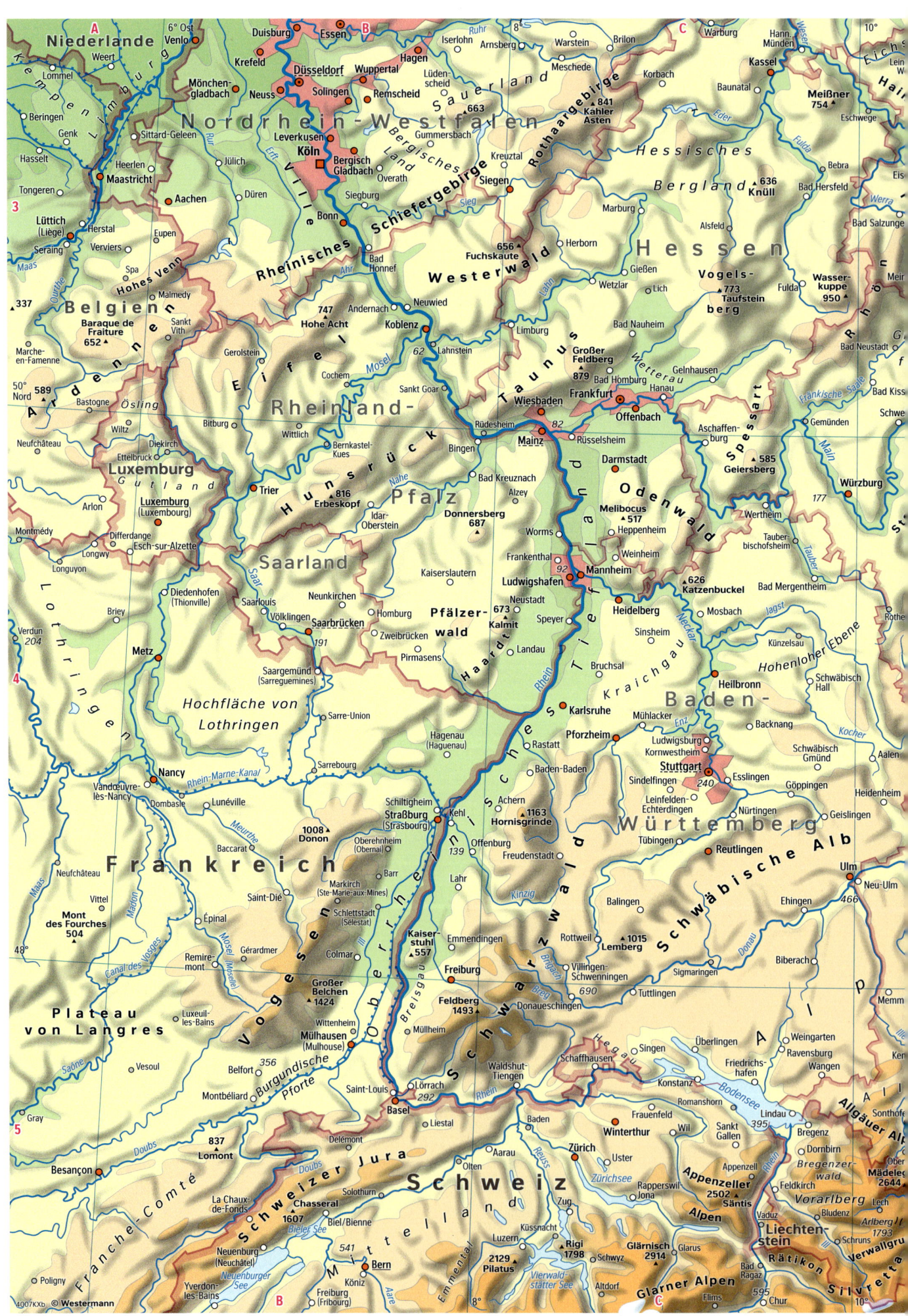

Nordhausen Goldene Aue 12° Halle Leipziger Taucha Wurzen Elbe Hoyers- 14° Ober- Polen
Hainleite Kyffhäuser 477 Merseburg Leuna Leipzig Riesa werda lausitz Bunzlau
ausen Thüringer Finne Sömmerda Naumburg Weißenfels Markkleeberg Meißen Radebeul Kamenz Bautzen Görlitz Lauban (Boleslawiec)
Becken Erfurt Weimar Apolda Zeitz Borna Dresden Pirna Elbsandstein- Zittau 793 Sudeten (Lubań) 3
Jena Altenburg Gera Glauchau Chemnitz Freiberg Freital Aussig Tetschen Böhmisch Leipa Reichenberg Riesengebirge
Thüringen 982 Ilmenau Saalfeld Schleiz Greiz Zwickau Werdau Aue- Bad Schlema Annaberg- Buchholz Teplitz (Teplice) (Ústí nad Labem) (Děčín) (Česká Lípa) (Liberec)
er Wald Suhl Bad Lobenstein Plauen Fichtelberg Keilberg 1215 Brüx (Most) 835 Böhmisches Mittelgebirge Jungbunzlau (Mladá Boleslav)
Sonneberg Franken- 795 Hof 1244 Klingenthal Karlsbad Saaz (Žatec) Eger (Ohře) Melnik 155
Coburg wald Döbraberg Kronach Selb Karlsbad (Karlovy Vary) Duppauer Eger (Ohře) Kladen (Kladno) 187 Prag 50°
Lichtenfels 539 Staffelberg Kulmbach Fichtel- Schneeberg Eger (Cheb) Wunsiedel 1051 Gebirge Rakonitz (Rakovník) (Praha) Kolin (Kolín)
er berge Bamberg Fränkische Bayreuth gebirge Marktredwitz Marienbad (Mariánské Lázně) Beraun (Berounka) Beraun (Beroun) Elbe (Labe)
genaurach Regnitz Schweiz Rauher Kulm 682 Windischeschenbach Mies (Mže) Mies (Stříbro) Böhmen Pribrans (Příbram) Iglau (Jihlava)
Forchheim 901 Entenbühl Weiden Tschechien Mährisch-Böhmische 838
Erlangen Sulzbach- Rosenberg Amberg Taus (Domažlice) Angel (Úhlava) Pilsen (Plzeň) Höhe
Fürth Lauf Poppberg 1042 Schwarzkopf Klattau (Klatovy) Schüttenhofen (Sušice) Wottawa Pisek (Písek)
bach Schwabach Nürnberg 652 Schwandorf Furth Cham Strakonitz (Strakonice) Budweis (České Budějovice)
Neumarkt Regen Großer Arber 1456 Zwiesel Großer Rachel 1453 Thaya 4
Fränkische Alb Dietfurt Regensburg 1121 Einödriegel Böhmerwald 1379 Plöckenstein Lipno- Stausee
Treuchtlingen Kelheim 330 Bayerischer Wald Mühlviertel
lingen Ingolstadt Neuburg Hallertau Donau Straubing Deggendorf 292 Passau
Donauwörth auried Donaumoos Bayern Ergoldsbach Isar Schärding
Gersthofen Pfaffenhofen Amper Vorland Landshut Pfarrkirchen
Neusäß Augsburg Freising Erding 549 Braunau Innviertel Ried Wels
Königsbrunn Friedberg Dachau Erlinger Moos Mühldorf Hausruck 48°
Lechfeld Fürsten- feldbruck Germering München 518 Waldkraiburg Altötting Inn Vöcklabruck 801 Göblberg
Buchloe Ismaning Ottobrunn Salzach Innviertel
Kaufbeuren Starnberg Grünwald Chiemsee Traunstein Attersee Mondsee Gmunden Traunsee
Schongau Ammersee Rosenheim Bad Reichenhall Salzburg Bad Ischl Großer Priel 2515 Totes Gebirge
Füssen Starnberger See Bad Tölz Bayerische Alpen Berchtesgaden Hallein Hallstatt 2995 Hoher Dachstein
Reutte Garmisch- Partenkirchen Zugspitze 2962 Karwendel Kufstein Kitzbüheler Alpen Watzmann 2713 Salzburger Kalkalpen Salzkammergut Schladming 5
Telfs Innsbruck 2558 Kreuzjoch Zell am See Bischofshofen Österreich Hochgolling 2862 Niedere Tauern
Landeck Stubaier Alpen Zillertaler Alpen Salzach Hohe Tauern Großglockner Bad Gastein Katschberg Mur Tamsweg
3768 Wildspitze Sölden Zuckerhütl 3507 3509 Hochfeiler Brenner Sterzing (Vipiteno) 1374 Großvenediger 3657 3798 Heiligenblut Mallnitz Hochalmspitze 3360 1641 Eisenhut 2441 Gurktaler Alpen
Sterzing (Vipiteno) 12° Lienz 673 Moll Millstatt am See Spittal 14°

Sachtextarten (Auswahl)

Bericht
Ein Geschehen/eine Handlung wird in gekürzter Form und in der richtigen zeitlichen Abfolge wiedergegeben. Zusätzlich werden Hintergrundinformationen angegeben.

Fachtext
Ein Sachverhalt wird sachlich korrekt und unter Verwendung von Fachbegriffen dargestellt.

Interview
Ein Gespräch zwischen zwei oder mehreren Personen wird mit Angabe der Namen aller Beteiligten in der Form eines Dialoges schriftlich festgehalten.

Kommentar
Es wird über ein Thema informiert und gleichzeitig die eigene Meinung dazu zum Ausdruck gebracht. Leser/-innen werden zum Nachdenken/Handeln bzw. zur Urteilsbildung aufgefordert.

Lexikoneintrag
Ein Begriff wird zunächst in einem Satz erklärt. Dann folgen sachliche, allgemeinverständliche Ergänzungen ohne Verwendung von Fachbegriffen. Die Zusammenhänge werden genau erklärt.

Steckbrief
Kurze, listenartige Darstellung, die die wichtigsten Informationen zu Personen, Gegenständen oder Themen enthält.

Werbetext/Werbeflyer mit Abbildungen
Ein Text wird mit Übertreibungen und vielen ausschmückenden Adjektiven formulieren, um Werbung für eine Sache zu machen.

Zeitungsnachricht
In der Überschrift und im ersten Satz steht schon die wichtigste Information für die Leser/-innen. Danach wird das aktuelle Thema sachlich dargestellt und alle W-Fragen werden beantwortet.

Hilfreiche Satzanfänge für die Beantwortung von Aufgaben

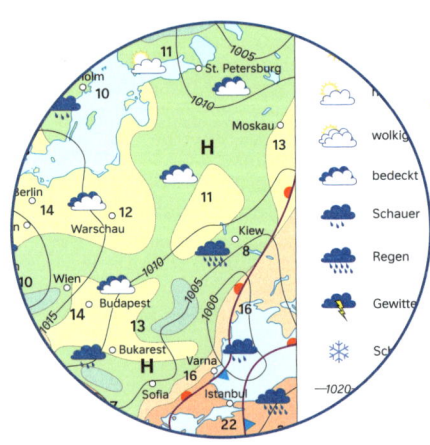

Beim Bearbeiten von Karten

Die physische Karte von … .
Die thematische Karte informiert über … .
Die Kartenunterschrift heißt … .
Die Karte stellt … dar.
Die Region erstreckt sich … .
Das Gebiet liegt … (tief/hoch/nördlich von/ …).
Die Landschaft ist … (flach/hügelig/gebirgig/ …).
Die Stadt liegt (am/im) … .
Städte liegen … (verstreut/gebündelt/wie an einer Perlenschnur aufgereiht/…).
Die Grenzen verlaufen … .
Die Flüsse … (verlaufen/entspringen/münden/durchqueren/ …).
Die Stadt liegt etwa … Kilometer (südlich/nördlich) von … .

Beim Bearbeiten von Texten

Der vorliegende Text beschäftigt sich mit … . Es wird berichtet, wie … .
Er erläutert … .
Er gibt Auskunft über … .
Es geht im Text um … . Der Text nennt Beispiele zu … .
Der Text begründet, … . Zusammenfassend ist festzuhalten: … .
Das bedeutet, dass … .
Die Absicht des Verfassers/der Verfasserin ist, … .